本书是国家智库——中山大学粤港澳研究院、2011计划——港澳与内地合作发展协同创新中心的阶段性成果。

Establish common market among Hong Kong, Macao
and the Pearl River Delta: Theory and Practice
—And Research on institutional innovation of Guangdong
Free Trade Zone

港澳与珠三角建立共同市场的理论与实践

——兼论广东自由贸易区的制度创新

中山大学港澳珠三角研究中心
港澳与内地合作发展协同创新中心

袁持平 刘 洋 等著

·广州·

版权所有　翻印必究

图书在版编目（CIP）数据

港澳与珠三角建立共同市场的理论与实践：兼论广东自贸区的制度创新/袁持平，刘洋等著. —广州：中山大学出版社，2016.6
ISBN 978-7-306-05665-8

Ⅰ.①港…　Ⅱ.①袁…②刘…　Ⅲ.①区域经济合作—共同市场—研究—香港、澳门、广东省　②自由贸易区—经济发展—研究—广东省　Ⅳ.①F127.65　②F752.865

中国版本图书馆 CIP 数据核字（2016）第 078551 号

出 版 人：徐　劲
策划编辑：曾育林
责任编辑：曾育林
封面设计：曾　斌
责任校对：廖泽恩
责任技编：何雅涛
出版发行：中山大学出版社
电　　话：编辑部 020 - 84111996，84113349，84111997，84110779
　　　　　发行部 020 - 84111998，84111981，84111160
地　　址：广州市新港西路 135 号
邮　　编：510275　传真：020 - 84036565
网　　址：http：//www.zsup.com.cn　E-mail：zdcbs@mail.sysu.edu.cn
印 刷 者：广东省农垦总局印刷厂
规　　格：787mm × 1092mm　1/16　14.625 印张　263 千字
版次印次：2016 年 6 月第 1 版　2016 年 6 月第 1 次印刷
定　　价：45.00 元

如发现本书因印装质量影响阅读，请与出版社发行部联系调换

编 委 会

主要作者：袁持平　刘　洋

其他参与人员：王晓丹　邱杰宏　褚文峰

　　　　　　　唐　轩　谢　凡

目　　录

导论 ·· 1
第一章　港澳与珠三角建立共同市场的必然性 ·· 4
第一节　区域一体化的定义及其主要类别 ··· 4
第二节　港澳与珠三角区域一体化的模式选择——共同市场 ······················ 6
第三节　港澳与珠三角建立共同市场的发展潜力 ···································· 6
一、世界金融中心 ·· 7
二、世界商贸中心 ·· 8
三、世界物流中心 ·· 9
四、世界制造业中心 ··· 11
第二章　港澳与珠三角建立共同市场的基础及制约因素分析 ····················· 12
第一节　合作基础——资金、商品、人才 ·· 12
一、对外投资 ·· 12
二、商品和服务贸易 ·· 15
三、跨境人员流动 ··· 17
第二节　合作障碍 ··· 18
一、制度问题 ·· 18
二、时间和空间问题 ·· 18
三、"流通性"问题 ··· 18
四、思想观念问题 ··· 18
五、管理体制问题 ··· 19
六、市场问题 ·· 19
第三章　港澳与珠三角建立共同市场的需求分析 ····································· 20
第一节　香港产业转移和升级的需要 ··· 20
一、制造业 ··· 20
二、香港角色和地位变更的必然要求 ·· 23

第二节 澳门产业转移和升级的需要 …………………………………… 24
　　一、澳门服务业发展现状 ………………………………………… 24
　　二、澳门与珠三角服务业合作现状 ……………………………… 27
　　三、粤澳服务业合作优势、劣势分析 …………………………… 30
第三节 广东省加工贸易转型升级的必然需求 ……………………… 33
　　一、广东省对外贸易发展现状及其问题 ………………………… 34
　　二、广东省对外贸易商品结构情况 ……………………………… 38
　　三、广东省生产性服务发展现状及其问题 ……………………… 42
　　四、从现状看生产性服务业与加工贸易的关系 ………………… 49
　　五、生产性服务业发展与广东省加工贸易转型升级实证研究 … 51
　　六、结论及政策建议 ……………………………………………… 64

第四章　港澳与珠三角建立共同市场的市场运行机制 …………… 68
第一节 市场运行机制的含义 …………………………………………… 68
　　一、信息传递的效率优势 ………………………………………… 68
　　二、激发社会财富的创造力 ……………………………………… 69
　　三、有效组织经济活动的优势 …………………………………… 69
第二节 市场机制衡量——粤港经济一体化指数（IEIHM） ………… 69
　　一、粤港经济一体化指数指标权重 ……………………………… 69
　　二、粤港经济一体化指数的基期与指数编制 …………………… 70
　　三、粤港经济一体化指数分析 …………………………………… 70
第三节 市场机制的必要性 ……………………………………………… 72
　　一、引力模型 ……………………………………………………… 72
　　二、全球贸易分析模型GTAP ……………………………………… 76
第四节 市场机制的可行性 ……………………………………………… 88
　　一、指标的选取 …………………………………………………… 88
　　二、广东和香港货物贸易的RCA指数和TSC指数 ……………… 89
　　三、广东和香港服务贸易的RCA指数和TSC指数 ……………… 96
第四节 市场机制的构建 ………………………………………………… 101
　　一、明确战略定位 ………………………………………………… 101
　　二、推动产业升级 ………………………………………………… 101
　　三、打造先进制造业和现代服务业 ……………………………… 102

第五节　市场机制运行的政策建议 …………………………………… 102
　　一、推动形成港澳与珠三角三地区产业分工合作新格局 …………… 102
　　二、推动重点产业合作 ………………………………………………… 103
　　三、拓展服务业开放的广度和深度 …………………………………… 103
　　四、合力承接国际产业转移 …………………………………………… 104
　　五、共建现代产业示范区 ……………………………………………… 104

第五章　港澳与珠三角建立共同市场的制度整合机制 ………………… 106
　第一节　制度整合的含义 ………………………………………………… 106
　　一、功能性整合 ………………………………………………………… 107
　　二、制度性整合 ………………………………………………………… 107
　第二节　制度整合的衡量 ………………………………………………… 110
　　一、一体化程度 ………………………………………………………… 110
　　二、投资便利化 ………………………………………………………… 114
　　三、贸易便利化 ………………………………………………………… 127
　第三节　制度整合的必要性 ……………………………………………… 132
　　一、合作原因 …………………………………………………………… 133
　　二、合作目的 …………………………………………………………… 136
　第四节　制度整合机制的三大层面 ……………………………………… 139
　　一、宏观层面：建立有权威的组织保障体系 ………………………… 139
　　二、中观层面：建立跨行政区的行业协会等中介组织 ……………… 142
　　三、微观层面：加快不同地区企业制度的整合 ……………………… 143
　第五节　制度整合机制政策建议 ………………………………………… 144
　　一、市场开放的政策措施 ……………………………………………… 144
　　二、基础设施的政策措施 ……………………………………………… 144
　　三、产业分工的政策措施 ……………………………………………… 145
　　四、科技创新的政策措施 ……………………………………………… 145
　　五、环境保护的政策措施 ……………………………………………… 146
　　六、公共服务的政策措施 ……………………………………………… 146

第六章　港澳与珠三角建立共同市场的重点产业——以服务贸易为例 …… 148
　第一节　香港的经济发展及服务贸易发展 ……………………………… 148
　第二节　广东的经济发展及服务贸易发展 ……………………………… 151
　　一、广东省经济的发展 ………………………………………………… 151

二、广东省服务业的发展……………………………………………153
　　三、广东省对外贸易和服务贸易的发展……………………………154
第三节　广东和香港之间的服务贸易发展………………………………156
第四节　粤港服务贸易与经济增长的关系实证研究……………………157
　　一、服务贸易对促进经济增长的机制研究…………………………157
　　二、经济增长对服务贸易的促进机制………………………………159
　　三、结论解释与政策建议……………………………………………167

第七章　港澳与珠三角建立共同市场的区域对比——前海、横琴、南沙……170
第一节　前海、横琴、南沙的开发历程…………………………………171
　　一、前海………………………………………………………………171
　　二、横琴………………………………………………………………173
　　三、南沙………………………………………………………………174
第二节　前海、横琴、南沙发展的SWOT分析…………………………175
　　一、优势分析…………………………………………………………176
　　二、劣势分析…………………………………………………………183
　　三、机遇分析…………………………………………………………184
　　四、挑战分析…………………………………………………………186
第三节　发展定位及重点发展产业分析…………………………………186
　　一、前海………………………………………………………………186
　　二、横琴………………………………………………………………187
　　三、南沙………………………………………………………………189
　　四、小结………………………………………………………………190
第四节　制度创新及发展策略……………………………………………190

第八章　广东自贸区促进粤港澳融合发展的制度创新研究………………192
第一节　广东自贸区与港澳投资贸易的制度差异………………………193
　　一、外商投资…………………………………………………………193
　　二、货物贸易…………………………………………………………200
　　三、服务贸易…………………………………………………………203
第二节　广东自贸区促进粤港澳融合的制度约束………………………204
　　一、难以突破"境内关外"……………………………………………204
　　二、自贸区规章暂未立法……………………………………………205
　　三、管理体制亟须突破………………………………………………205

四、服务业发展相对落后 …………………………………… 205
　　五、优惠政策吸引力下降 …………………………………… 205
　　六、开放与监管难并重 ……………………………………… 205
　　七、港澳高度成熟的市场经济运行规则与内地法规有所冲突 …… 206
　第三节　广东自贸区促进粤港澳融合的制度创新途径 ………… 206
　　一、自贸区制度创新的目标 ………………………………… 206
　　二、近期制度设计 …………………………………………… 207
　　三、远期制度安排 …………………………………………… 210
　第四节　重点发展产业 …………………………………………… 212
　　一、金融产业开放创新 ……………………………………… 212
　　二、打造离岸服务平台 ……………………………………… 214
　　三、发展高端航运产业 ……………………………………… 215
参考文献 …………………………………………………………… 217

导　论

　　当今，区域经济融合的新趋势就是建立共同市场。它是指两个或两个以上的国家或经济体通过达成某种协议，实行自由贸易，建立共同的对外关税，实现服务、资本和劳动力的自由流动的国际经济一体化组织。现今世界经济全球化的格局中，已建立的区域共同市场有南美洲最大的南方共同市场、中美洲共同市场、加勒比共同体（旧名"加勒比共同体与共同市场"）、欧洲共同市场、两岸共同市场及白种人共同市场等。而在大中华经济圈内，近期最有可能成为世界经济顶级中心的区域就是港澳与珠三角地区（《时代周刊（亚洲版）》，2008）。

　　改革开放三十多年来，港澳与珠三角地区已成为世界上最具发展活力和投资吸引力的地区名之一，三地区 GDP 居亚洲第四位，进出口总值约占中国进出口总值的五成。香港是国际重要的金融、贸易、航运中心，珠三角是世界性制造业基地和全球性产品生产、集散和销售中心，澳门是世界性博彩旅游中心。历史上，港澳与珠三角可谓"一家"，香港与深圳毗邻，澳门与珠海毗邻。在改革开放三十多年间，尤其是在港澳回归祖国之后，粤港澳之间的联系越来越密切。但近十多年，由于香港特区政府对于深化合作缺少紧迫性，甚至持有一种优越感，因而延误了不少时机。随着珠三角经济实力的增强，香港本身反而有产业空心化的危险；澳门则受限于土地、环境等因素，难以完成产业多元化的转变。因此，港澳特区政府开始把目光聚焦到广东，主动要求融入珠三角的"十二五"规划中。同时，广东珠三角地区的各城市经过三十年高速发展，已经普遍严重出现了"土地难以为继，环境难以为继，人口难以为继"等粗放发展模式综合征。因此，港澳与珠三角地区若想继续保持经济发展，必须发挥各自的区位优势，取长补短，建立共同市场，实现经济一体化。

　　而自由贸易区是港澳与珠三角建立共同市场的初步实践阶段。粤港澳从我国改革开放之初就是改革的排头兵，很多制度创新都在这片区域开展，是我国改革开放的试验田。2014 年 12 月 12 日，国务院总理李克强主持召开国务院常务会议，正式确定在广东省特定区域内设立自由贸易园区，简称"广东自贸区"。该自贸区包括广州南沙新区、深圳前海新区、珠海横琴新区，承担内地与港澳合作机制创新任务，从而带动珠三角乃至华南地区经济结构的战略性调整和经济质量的战略性提升。

从目前粤港澳的区域一体化发展来看，粤港澳的相互依存度高，且显现出联系日益紧密的趋势。《内地与香港关于建立更紧密经贸关系的安排》（Closer Economic Partnership Arrangement，简称 CEPA），标志着港澳与内地经济合作由以往单纯的市场导向，跨越到通过制度性安排来推动。自 CEPA 正式实施后，粤港澳充分利用各种有利条件积极开展经济合作，促使经济不断走向一体化，但离深度融合还存在着观念、体制及经济运行机制等多方面的摩擦和冲突。在自贸区背景下，横琴、前海、南沙三个新型区域的开发与建设，将有可能成为粤港澳三地区建立共同市场的一个有利契机，而制度创新无疑发挥着重要作用。

因此，本研究就以制度分析为主要视角，研究共同市场建设的理论基础及实践的制度创新，探讨以自贸区建设为基础，港澳与珠三角建立共同市场利弊与基本模式。通过对这种基本模式的建立与分析，为自贸区的进一步发展提供理论分析及实证模型，进一步为粤港澳特区政府的决策和相关政策制定提供有效的理论支持。

本书主要从以下八个部分进行：

第一章首先通过对当前区域经济融合的六种主要形式的对比，尤其通过对共同市场与自由贸易区的比较，论述建立港澳与珠三角建立共同市场的必然性，并通过实证数据证明港澳与珠三角是当今世界最有可能成为经济顶级中心的区域共同市场。

第二章则阐述了港澳与珠三角建立共同市场的合作基础及目前所面临的障碍，包括制度障碍、市场成熟度、思想观念、管理体制等。

第三章对香港、澳门与珠三角建立共同市场的需求进行具体分析。首先，利用"产业结构偏离度"及"比较劳动生产率"两大指标，具体分析香港制造业及服务业的产业发展情况，分析得出，香港目前已经出现较严重的"产业空心化"现象，与珠三角建立共同市场，实现制造业产业转移，注重服务业的重点发展。其次，利用定量分析方法对澳门的服务业发展现状进行阐述，经过分析得出：澳门为了实现产业多元化，同样要与珠三角建立共同市场，从而实现澳门与内地资源的互补和共享。最后，分析广东省加工贸易的转型升级，结论表明生产性服务业的发展有助于广东省加工贸易转型升级，而加强粤港澳服务合作，以国内外先进水平产业链为目标，才能进一步促进广东珠三角地区的产业发展，促进其经济增长。

共同市场的建立是在完善的经济运行机制基础上的，而完善的经济运行机制包括市场机制和制度机制两部分。那么，本书的第四章和第五章就分别针对以上两种机制做出研究，探究最适合港澳与珠三角建立共同市场的经济运行机制。

第四章从市场运行机制出发，利用计量分析，引入两大模型分析港澳与珠三角在自由市场运行下对经济都会产生哪些方面的促进作用，探讨促进贸易、投资增长的原因。同时，在分析粤港澳共同市场运行机制必要性和可行性的基础上，根据数据分析结果，重新构建港澳与珠三角共同市场的市场运行机制。

第五章则引入了政府角度，用宏观、中观、微观三个角度利用博弈论建立分析的方法探讨政府在港澳与珠三角建立共同市场时所起的作用与政策机制，并根据港澳与珠三角的特殊性重新构建了政府的制度整合机制，并为其提供了一些政策建议。

第六章以服务贸易为例，阐述港澳与珠三角如何建立服务贸易的共同市场，共同促进经济发展。广东和香港、澳门之间交通便利、语言相通，三者之间具有天然的贸易优势。而服务业已经成为国民经济的主体，服务贸易的增长速度开始超过货物贸易，服务贸易在世界贸易中的份额也逐渐提升。

第七章针对港澳与珠三角三地区建立共同市场进行 SWOT 分析，阐述三地区在未来建立共同市场过程中定位区分及重点发展产业。随着港澳与珠三角通过 CEPA 的不断深化，而呈现出深度融合、共同市场有效形成的态势。就重点突破区域来讲，港澳与珠三角建立共同市场的重点创新区域，主要体现在：港澳与珠海横琴的区域合作创新，港澳与深圳前海的区域合作创新，港澳与广州南沙的区域合作创新。

第八章以自贸区为背景，探讨自贸区背景下，粤港澳如何通过制度创新实现投资、贸易制度等方面的深度融合，进而为粤港澳建立实现共同市场提供实践基础。

第一章　港澳与珠三角建立
共同市场的必然性

经济全球化、区域经济一体化是当今世界发展的趋势。因此，无论是珠三角、香港还是澳门都在谋求促进共同发展的不同层面的区域整合，从"深港合作"、"1小时创新圈"、"9+2"泛珠三角、"粤港金融走廊"，到2008年全国"两会"期间提出的"大特区"理念——"粤港澳特别合作区"，再到最近港澳与珠三角建立"共同市场"概念的提出，都体现了港澳珠三角地区区域经济一体化的进程。

第一节　区域一体化的定义及其主要类别

区域经济一体化的最初定义是单独的经济体整合为较大的经济体的一种状态或过程。由于各种原因，不同区域的各个经济体之间的市场是分割的，贸易、要素流动遇到各种障碍，增加成本；这种原因可能是处于不同的关税区，甚至是不同的主权国家下，也可能是由于地方政府利益团体设置各种障碍或没有很好地协调而未达到更好的经济福利水平。

推动区域经济一体化的主要动力有：根据比较优势的原理通过加强专业化提高生产效率；通过市场规模的扩大达到规模经济，提高生产水平；国际谈判实力的增强有利于获得更好的贸易条件；增强的竞争带来增强的经济效率；技术的提高带来生产数量和质量的提高；生产要素跨越国境自由流动而得到更好的资源配置；更好的货币金融政策合作，协调财政和货币政策达到促进经济增长和防范金融危机的目的；实现更好的就业、经济持续增长和更好的收入分配等共同目标。

因此，随着各种政策和制度的放宽，经济一体化的形式根据不同标准可分为不同类别。美国著名经济学家巴拉萨把经济一体化进程分为四个阶段：①贸易一体化，即取消对商品流动的限制；②要素一体化，即实行生产要素的自由流动；③政策一体化，即在集团内达到国家经济政策的协调一致；④完全一体化，即所有政策的全面统一。

与这四个阶段相对应，经济一体化组织可以根据市场融合的程度，分为以下六类。

（1）优惠贸易安排。优惠贸易安排即在成员国间，通过协定或其他形式，对全部商品或一部分商品给予特别的关税优惠。这是经济一体化中最低级和最松散的一种形式。典型的有1932年英国与一些大英帝国以前的殖民地国家之间实行的英联邦特惠制。

（2）自由贸易区。自由贸易区即由签订有自由贸易协定的国家组成一个贸易区，在区内各成员国之间废除关税和其他贸易壁垒，实现区内商品的完全自由流动，但每个成员国仍保留对非成员国的原有壁垒。

（3）关税同盟。关税同盟即成员国之间完全取消关税或其他壁垒，同时协调其相互之间的贸易政策，建立对外的统一关税。这在自由贸易区的基础上又更进了一步，开始带有超国家的性质，典型的如欧洲经济共同体。

（4）共同市场。共同市场即成员国在关税同盟的基础上进一步消除对生产要素流动的限制，使成员国之间不仅实现贸易自由化，而且实现技术、资本、劳动力等生产要素的自由流动。典型的如欧洲统一市场。

（5）经济同盟。经济同盟即在共同市场的基础上又进了一步，成员国之间不但实现商品和生产要素的自由流动，建立起对外共同关税，而且制定和执行某些共同经济政策和社会政策，逐步废除政策方面的差异，形成一个庞大的经济实体，典型的如目前的欧洲联盟。

（6）完全经济一体化。完全经济一体化是经济一体化的最高阶段。成员国在经济、金融、财政等政策上完全统一，在国家经济决策中采取同一立场，区域内商品、资本、人员等完全自由流动，使用共同货币。

六种模式的对比如表1-1所示。

表1-1 六种区域化层次的比较

措施 层次 市场层次	互相给予贸易优惠	成员国之间自由贸易	共同的对外关税	生产要素自由流动	经济政策的协调	统一的经济政策
特惠关税	√					
自由贸易区	√	√				
关税同盟	√	√	√			
共同市场	√	√	√	√		
经济同盟	√	√	√	√	√	
完全一体化	√	√	√	√	√	√

其中，自由贸易区和共同市场的主要区别是，共同市场在自由贸易区的商品市场实现自由流动的基础上实现了资本和人员等要素的自由流动。商品市场能够使商品的流通更加便利，减少流通成本，增加消费者的福利；要素市场自由流通可以使生产者能够得到更实惠的价格以便更加有效率地生产、增加利润，从而增加整个社会的福利。

第二节 港澳与珠三角区域一体化的模式选择——共同市场

目前，港澳与珠三角地区是属于统一主权下的不同关税区。香港是自由贸易港，而内地关税近十年虽然大幅降低，但由于贸易总额在加入WTO后快速增长，每年都能够征收到大量关税，同时关税是国家调节国际贸易收支平衡的主要手段，因此内地不可能与香港一样实行自由贸易。

由于CEPA的签署和实施，香港和内地的贸易逐渐地消除了关税壁垒，根据计划，在"十二五"期末，内地和港澳之间将能够实现自由贸易。但是内地和香港、澳门毕竟实行不同的政治体制（香港1997年回归后50年内不变），使用不同的货币，经济和货币政策不能很好地达到高度的统一协调，由此短期内也不能成为完全的经济一体化。因此，我们认为最可行的目标是构建共同市场。

港澳与珠三角通过建立共同市场，使得市场扩大，将比较分散的生产集中起来进行规模化的大生产，这样，机器得到充分的利用，生产更加专业化、社会化，高新科技得到更广泛的利用，竞争更加剧烈，从而生产成本下降，加之取消了关税及其他一些费用，使得销售价格下降。这必将导致购买力的增强与生活水平的提高，消费也会增加。消费的增加又促进投资的增加。由此形成良性循环。同时，短期内不需要建立起统一的关税政策、货币政策，实现完全的经济一体化。因此，建立共同市场是港澳珠三角区域一体化最好的也是必然的模式。

第三节 港澳与珠三角建立共同市场的发展潜力

香港、澳门以及珠三角地区（具体包括广州、深圳、珠海、佛山、江门、东莞、中山、惠州、肇庆九市），区域面积共42822.98平方千米，是中国也是世界上一个重要的经济区域，区域内经济、贸易发达，基础设施完善，交通四通八达。珠三角的制造业兴旺，玩具、电子器件制造业在世界上占有重要地位,被誉为"世界工厂";香港是国际重要的金融、贸易、航运中心;澳门是世界性重要的博彩旅游中心之一。经过较好地整合,粤港澳完全能够成为世界上顶级的经济中心。因此,港澳及珠三角地区通过彼此的努力,最终的目标是建成共同市场,成为世界金融中心、世界商贸中心、世界物流中心、世界制造业中心等。

一、世界金融中心

香港是一个高度国际化的金融中心,是全球的银行中心,是全球外汇主要交易中心和全球最开放的保险业中心之一,是亚洲最主要的股票市场和资产管理中心之一。根据 IFCD Index 综合评价体系,2013 年排名前 10 位的国际金融中心分别是纽约、伦敦、香港、东京、新加坡、上海、巴黎、法兰克福、芝加哥以及悉尼,其中,香港首次超越东京,进入全球前三位[①]。同时,香港可以流通中国目前的四种货币(人民币、港币、澳门币和台币)和世界上的四种主要储备货币,而且已经成为国际上认同的"纽伦港"模式,这是我国难得的、独特的、宝贵的金融资源。因此,充分发挥香港国际金融中心地位和优势,推进粤港金融合作与创新,以香港开放的、发达的金融体系为核心和龙头,以广东制造业和金融资源为支撑,形成新的国际金融中心。香港比上海目前的国际化程度、开放程度和运营水平更高,比世界上伦敦、纽约、东京等国际金融中心腹地更深、更广阔,金融后台服务能力更强。

目前,全球有四种主要储备货币,已形成相应的储备资产,其中美元占 63%,欧元占 20%,英镑占 6%,日元占 4%。人民币将有可能成为世界上第五大货币,在人民币区域化、周边化和国际化,为人民币取得与中国经济发展相匹配地位的进程中,香港的独特地位也是内地任何城市都无法代替的。粤港共建香港人民币离岸中心,扩大企业国际贸易人民币结算额度,扩大居民在两地间汇出汇入人民币额度,增加两地货币、资本市场和金融企业的连通性,在香港发行以人民币计价的中国国债,可以充分发挥我国在一个国家内有两种以上金融体系的优势,打破限制金融资源自由流动的体制性、机制性障碍。通过若干年努力,在巩固香港现有优势的同时,完全有可能逐步形成比肩甚至超过纽约、伦敦的国际金融中心。

---

① 资料来源:前瞻网 http://www.qianzhan.com/analyst/detail/220/140718 - 7886f58d. html,2014 - 07 - 18。

二、世界商贸中心

珠三角是改革开放最先受惠的地区,深圳是我国第一个经济特区,除了深圳经济特区还有珠海经济特区。另外,珠三角也是一直走在改革开放的前沿,是我国对外贸易最发达的地区。改革开放之前,香港由于其特殊的地位,大力发展转口贸易,完成了由农业(渔业)经济向工业经济的转化后,内地对外开放加上本地土地及其他资源的稀缺,加快产业向毗邻香港的珠三角地区转移,形成前店后厂的模式。这些都为珠三角外向型经济发展奠定了基础。整个珠三角地区的商品贸易发达,经济外向度很高,香港更是世界上外向经济程度最高的地区之一。

2013年,珠三角地区社会消费品零售总额18933亿元,进出口总额10474.41亿美元,其中出口6070.93亿美元,进口4403.48亿美元。珠三角的两个核心城市是广州和深圳,其次为东莞和佛山。如表1-2所示。

表1-2 珠三角主要城市的社会国内贸易和对外贸易情况(2013年)

地　　区	广　　州	深　　圳	东　　莞	佛　　山
社会消费品零售总额 (亿元)	6882.85	4433.59	1486.66	2264.10
进出口总额(亿美元)	1188.96	5374.75	907.40	639.40

广州是珠三角的核心,华南第一大城市,人口1200万,经济规模超过万亿元,超过多数省份全省的经济总和。广州也是中国华南地区第一大贸易城,是国内重要的服装、电子集散地,社会消费品零售总额超过6882.85亿元,对外贸易有着悠久的历史,2013年进出口总额突破1000亿美元。

深圳是国内第二大工业城市,仅次于上海,2013年外贸出口总值突破2200亿美元,成为全国首个年度出口超过2000亿美元的城市。

东莞是深圳外延发展起来的,吸引香港和台湾的资金,发展电子制造等高端加工制造业,是世界上重要的电子生产基地。其经济的主要特点是以制造业为主,加工贸易尤其繁荣。近年,贸易总额虽有所下降,但2013年进出口总额仍超过900亿美元。

佛山紧邻广州,经济发达,尤其是家电制造业产业链及其完善。2013年社会消费品总额2264亿元,对外贸易也比较发达,进出口总额超过600亿美元。

香港本地的工业经济由于劳动力和土地资源等原因向内地转移后，主要发展服务业，2013年服务业的比重超过92%，其四大主要经济行业是金融服务、贸易及物流、旅游和工商业支援及专业服务都属于服务业。1998—2013年，这四个行业合计占经济比重均超过55%，2007年最高，超过59.70%。相比而言，澳门由于经济规模相对较小，出口和转口规模都不到10亿美元，进口不到100亿美元。

港澳与珠三角地区若作为一个整体，其商贸总额在亚洲位于第五，仅次于中国内地、日本、印度和韩国。因此，其发展潜力不可估量。

三、世界物流中心

珠三角与港澳地区历来是我国南部沿海地区重要的交通枢纽。该区域属于外向型经济，加工贸易发达，有着众多货运需求；广东人口密集，尤其是流动人群数量庞大，是中国第一旅游大省。这些因素对物流、运输产生巨大的需求。可以说，珠三角发达的制造业是推动珠三角物流业发展的内在力量。

（一）港口

根据统计数据，世界出口货物总量的50%集中在东南亚及华南，而其中五成以上集中在珠三角地区。早在2008年，整个珠三角地区（不含香港）港口吞吐量超过10亿吨。2010年，广东主要港口完成货物吞吐量123300万吨，增长20%；主要港口集装箱吞吐量4500万标箱，增长22.30%。其中，深圳是国内第二大集装箱码头，港口货物吞吐量和集装箱吞吐量分别为22097.68万吨和2250.96万标箱。广州港2008年成为继上海港、深圳港之后国内第三个突破千万箱的集装箱大港，跻身世界十大集装箱港口行列，排名第七。2010年珠三角主要港口吞吐量如表1-3所示。

表1-3　2010年珠三角主要港口吞吐量

港口	香港	深圳	广州	中山	珠海	惠州
吞吐量（万吨）	26780	22100	26900	4705	6056	4534

广东省共有港口超过100个，其中沿海港口36个、内河港口70余个。除去上述大港还有东莞的虎门、佛山，广东两翼还有汕头、湛江、茂名等大港，其中湛江港2010年吞吐量达到1.36亿吨，茂名是我国主要的原油接收码头，其吞吐量约占全国进口原油的10%。

因此，整个珠三角与港澳所在地濒江临海，各城市间河网密布，有着众多天然的良港，为其进出口贸易奠定了良好的基础。

（二）机场

珠三角与港澳地区是我国机场密度最大的地区，拥有广州新白云机场、深圳宝安机场、香港赤鱲角国际机场、澳门国际机场、珠海三灶机场五个国际机场。此外，佛山机场已经复航，惠州机场即将通航。2010年客流量超过1.2亿人次；珠三角主要机场客运量航空货运方面，香港机场一马当先，达到410万吨，成功夺得全球机场货运量第一的宝座；广州次之，但只有114万吨，约为香港机场的1/4；深圳宝安机场货运量为80.90万吨，但增速达到34%，2010年被世界航空货运权威杂志 *Air Cargo News* 评为"年度最佳货运"机场。如表1-4所示。

表1-4　2010年珠三角主要机场客运量

机　　场	香　港	广州白云	深圳宝安	珠　海	澳　门
客流量（万人）	5092	4096	2671	182	407

（三）陆路

公路方面中国高速公路交通大动脉的"五纵七横"有三纵（京广、京九、京珠）经过珠三角，同时，珠三角内部的高速交通网络在国内也首屈一指；有着广深、广佛、广珠、广三等高速公路，并随着高速公路的延伸，珠三角地区具有发达的公路系统。在铁路方面，中国"五纵三横"交通大动脉中京广线、京九线都经过珠三角地区。完善的海陆空综合运输网络，使珠三角地区具备明显的区位优势。

（四）物流综合优势

香港已是国际物流中心，拥有全球最高空运处理量的机场和全球集装箱吞吐量最大的国际枢纽港。物流业是香港四大经济支柱之一，2010年约占当地生产总值的25.90%。香港每周有逾80条国际航线及370班货柜船航班，将汇集的货物运往世界500多个目的地。香港是两种不同模式海上运输的交汇处，在港内作业的包括从太平洋驶来的巨型远洋船，以及从珠江驶来的较小型沿岸船和内河船。香港更是新加坡与上海之间唯一发展完善的现代化深水港，因而成为华南所有海上贸易活动的枢纽。香港已成为内地特别是珠三角货物的重要出入口，每日有超过300班次驳船为珠三角的港口提供服务；穿梭在香港与内地之间有近30000辆次的货车，其中货柜车辆次占50%以上。在货物空运方面，香港拥有全世界最大的航空货运站和3家高效率的空运中心，每星期约有4100架次定期客运和全货运航班，前往全球约145个目的地。在香港对外物流业中，通过港口的运输量占99%，货物价值占外贸总值的67%；航空货运量仅占1%，但货物价值却占外贸总值的33%。香港海、陆、空物流联合成效明显，进出口值达45628亿港元。

深圳现已建成通往国（境）外的口岸17个，其中有中国最大的陆路客运口岸——罗湖口岸，中国最大的陆路货运口岸——皇岗口岸。深圳有中国第二大集装箱海港——盐田港，中国第五大空运港——深圳国际机场。深圳公路、高速公路、铁路、高速铁路四通八达，现有8个港口、12个货运码头。

而广州市位于珠三角口的正中心，是广东省省会、华南政治文化中心。拥有广阔的经济腹地，京广、贵广、桂广铁路在广州交汇，新建亚洲最大的客运站场——广州南站。高速公路四通八达，同时是海上和内河水上运输的转换点。拥有国内第二大机场——新白云国际机场、国内第三和世界第七的港口群。总之，广州是最有可能发展成华南以及亚太乃至世界上的物流中心的城市。结合三者的优势可以看出，港澳与珠三角地区成为世界的物流中心是必然的趋势。

四、世界制造业中心

起源于20世纪70年代末的"三来一补"使珠三角成为世界主要的制造中心，从早期的服装、玩具、鞋业等轻工产品到现在的钟表业、消费电子产业，珠三角都是世界上该类产品的主要供给源。

2010年，珠三角地区的规模以上工业增加值达到16477.60亿元，其中深圳4092.63亿元，长期位居国内的第二大工业城市；2010年广州规模以上工业增加值达3573.32亿元，佛山为3292.35亿元，东莞和中山市的规模以上工业增加值也都超过1000亿元。深圳、广州、佛山三个城市的工业总产值都位于中国内地前十，中山和东莞也在前二十之列。总的来说，珠三角的制造业以轻工业为主、重工业为辅，并且在相互之间有较好的分工，形成良好的错位竞争。

仅就工业生产总值而言，珠三角地区已经是世界上重要的制造业中心，但是其位于产业链的最底端。结合香港在制造业方面的科技创新，必然会使珠三角地区的制造业转型升级，继续维持其世界制造业中心的地位。

第二章　港澳与珠三角建立共同市场的基础及制约因素分析

从第一章的分析可知,港澳与珠三角建立共同市场是区域经济一体化的必然选择,并具有良好的发展前景。本章具体阐述港澳与珠三角建立共同市场的合作基础及合作障碍。

第一节　合作基础——资金、商品、人才

香港、澳门、珠三角均处于中国南部沿海,这三地区为毗邻关系。粤港澳关系尽管在不同时期有不同表现,历经波折,但它们之间始终保持密切联系。源于一体的地缘条件、血浓于水的亲情人缘、独特的岭南文化与海洋文化的熏陶,以及中西文化的交流碰撞,形成一股永不削减的巨大力量,支撑着粤港澳关系的发展。尤其自改革开放后,港澳更是加强了与珠三角地区在资金、商品、人才等方面的流通和合作。

一、对外投资

改革开放以来,依据香港、澳门对珠三角投资的变动将香港与珠三角的经济一体化的投资关系划分为如下五个阶段。

(一) 1978—1983 年:港商初期投资珠三角阶段

1978 年 11 月底,中共第十一届三中全会召开,明确了以改革开放为未来政策路线,确立了广东作为改革开放试验田的地位。1978—1983 年,大量港资通过港商"回乡创业"的形式流入珠三角城市。为减少投资的不确定性和规避风险,多数港商主要依靠在珠三角的家人或朋友进行投资。此阶段港商投资珠三角一方面是因为国内的改革开放政策,同时也受珠三角廉价土地和劳动力的吸引。港商进入珠三角的初期投资,大部分集中于劳动密集型的出口加工业,因此是低层次生产要素互补阶段。投资的项目大多规模小、回收周期短、投资形式以"三来一补"为主,投资区域主要分

布在深圳特区和广深铁路沿线,特别是东莞市。

1979—1983年,香港与珠三角经济一体化开始发展的核心推动力是:经济特区的试点为市场经济改革积累了经验和方法;珠三角与香港之间客观存在的要素成本差异和世界产业转移的国际背景以及香港的试探性投资,推动了珠三角工业化和外向型经济的发展,开启了香港与珠三角经济一体化的进程。

(二) 1984—1991年:香港产业大规模北移珠三角阶段

中国政府在1978年决定进行经济体制改革的同时,即有计划、有步骤地实行对外开放政策。从1980年起中国先后建立了5个经济特区[①],1984年进一步开放了广州、湛江等14个沿海城市;1985年后又陆续将珠三角、长江三角洲、闽南三角地区等辟为经济开放区,从而形成了沿海经济开放带。20世纪80年代中期以后,由于香港的房租、工资成本上涨和劳工短缺问题加剧,加之周边新兴工业化地区的竞争日趋激烈,逐步使得香港制造业的低成本优势慢慢丧失,迫使香港制造业面临向外迁移和转型调整。从1984年下半年开始,港商加大了对内地的投资力度,投资走向活跃,形式变得多样,领域开始拓宽。原来单一的"三来一补"形式开始向"三资企业"和"三来一补"并举方向转化。随着沿海特区政策的贯彻和对外开放引进外资工作的开展,内地丰富低廉的自然资源和劳动力,为香港制造业试图寻求主要不是靠技术进步推动的转型创造了契机,由此引发了香港轻型产品加工制造业的大规模内移。这段时间,香港工业北移程度超过50%,经过八年的发展,香港与珠三角的"前店后厂"合作模式得到基本确立。香港利用海外贸易窗口优势,承接海外订单,从事制造和开发新产品、新工艺,供应原材料、元器件,控制产品质量,进行市场推广和对外销售,扮演"店"的角色。珠三角地区则利用土地、自然资源和劳动力优势,进行产品的加工、制造和装配,扮演"厂"的角色。香港在前,珠三角在后,彼此紧密合作,因而被形象地称为"前店后厂"。由此,广东成为香港的制造业生产基地,香港则成为内地的主要转口港和商业、金融服务中心。这一时期的经济合作性质,已从简单的生产要素互补阶段,进入多领域较高层次的产业整合阶段。

"前店后厂"的跨地域分工模式,一方面,促使香港的产业结构从20世纪80年代中期之后开始由制造业为主向对外贸易为主的服务业形态转变;另一方面,使得珠三角成为以劳动密集型的轻纺、电子电气部门为主的工业结构。这一时期改革开放的全面推进和由于城镇基础设施的大规模建设

---

① 5个经济特区分别建于广东省的深圳、珠海、汕头,福建省的厦门和海南省。

而改善了的珠三角的投资环境，使香港和珠三角的经济分工进一步深化，合作也更加紧密。

（三）1992—1997年：珠三角外向经济高速发展阶段

1992年，邓小平到深圳，肯定了珠三角地区的经济发展成绩。南方谈话刺激了香港的新一轮投资，这一时期广东实际利用港资达到一个高峰，从1992年的35亿美元上升到1997年的98亿美元，增长了近3倍。随着珠三角地区投资密度加大，经济承载力提高而使土地、劳动力及其他资源日趋短缺，使用成本猛增。成本的增加使广东省对香港劳动密集型产业的吸引力迅速减弱。于是，这一时期港商开始把资本投向金融、保险、房地产等服务业。珠三角的城镇建设也从主要投资到城镇基础设施向生活性服务业的方向转变，中心城市的实力不断加强，逐步形成了区域经济的服务中心。

这一阶段香港与珠三角的经济发展主要得益于市场经济体制的深化改革，特别是经济特区和沿海开放城市数量的增加。此外，外来人口的不断涌入也使得珠三角仍然存在低成本的劳动力资源，能够在竞争激烈的市场经济中保持着成本优势。包括资金、技术、劳力以及市场等在内的外来资源，不仅极大地促进了珠三角工业化的发展，而且带动了珠三角外向型经济的发展，此阶段港资仍然是拉动经济发展的主要动力。

（四）1998—2003年：金融危机后两地经济调整阶段

由于20世纪80年代后期产业的北移，香港产业出现空心化现象。资本转向金融和房地产领域，资本与股票和房地产等非经济实体部门结合，形成了庞大的虚拟资本，导致虚假繁荣，形成泡沫经济。经济活动带有明显的高盈利预期和投机行为，进一步削弱了香港实体经济的发展，使香港增长缺乏内生动力。1998年的亚洲金融危机，香港虽然不是受影响最严重的地区，但经济也受到冲击。与此同时，珠三角通过二十年左右的发展，积累了相应的资金、技术，对香港的依赖逐渐减弱，甚至开始承接香港部分服务功能。伴随着珠三角的经济迅速发展以及国际环境的变化，市场竞争的激烈化，低成本的粤港劳动密集型产业合作面临着市场开放的竞争挑战，因此，香港与珠三角传统的"前店后厂"的模式迫切需要升级。这一时期，一方面表现出在整个区域中香港的中心城市地位不断下降；另一方面则呈现出珠三角引进外资与对外贸易的范围、途径不断扩大的趋势。

本阶段的特征，一方面是香港地位的下降，表现为"前店后厂"模式的不断演进发展，珠三角不断吸收香港的产业转移，如生产者服务业、房地产业、商业等,并承担着更多"前店后厂"中的"店"的角色,但香港还没有形成新的经济增长点;另一方面是珠三角内部关系的进一步改变,表现为珠三角内部城市群之间产业联系不紧密,产业发展方式雷同,彼此之间恶性竞争增多,缺乏一个有效的区域协调机制,导致了区域产业同构和重复建设等问题,珠三角也面临着产业协调和升级的巨大压力。

(五)2004年[①]至今:经济一体化深化阶段

2003年6月29日,中国内地与香港签署协议CEPA。按照CEPA,从2004年1月1日起,内地开始对原产港澳的产品实行零关税,在服务贸易领域也实施优惠的开放政策。珠三角地区享有CEPA的"先行先试"权利。CEPA实施至今取得的成果:2003年,香港GDP增长率为3.20%;2004年,CEPA实施后,当年增长率达8.60%。此外,香港失业率大幅下降,从2003年最高峰的8.40%下降到2004年最低的6.60%。2009年12月至2010年2月香港经季节性调整的失业率仅为4.60%。CEPA实施后,香港与珠三角的经贸联系更加密切,进出口贸易额由2004年的745.25亿美元上升到2008年的1399.70亿美元,2010年的1587.60亿美元。

CEPA是中国内地入世后签订的第一个具有自由贸易协议性质的法律文件,在WTO框架下利用关于区域贸易自由化的例外规定,缔结的一个涉及货物贸易、服务贸易和贸易投资便利化的国内区际法律安排。1978年改革开放为香港与珠三角的经济合作发展提供了政策上的支持,而2004年CEPA的出台和实施,是内地进一步深化改革开放的客观需要,也是国家促进内地与港澳共同发展,应对外部经济环境挑战的必然选择。珠三角凭借独特的优势借助CEPA深化了与香港经济的一体化。

二、商品和服务贸易

香港是内地特别是珠三角重要的进出口伙伴,是珠三角与世界各国经贸联系的重要通道。特别是香港回归以后,与珠三角地区贸易年均增长速度明显加快。香港与珠三角地区前期合作以加工贸易为主,货物贸易是当时两地贸易的主要内容,但2004年CEPA正式生效并分阶段逐步实施后,香港与珠三角地区贸易的内容更加丰富,以货物贸易为主发展到货物贸易和服务贸易并进的形式。

[①] 2004年CEPA正式实施,因此我们此处以2004年作为香港与珠三角经济一体化发展新一阶段的起始年份。

（一）商品贸易

根据图2-1，广东与香港的贸易额总体呈上升趋势，从1990年的309亿美元上升到了2010年的1600亿美元，增长了4.5倍。以贸易额的年均增长率[①]看，广东与香港的贸易关系可以划分为两个阶段：第一阶段为1990—2001年，第二个阶段为2002—2010年。1990—2001年进出口额的年均增长率较低，仅为2.10%；从2002年开始，广东对香港的进出口总额开始逐年迅速增长，2002—2008年进出口总额的年均增长率为16.50%。但是，2008年的进出口总额仅较2007年增长了36亿美元，增长率为2.64%，低于2002—2008年的平均增长率16.50%，2009年更是萎缩到1210亿美元。商品贸易2002—2008年的高速增长受CEPA实施和相关补充协议出台的影响明显，而2008年世界性的金融危机可解释2008年粤港商品贸易增长率的下降和2009年的萎缩。在经济恢复正常之后，2010年爆发性增长至1600亿美元。1990—2010年广东对香港进出口总额如图2-1所示。

图2-1　1990—2010年广东对香港进出口总额

---

① 年均增长率的计算采用公式：$a(1+x)^n = c$，其中 a —基期数据，n —发展年限，c —期末达到的数据，x —年平均增长率。其中1990年进出口总额为309亿美元，因此采用 $309 \times (1+x)^{11} = 388$，计算出 $x = 2.1\%$。

（二）服务贸易

香港与中国内地的服务贸易总额逐年上升的变动趋势反映出两地服务贸易往来越来越频繁和密切。以两地服务贸易总额的增长速度划分：1995—1998年和2004—2010年是香港与中国内地的服务贸易总额增长速度较快的阶段，而1999—2003年是两地服务贸易总额增长速度较慢的阶段。如图2-2所示。服务贸易总额增长速度的差异与香港和内地的经贸发展环境特别是经贸政策密切相关：1997年香港回归对香港与内地的经贸往来影响较大，由于回归带来的积极效应，香港与内地在临近回归前后年份的投资与贸易活动增加，服务贸易往来也受此影响。2003年签署的CEPA更为香港与中国内地贸易投资便利化创造了良好的制度环境，其中有多项关于"服务贸易自由化"和"服务贸易开放"补充协议为香港与中国内地服务贸易往来扫清了许多障碍；因此，2004年CEPA正式实施之后，两地服务贸易出现较快速度的增长。

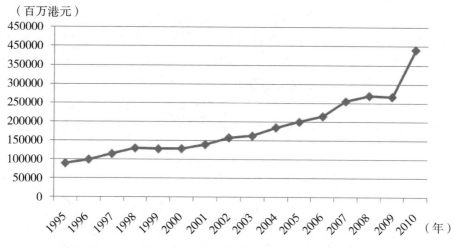

图2-2 1995—2010年香港与中国内地的服务贸易总额

三、跨境人员流动

中国内地、香港、澳门的社会经济交流日益频繁，其中以珠三角的情况最为明显。随着这些发展而来的是跨境活动的增长。广东出入境的香港游客数量可以从一个侧面反映粤港两地人员的往来情况。广东出入境的香港、澳门游客数的总体发展趋势是逐年增加，从1980年的983万人次增至

2008年的1.82亿人次，2009年达到1.84亿人次，2010年为1.98亿人次。

第二节 合作障碍

一、制度问题

港澳与珠三角共同市场存在的最大问题是这三地区的体制和社会制度问题，包括政治、经济、文化、法律等，并涉及社会的各个层面，这是一个无形的屏障。如何在两个不同体制下达到深度融合而不是浅层次的单一合作关系，将是一个长期命题。随着中国对外开放和与国际接轨步伐的加快，只要能保证粤港澳三地区开放市场的真正实现，此类问题将在一体化过程中得到解决。

二、时间和空间问题

港澳与珠三角共同市场还存在一个如何解决其发展的空间序列和时间排序的问题。由于到目前为止，深港自由贸易区和澳珠自由贸易区等"粤港澳特别合作区"的初级形式均还未启动，故"共同市场"的建立还有待时日。但另一方面，按照规定，中国内地作为一个独立关税区，在加入WTO之后对外开放和自由程度必然迅速增强，到现在才开始启动"共同市场"，显然已失去了在全面开放前一步一步不断扩大自由贸易区的过渡和缓冲的有利时机。所以，"共同市场"可能跳跃几个层次的区域整合走跨越式发展的路径。

三、"流通性"问题

共同市场要求人、物、资在区内自由流通，但历来是港人进内地容易、内地人入港难，内地居民在香港的居留权问题已经成为困扰香港社会民生的一大难题。此外，近年来香港的失业率有所上升，建成自由贸易区后，广东方面的人员进入香港的数量必会有一定幅度的增加。这样可能带给香港沉重的包袱，甚至造成香港经济的衰退。但是，一旦限制人员的流动，则又偏离了自由贸易区的设区原则。

四、思想观念问题

香港特区政府和民间一直担心，进一步深化粤港澳合作，如果广东做大做强金融、物流等现代服务业，会直接动摇香港的国际金融中心、国际航运中心地位；一些人还对粤港澳的社会观念、意识形态、文化上的差异存在担忧。而对于广东来说，希望香港目前拿出来合作的东西，也就是金融业和高端服务业。如果香港不愿意在金融等方面深度合作，而希望广东仅作为港澳的配角参与，广东同样缺乏与香港合作的积极性。

五、管理体制问题

粤港澳特区政府在管理经济的职能和方式上不一样，在现有的架构下，三方在合作的自主权上不同。广东自主权比较小，须中央各级层层审批，而港澳方面则需经过繁复的法定程序后，再交立法会批准，这就增加了粤港澳三地区相互沟通和协作的成本与难度，很多问题按双方程序一拖就是几年。

六、市场问题

目前粤港澳的经济一体化还是制度引导型，CEPA 安排是其具体表现。从制度经济学的角度来看，内地和香港属于两个不同的经济体，中共中央政府对香港实行的是"一国两制"，即一个国家两种体制。内地是实行社会主义市场经济体制，香港是沿袭回归之前的资本主义制度下的经济体制，两者属于不同经济体制。CEPA 作为一种制度变迁，不确定性和政府及其官员在认知上的欠缺，会加大制度变迁的成本。

粤港澳三地区的市场经济成熟度有很大的差异。内地之前是实行高度集权下的计划经济体制，市场经济是在改革开放以后一点一点地培育起来的，是在 1992 年才把发展社会主义市场经济作为经济的发展方向。即使从 1979 年算起也才三十多年的历史，目前还有很大一部分人的思想还没有转变过来。国有经济不仅占很大的比重，而且往往是经济支配力量很大的要害部门，民营经济还比较弱小，即使处于改革开放前沿的深圳，国有经济的影子仍随处可见。一个具有指导性的市场经济的发展程度就是外界对中国市场经济地位的认可，至今美国和欧盟两个最大的经济体都没有认可。而香港没有经过计划经济阶段，市场经济高度发达，市场自由度居全球前列。

第三章 港澳与珠三角建立共同市场的需求分析

本书第三章从三个角度就港澳与珠三角建立共同市场的合作需求进行具体阐述，以便说明建立共同市场是港澳与珠三角相互促进、共同发展的必然选择。

第一节 香港产业转移和升级的需要

一、制造业

香港制造业的发展开始于20世纪50年代。在此之前，香港一直是一个转口港，经济结构以转口贸易为主，从转口贸易和航运中获利。50年代后，轻型产品加工制造业崛起，并在60—70年代迅速膨胀发展，最终成为香港产业结构的主导产业和香港经济的重要支柱。具体可划分为四个阶段：①50年代前经济恢复及转口贸易占主导地位时期；②50—70年代本港工业化时期；③70—80年代工业多元化及服务业增长时期；④80年代以后制造业北移、产业结构高度轻型化时期。

在转口贸易占主导地位的阶段，香港本地制造业很薄弱，单一发展模式的风险以及国际贸易保护主义促使香港从50年代起积极发展本港制造业，在纺织、成衣、电子等劳工密集型工业方面取得飞速发展。香港经济在1960—1969年十年间年均增长率超过13%，1969年香港人均GDP达到858.90美元，达到中等收入水平。

20世纪70年代香港经济继续高速增长，平均增长率达9%，工业进入多元化时期，第三产业也快速发展。80年代后，香港各种经济指标已不断逼近发达工业国家水平。其间，第三产业成为香港的主导产业，香港经济呈现出"服务经济"的明显特色。如表3-1所示，从1980年的67.10%升至1997年的85.20%，同时伴随着第二产业的大幅下降；从1980年的31.80%降至1997年的14.67%，本地制造业由于成本上升、结构调整滞后等问题失去了原先的巨大优势，原有制造业大量迁入华南地区，其间香港经济持续强劲增长。若说 80 年代前香港经济的增长主要归功于制造业的兴盛，那么 80 年代后香港经济的发展则主要得力于第三产业服务业的迅猛发展。总而言之，香港经济增长趋势带来了制造业外移和产业轻型化的特征，而这种产业结构转型又促进了香港经济增长和推动香港确立金融、贸易、经济中心多功能世界级中心城市的地位。

表 3-1 香港人均 GDP 及三大产业结构的变化

年 份	人均 GDP（美元）	第一产业（%）	第二产业（%）	第三产业（%）
1950	—	3.60	16.70	79.70
1960	—	4.10	33.90	62.00
1965	—	2.60	39.70	57.70
1970	—	2.30	36.00	61.70
1975	2235	1.60	32.10	66.30
1980	5644	1.10	31.80	67.10
1985	6419	0.70	29.60	69.70
1990	13225	0.34	25.16	74.50
1995	23429	0.14	16.06	83.80
1996	24701	0.13	15.47	84.40
1997	27170	0.13	14.67	85.20
1998	25507	0.13	14.95	84.92
1999	24716	0.10	14.63	85.27
2000	25374	0.09	11.56	88.35
2001	24812	0.10	11.28	88.63
2002	24285	0.10	11.12	88.79
2003	23559	0.09	10.84	89.07
2004	24454	0.09	9.98	89.93
2005	26092	0.08	9.07	90.85
2006	27699	0.07	8.19	91.74

续表 3-1

年　份	人均 GDP（美元）	第一产业（%）	第二产业（%）	第三产业（%）
2007	29900	0.06	7.49	92.44
2008	30865	0.05	7.57	92.38
2009	29882	0.05	7.38	92.57
2010	31758	0.04	6.97	92.99

然而，在1997年遭遇了亚洲金融危机之后，香港经济一蹶不振，增长乏力，甚至出现负增长状态。2003—2007年，经济增长回稳。但随着2008年全球经济危机的爆发，香港金融业再次遭到重创，经济再次出现负增长状态。由此可见，香港产业结构的极端化和单一化，使其丧失了制造业优势，单纯依赖服务业特别是其中的金融地产业，使整体经济在产业结构的轻型化过程中失去了制造业基础的依托，服务业也因此失去可服务的基础对象。产业的空心化现象严重削弱了香港经济的增长动力，并增加了由金融和地产业所引起的风险和不确定性。如图 3-1 所示。

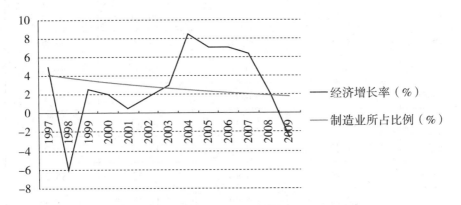

图 3-1　香港经济增长率与制造业比例示意图

目前香港经济正处于结构调整时期，亟须确立以高附加值产业为主导产业的发展方向，发展高新技术产业，加快产业结构调整。而解决香港产业转移后所面临的"产业空心化"和产业升级等问题，不是孤立的香港自身的问题，它需要立足于珠三角甚至更广的区域合作背景来考察，要靠不同层次的区域经济整合和融合来化解。而通过建立粤港澳自由贸易区或类似于自由贸易区的新合作机制，实现人力、物力、资金自由流通和双方在科技等方面的合作，是加速香港产业调整及促进经济持续发展的重要途径。

为了促进香港经济更快更好地发展，为了从长远来优化香港劳动力的就业结构，为了促进香港社会的稳定与繁荣，香港特区政府应该积极推动香港制造业与服务业的产业转移。

当然，香港进行产业转移，一定要有配套的政策措施。首先，要给予那些应该大力发展的行业以政策上的支持与倾斜，比如税收的优惠、贷款政策的放宽、资金的支持；对于那些该退出的行业要进行政策上的遏制，比如加重税收、引导企业退出等。其次，产业转移就会带来旧有行业的劳动力暂时失业，要对这些劳动力进行职业教育和技能培训，提高劳动者的素质和劳动者的技能，让他们能够适应新行业发展的需要，适应新的工作岗位。最后，为了让香港社会更加稳定地发展，在进行产业转移的同时，一定要做好社会保障，让暂时失业的劳动力能够保证生活。

二、香港角色和地位变更的必然要求

我国自"入世"以来，就在逐步消除外商进入我国市场的层层障碍，实行"国民待遇"。广东作为中国的一个经济重镇，凭借其良好的投资环境和人才优势，必将成为外企抢滩中国市场的首选目标；香港作为内地枢纽的角色毫无疑问将会经历根本性的变化。随着我国贸易体制的改革及开放，外资公司将获得全面的贸易及分销权，他们将越来越多地考虑直接进入或直接从中国内地采购，使香港的转口贸易面临挑战。

另外，香港的国际定位与内地滞后的金融开放程度以及非市场因素存在矛盾，使得香港不得不依附内地的经济政策而动。尽管香港是我国唯一真正意义上的国际金融中心，但上海、深圳等地在发展定位上都要求按照国际金融中心来争夺中央所赋予的合法权利。而我国主要的金融和保险机构的总部都设在北京，国内融资中心在上海和深圳，从而导致香港对内地金融的影响与其国际金融中心的地位不相匹配。由于人民币不能自由兑换使得港币舍近求远与美元挂钩，这样会使香港的利率水平受制于美联储。而随着内地金融市场的逐步开放以及内地和香港金融合作的推进，如自由行以及未来可能开通的港股直通车，都使得香港与内地的经济趋向一致。这样就导致香港处于内地和美国"大国经济"夹缝中。一旦中美两国的经济周期不一致或经济存在严重冲突，由于港币的原因，香港金融政策要随美国而动，而利益却与内地一致，并且粤港合作或内地与香港的经济合作越深入，这种矛盾就会加剧。但是，如果港币转为盯住人民币则又与港币作为世界货币的内在属性相冲突。即便是人民币能自由兑换，汇率完全放开，港币盯住人民币也会使港币失去了存在的必要性，从而被人民币替代，香港对内地的独特作用就失去了，而中国政府扩大内需、减少出口依赖的转移更是边缘化了香港的地位。香港要摆脱这种处境，一方面要依靠内地市场的更大程度更快地开放，并与国际接轨；另一方面则要求香港积极提升与广东的合作关系，与珠三角城市群形成合力重塑其在大中华经济圈中的重要地位。

第二节　澳门产业转移和升级的需要

澳门则更是微型经济体，能够扩充新兴产业的空间和资源都十分缺乏。因此，尽管澳门2010年年底人均GDP已达211907港元，排名亚洲第三，但在本地却无资本的用武之地，只能寻求境外市场。而澳门资金的大量外流将使其本地产业进一步萎缩，使得澳门本土经济完全依赖于博彩业。因此，发展"港澳珠三角共同市场"有利于澳门与珠三角经济完全融为一体，从而实现澳门与内地资源的互补和共享。

一、澳门服务业发展现状

从澳门经济发展的主导产业角度来考察，澳门经济发展大致经历了四个阶段，即转口贸易业阶段、赌博娱乐业兴起阶段、出口加工业主导阶段和旅游博彩业再领风骚阶段。澳门回归以来，博彩业一直处于快速上升阶段，博彩业的发展带动了澳门旅游业的扩张，促进了旅游接待设施投资的快速增长和旅游接待能力的明显提高。澳门经济属于微型经济体系，市场规模有限，经济门类极其不完整。第一产业占GDP的比重几乎为零；由于制造业的外移，第二产业的比重呈现不断下降的趋势；而以博彩业为主的第三产业生产总值比重达到85%，占据澳门经济的绝对主导地位。2000—2010年澳门产业结构变动如表3-2所示。① 澳门特区政府十分重视旅游业的发展，提出将逐渐形成"以旅游博彩业为龙头，以服务业为主体，其他行业协调发展的产业结构"的经济调整目标，不断加强相关建设，组织相关活动，有效地刺激了旅游业的发展，入境澳门旅客数量连年增加。2006年来澳门旅客突破2000万人次，2009年入境旅客总数为2175.2万人次，整体酒店业的平均入住率达到71.4%。②

---

① 澳门特别行政区政府统计暨普查局2008年产业结构，见http://www.dsec.gov.mo/Home.aspx。

② 澳门特别行政区政府统计暨普查局2009年旅游统计，见http://www.dsec.gov.mo/Home.aspx。

表3-2　澳门产业结构变动

单位:%

年　份	第一产业	第二产业	第三产业
2000	0.00	15.68	84.32
2001	0.00	13.75	86.25
2002	0.00	12.63	87.37
2003	0.00	12.68	87.32
2004	0.00	11.56	88.44
2005	0.00	11.30	88.70
2006	0.00	14.90	85.10
2007	0.00	14.02	85.98
2008	0.00	11.32	88.68
2009	0.00	10.90	89.10
2010	0.00	7.40	92.60

资料来源：澳门特别行政区政府统计暨普查局。

博彩业增加值的增长速度近年来始终处于较高水平，如表3-3所示，2003年和2004年更呈现爆炸式增长。其后增长步伐虽然放缓，但是2006年的增长率仍达到19.6%。博彩业的比重高峰时更近40%，[①] 成为占生产总值比重最高、升速最快的独立行业，如图3-2所示。

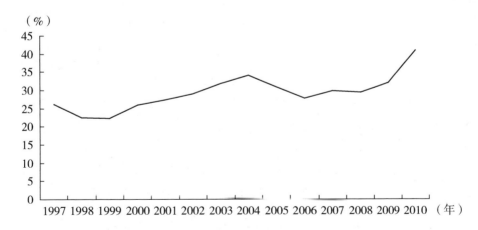

图3-2　澳门博彩业增加值占本地生产总值的比重

① 澳门特别行政区政府统计暨普查局2008年综合经济报告，见http://www.dsec.gov.mo/Home.aspx。

表3-3　澳门回归后主要行业增加值占本地生产总值的比重

单位：%

年份	批发及零售业	酒店业	饮食业	运输、仓储及相关服务业	通讯业	银行	保险及退休基金	不动产业务	租赁及向企业提供的服务	公共行政	教育	医疗卫生及社会福利	博彩业
1997	3.89	1.87	3.00	3.64	2.82	6.28	1.76	15.60	2.13	7.67	2.66	2.04	26.14
1998	3.50	2.05	3.28	3.75	3.16	7.71	1.91	14.97	2.94	9.10	3.08	2.42	22.51
1999	3.31	2.07	3.43	4.43	2.83	6.53	3.37	13.08	3.46	9.15	3.40	2.44	22.26
2000	3.79	2.15	3.50	4.56	2.78	7.32	3.31	9.99	3.01	8.98	3.37	2.43	25.89
2001	4.03	2.32	4.05	4.18	2.48	6.84	3.41	8.60	3.71	9.45	3.67	2.53	27.37
2002	4.67	2.29	4.26	4.15	2.43	6.67	2.95	8.37	3.65	8.98	3.67	2.41	28.94
2003	4.96	1.98	4.01	3.16	2.22	6.08	3.32	8.06	3.59	8.52	3.47	2.26	31.76
2004	4.80	2.17	5.28	3.15	2.03	5.19	2.29	7.41	4.63	7.35	3.08	2.00	34.00
2005	4.46	2.02	4.35	2.85	1.93	6.61	2.13	8.96	4.89	6.79	2.76	1.92	30.79
2006	4.47	1.83	4.14	2.60	1.80	6.81	2.17	8.41	5.91	5.98	2.51	1.70	27.67
2007	4.38	2.16	3.78	2.40	1.61	5.93	1.99	8.95	5.98	5.89	2.21	1.58	29.78
2008	4.63	3.67	4.02	1.82	1.59	5.83	1.78	9.33	5.98	6.10	2.34	1.71	29.42
2009	5.93	4.29	3.84	1.85	1.73	5.83	1.83	9.89	6.35	6.46	2.60	1.91	32.00
2010	6.96	4.62	3.41	2.11	1.58	4.83	1.42	7.39	6.08	5.47	2.11	1.64	40.87

2002年澳门博彩业对外开放，引入竞争机制后，打破了长期以来的垄断经营，进一步拓展了澳门旅游博彩业的发展空间。自2004年第一家赌权开放后、拉斯维加斯背景的金沙娱乐场开业以来，澳门博彩业在经营数量、场所数量、入场人数、收入等方面都剧烈增加。至2008年年末，相对于2003年，澳门博彩旅游业的多项数据都成倍地增加：娱乐场所数量是2003年的2倍，到访旅客数则为2.35倍，博彩业收入则为3.21倍，赌台数量则为4倍，角子机数量则为5倍。同时，博彩旅游业对劳动力的大量吸纳以及

提高相对更高的报酬。2008年就业统计显示，直接从事博彩业的人员达3.91万人，占总就业人口的13.3%，博彩业月薪中位数是总体就业人口月薪中位数的1.625倍。

尽管旅游博彩业与其他服务业也存在一定关系，其关联度却很低，是一种松散和孤立的关系，看不到明显的依存关系，发展空间有限。同时，博彩业属于外部需求主导行业，其发展容易受到外界社会经济波动的影响，自身稳定性较差。况且近年来，韩国、马来西亚、菲律宾、澳大利亚等地陆续开设赌场，发展博彩旅游业，使得澳门博彩业在亚太地区的垄断局面被打破，面临巨大的竞争压力。

二、澳门与珠三角服务业合作现状

回归至今的珠三角同澳门经济合作的重点在于横琴岛开发和跨境工业区的发展。受制于本土面积狭小，澳门很早就希望能通过向珠海租地来缓解澳门城市发展扩张之困，但由于各种原因，直到2009年12月16日横琴新区的成立才在此方面取得了真正的突破。中共中央政府赋予的"制度创新、先行先试"的方针使横琴岛吸引粤港澳的高端人才和服务资源，未来预计将被建设成为粤港澳地区的区域性商务服务基地、国际知名旅游胜地和珠澳国际都会区。同时，珠澳跨境工业区的建立也进一步拓展了中国区域经济合作的发展空间，为CEPA政策的实施提供了一个具体操作和实验平台。因此可以认为，珠澳跨境工业区是粤港澳区域经济合作理论与实践的一次重要发展，这也标志着中国在区域经济合作深度上的具有里程碑意义的一次尝试。具体合作特点如下。

（一）两地合作由自发性合作发展到自觉性合作

回归以前，澳门与广东经贸合作以纯民间"自发性合作"为主，企业通过市场自发行为进行贸易往来，很少存在政府之间的制度性安排，这一阶段的区域合作侧重于功能性的经济一体化或经济整合，因此是一种消极的经济融合。20世纪后，两地区域合作关系转向由市场引导、政府规制的"自觉性合作"，政府在合作中发挥的作用越来越大。通过政府之间的贸易投资的保护和自由贸易协议两地构建出更为完善和广阔的市场，因此，制度性一体化又被称为积极一体化。由于政府的参与，双方合作的着眼点得以提高，不再仅限于关注短期的、局部的经济利益，开始从区域经济发展的角度来协调两地经济行为，比如双方开始注重大型基础设施建设的分工与布局，建成珠澳港跨海大桥和珠澳直通快线，开始在新技术、新产品的研发等方面展开合作，设立珠澳跨境工业区，这些都为今后澳门与内地的长远合作打下了一定的基础，也使得澳门和珠三角之间的合作模式从"前店后厂"逐步走向"共同市场"。

（二）两地合作从简单互补性合作转向整体结构性合作

合作初期，双方经济合作主要是取长补短，简单地利用对方的优势，如内地利用澳门的资金、技术和管理发展制造业，而澳门则利用内地的廉价土地和劳动力进行资本积累，二者处于一种垂直分工的状态。此时，澳门与珠三角之间的经贸合作主要是一种功能性的整合，澳门对内地的直接投资占两地经贸合作的主导地位。

20世纪90年代后，两地合作在产业结构、贸易结构和金融结构等方面出现了明显的变化，逐渐呈现水平分工状态。如在产业结构方面，两地开始注重合作开发新产品，发展原材料、元器件生产。在贸易结构方面，双方逐步调整进出口的商品结构，合力开发针对海外市场，尤其是针对葡萄牙语（以下简称"葡语"）国家的拳头产品，目前内地已成为澳门的第三大出口市场和最大进口来源地，在促进澳门区域经济发展中起着重要的作用；此外，两地的贸易往来变化还体现在内地出境旅游方面，在中共中央政府大力支持实施CEPA与开放赴澳门旅游自由行的条件下，内地赴澳门旅游的游客人数整体上不断上升，增长达10%，超过访澳总旅客的60%，内地超过香港成为澳门博彩旅游业的最大客源市场，其中珠三角地区由于地理位置的优势，占据内地旅客的70%以上。在金融结构方面，从初期由内地吸引澳门的直接投资发展到双方逐步利用对方的金融市场，互建金融机构，拓展金融业务，加强资金的相互融通与渗透。而CEPA的实施进一步推动澳门与珠三角的经济合作从直接投资发展到间接投资，从货物贸易发展到服务贸易，从商品和生产要素的单向流动转向双向流动，澳门与珠三角的经济合作迈向制度性整合的新阶段。

（三）两地合作领域向全面化、多元化产业拓展

首先，澳门与珠三角互相投资的合作领域日趋多元化。20世纪90年代后，澳资企业在珠三角的投资逐渐向饮食、房地产、酒店和娱乐等第三产业扩张，回归后，随着澳门本地经济的腾飞，澳门对珠三角的投资逐渐扩展到收益更快的房地产和本地中小企业较熟悉的商务服务、批发零售、酒店餐饮等行业。而中资集团在澳门的投资范围也由旅游服务和加工业投

资扩展到包括交通运输、金融、通讯、商业等多种行业在内的综合领域。

其次,珠澳跨境区向商贸服务业为主转型。珠澳双方在确定了以商贸服务业为主的跨境区转型方向下,重点发展面向澳门的仓储物流业和面向内地的进口消费品展销业及其配套的服务业。珠海园区保税区管委会不仅出台了一系列关于扶持进口消费品展示展销和展会的优惠政策,而且还举办了"台湾食品展""泰国美食展""进口婚纱礼服节"等多个主题的进口消费品展会,形成了一定的商贸氛围。

再次,澳门在横琴新区投资项目向多元服务业发展。澳门特区政府在申请和筛选横琴新区的粤澳合作产业园项目中,秉承"有利于澳门经济适度多元化、促进澳门打造成为世界旅游休闲中心、凸显澳门商贸服务平台作用、有利澳门居民于横琴就业、能带动本澳中小企业共同参与"等原则,联合珠海政府欲将横琴新区打造成一个新的多元服务基地。同时,澳门积极推动与中山、南沙、江门等周边地区的合作,循序渐进推动澳门园区和相关产业的投资发展。在中山翠亨新区以合作发展教育、文创产业和游艇自由行项目,利用翠亨新区土地资源优势,建立起粤澳合作综合示范区,探索粤澳合作新渠道、新模式;在广州南沙新区以成片开发模式建设澳门综合园区,在园区内引进澳门建设和管理标准,建设中葡经贸合作培训,院校、科研机构合作,高端旅游合作,养老综合设施,康复综合设施合作等产业;在江门大广海湾区则重点发展旅游、健康、养老等产业。在政府的努力推动下,两地贸易壁垒不断消除、投资洽谈交流日益频繁,澳门企业"走出去"意愿积极,所涉行业和区域不断扩大。但澳门参与区域经济合作仍面临缺乏区域合作的战略规划和统筹经验、人力资源短缺、本地产业基础缺乏等问题。因此,特区政府需要进一步加强统筹,促进人才培养政策,创新粤澳合作模式,推动澳门区域经济合作,促进经济适度多元发展。

最后,澳门参与横琴新区建设、探索粤澳合作新模式。珠澳两地积极推进制度创新,构建法治化、国际化的营商环境和趋同港澳的金融、税收、产业等政策环境,在促进澳门产业多元化发展的同时,加强两地产业的协同发展,以将澳门打造成一个世界休闲旅游中心、葡语国家商贸平台;同时,珠澳跨境基础设施建设不断加快,两地人流物流变得更加便捷,"十二五"期间,规划建设的珠澳口岸有五个,建成后通关能力将达到 140 多万人次/天,港珠澳大桥建成通车以后,珠海将成为唯一同时连接港澳的内地城市;另外,珠澳两地在供水供电、医疗卫生、环境保护等领域的合作机制也在不断完善,为优化合作机制,两地还建立了良好的沟通协调渠道,在粤澳高层会晤机制的基础上成立合作专责小组。

三、粤澳服务业合作优势、劣势分析

澳门与广东在服务业发展方面各具优势。澳门是传统的自由贸易港，市场体制比较完善，商业运作透明度高。广东自身服务业发展水平相对较低，但是拥有雄厚的物质基础。通过了解二者服务业发展的优势和劣势，并整合澳门"先发优势"与广东"后发优势"，共同打造旅游、物流、贸易、会展中心，实现粤澳"经济一体化"，使粤澳两地在本轮华南经济圈合作中尽快获得产业升级。

（一）粤澳服务业合作优势

1. 粤澳良好的合作传统与基础

粤澳以地缘人缘关系为背景，以优势互补为基础，基于双方经济发展的内在优势，已形成深层次、多领域的合作关系，在生产制造业、跨境基础设施、口岸建设与管理、商务旅游等领域合作等都取得了显著成效。由于澳门自身资源和要素的缺乏，广东尤其是珠海便成为其所需要要素的后方基地，在水、电、农副产品等方便保障对澳门的供应。例如，珠海从1959年开始正式对澳门供水，到目前已投资5亿多元兴建三个对澳门的供水工程，澳门居民日常所用的鲜活农副产品有10%左右来自珠海。

2. 服务业发展的产业互补优势

尽管广东省服务业发展的整体水平不高，但依托雄厚的制造业基础，生产性服务业获得了迅速的发展，主要集中在信息咨询、计算机应用以及科研服务等新兴行业。在消费性服务业方面，珠三角的酒店、餐饮、旅游等行业服务水平得到了较大幅度的提高。而澳门博彩业在开放经营权后，形成自身的竞争优势，并带动酒店、旅游和零售业的发展。因此，现已形成香港和深圳的金融业、广州的生产性服务业、澳门和珠海的休闲娱乐产业的服务业发展格局。

3. 服务业发展的要素互补优势

对澳门而言，其城市空间过于局促，不利于服务业的进一步扩张和发展，而后与澳门相邻的广东省珠三角西岸地区（特别是珠海），尚存在较大的发展空间，借助适当的方式合作开发，有利于促进澳门服务业的可持续发展；另外，澳门服务业发展明显存在人力资源不足的限制，而广东省特别是珠三角充裕的劳动力资源，为澳门服务业的发展提供了可靠的保障。

4. 政策及制度保障

《内地与澳门关于建立更紧密经贸关系的安排》的实施，已为澳门和广东服务业发展的紧密合作提供了制度保障。随着 CEPA 一系列后续补充协议的签订，广东对港澳开放的服务业的范围领域也逐步扩大。另外，珠三角一直是全国改革开放和发展的先行先试地区，尤其是随着《珠三角地区改革发展规划纲要（2008—2020年）》的出台，更是有利于珠三角地区消除在与港澳进行合作的制度性障碍，从而为港澳服务业合作拓展了更为广阔的空间，为粤澳服务业合作发展提供了新的机会。

5. 一体化进程的推进

粤港澳区域一体化的趋势日益明显和强化，特别是在《珠三角地区改革发展规划纲要（2008—2020年）》的引导下，将更加促进区域一体化的发展，这也有利于澳门拓展其发展空间，增强其辐射带动作用。规划纲要从区域一体化发展的角度，将澳门定位为世界旅游休闲中心，将珠海定位为珠江西岸地区的核心中心，从而大大提高了珠澳都市圈的整体地位。

（二）粤澳服务业合作劣势及存在问题

1. 澳门经济辐射能力弱

澳门陆地面积只有 29.2 平方千米，地域狭小，资源短缺，人口不多，只有约 45 万人，内部市场有限，土地资源紧缺，又缺乏各种天然资源，[①] 这就决定了澳门经济的对外依赖性。长期以来，澳门经济徘徊不前，有"微型经济体"之称，这与其资源短缺不无联系。一方面，由于资源缺乏，无法形成规模产业，只能发展服务业和资源依赖型的出口加工业；另一方面，地域狭小又导致内部市场容量过小，产业发展必须依靠外围市场，总体经济总量远远不及香港，因此珠澳都市圈在三大都市圈的经济总量最小，甚至尚不及港深都市圈的 1/10，在一定程度上限制了粤澳服务业合作的整体规模和合作领域。因此，粤澳服务业的合作，关键在于基于彼此的比较优势和行业优势开展针对性的合作。

同时，由于澳门长期偏重博彩业的发展，导致本土低学历和低技术的劳工持续大量地涌入市场。一方面，这群社会人士难以与高学历和高应付能力的外来年轻人竞逐新增的博彩业及其相关的建筑业、酒店饮食业等职位；另一方面，这些行业由于当地缺乏相关经验和技术人员，不得不从内地和香港等地输入劳动力填补空白，导致非本地雇员占澳门整体就业人口

---

① 资料来源：百度百科，http://baike.baidu.com/view/2816.htm?fr=ala0_1_1。

的比重升至2010年的30.6%①，引致结构性失业。

2. 澳门服务业结构单一

澳门服务业以旅游和博彩业为主，其他服务业则明显滞后，发展水平不高。在博彩业为澳门带来巨大收益的同时，经济对博彩业的依赖性进一步增强，中小企业的发展空间受到巨大的挤压。由于博彩业的兴旺需要大量的劳动力资源，中小商贸企业的用工成本在政府限制外来劳工的情况下大量增加，而且短期内游客的大量涌入刺激了地价和房价的快速上扬，从而挤压了商贸服务业的利润空间甚至出现大量亏损。因赌博引起的犯罪和青少年过早辍学到赌场就业的情况也开始增加。而且在发展成为主潮流的背景下，区域间竞争日趋激烈。在博彩业丰厚收益的刺激下，周边国家和地区逐步开放赌业，从而使澳门的核心产业面临严峻的挑战。

3. 澳门经济抵御风险能力较差

由于澳门没有形成有机组合的产业集群，出口加工业、地产建筑业、旅游博彩业和金融业都属于外部依赖性很强的产业，国际经济的微小波动都会给澳门经济发展带来极大的影响。近年，金融海啸引发的全球性金融衰退给未来的发展带来了更大的不确定性和风险，同时也给粤澳服务业的合作发展带来了挑战，一方面是在世界经济发展环境不确定的情况下如何保持服务业的持续健康发展，另一方面是如何通过区域合作模式的创新来抵御潜在的危机和风险。

4. 广东现代服务业发展滞后

首先，广东省人均GDP在2007年就已达到4360美元，达到了中等收入国家水平。按照钱纳里的产业结构理论和发达国家的一般规律，中等收入国家的服务业比重一般应超过60%，但是广东在2008年只为42.93%②，这与基础理论是严重相悖的。其次，从服务业内部比重来看，2008年传统服务业中的交通运输邮电仓储业和批发零售贸易业两项的比重依然很大，二者占服务业增加值为30.64%，而金融业仅占14.42%。③随着人民生活水平的提高，对精神产品以及卫生、社会保障等非营利性服务业的需求会不断加大。而2008年教育、卫生社会保障和社会福利业、文化体育娱乐业三个行业的增加值为1205亿元，占服务业的比重仅为8.9%。服务业内部结构演进并未发生根本性的转变。由此可见，广东省

---

① 数据来源：澳门特区政府统计暨普查局2008年就业调查。
② 数据来源：《广东统计年鉴2009》。
③ 数据来源：广东省统计局网站。

现代服务业发展滞后,内部结构亟待升级。最后,服务业吸纳从业人员比重较低。2007年,广东服务业从业人员占全部从业人员的比重为32.24%,而发达国家这一比例一般都超过80%,服务业并没有作为吸纳从业人员就业的主要渠道。

5. 粤澳合作空间弱于粤港

香港服务业的服务水平较高,无论生产性服务业还是消费性服务业都是珠三角地区最有优势的。而澳门具有竞争优势的服务行业明显少于香港。因此,客观来看,粤澳服务业合作发展的空间,要明显弱于粤港服务业的合作发展。从广东服务业合作的战略层面而言,粤澳服务业合作的战略意图和战略地位也要明显弱于粤澳服务业的合作。

第三节 广东省加工贸易转型升级的必然需求

广东省作为我国对外贸易大省,其国际贸易的发展始于改革开放之初。为了引进外资和增加外汇收入,我国政府出台了一系列的优惠政策来吸引外资进入,广东省珠三角作为先行先试地区,不断承接来自港澳台的劳动密集型产业,形成了"三来一补"的加工贸易方式。如今,广东省加工贸易经过三十多年的发展,已经成为其对外贸易的主要方式,对促进当地就业、推动经济发展起着很大的作用。

近年来,广东省加工贸易的增值率在逐步提升,但相对其他发达国家(地区)来说,广东省所出口的产品科技含量比较低,整体产业仍位于价值链较低位置。主要原因除了外商投资企业主导着广东省的加工贸易,本土加工企业与国际母公司对于技术、管理、信息方面的交流沟通较少,母公司垄断了附加值高的设计、关键设备和零部件的生产、销售、市场推广之外,更重要的是本土企业对上下游的业务工序没有引起足够重视,技术创新、研究开发活动进行较少。如此一来,广东省加工贸易产业的发展对其上下游产业的发展所起到的带动作用较小,产业关联度低。技术含量高的关键零部件、大型设备则更多依赖国外进口,主要从本土采购原材料和用在劳动密集型工业制品的中间商品,自然带动不了国内产业向附加值高的方向转型升级。这种处于低端产业链、靠低成本优势的加工生产,不仅劳动报酬率较低、影响产业转型升级,还容易受到来自国外需求疲软和本土劳动力成本上升或者对外贸易优惠政策有变的冲击。因此,我们更要重视广东省加工贸易企业嵌入全球价值链之后如何实现产业升级,只有打破这种被锁定在低端的状态,建立除了劳动力成本以外新的发展优势,才能在国际分工中占有一席之地。

生产性服务是产品生产的中间投入，如调研、咨询、金融、设计、开发、物流、营销等活动环节，位于产业价值链附加值高的两端，伴随着产品的开发、生产、使用、消退过程，控制、协调、推动着整个生产网络。生产性服务业的投入对加工贸易的转型升级具有重要作用，我国"十二五"规划明确提出要促进生产性服务业与先进制造业的融合，大力发展生产性服务业是加工制造业提升其产业价值链地位的必然要求。从香港的经验看，珠三角的电子业在完成产业升级换代及整合后，将可大大提升技术与管理水平，成为一批真正拥有核心生产技术及国际竞争力的珠三角本土工业。因此，应以粤为主、以港为辅，对这批产业进行扶植。

一、广东省对外贸易发展现状及其问题

（一）对外贸易发展现状

广东省作为我国对外贸易大省，其国际贸易的发展始于改革开放之初。为了引进外资和增加外汇收入，我国政府出台了一系列的优惠政策来吸引外资进入，广东省珠三角最为先行先试地带，不断承接来自港澳台的劳动密集型产业，形成了"三来一补"的加工贸易方式。如今，广东省加工贸易经过三十多年的发展，已经成为其对外贸易的主要方式，对促进当地就业、推动经济发展起着很大的作用。

但经过三十多年的发展，加工贸易的弊端也逐渐显现。高额的贸易顺差使得广东对外贸易企业在金融海啸的冲击后产生了越来越多的贸易纠纷，再加上广东省劳动力成本的上升，广东省用以吸引国际转移产业的廉价劳动成本优势也被不断削弱。这种通过大量投入生产要素、大量消耗资源的贸易方式，实际上使得广东加工制造业仍处于全球产业价值链的低端，不但增值率较低，而且还会危害环境。

因此，要寻求广东对外贸易转型升级之道，以促进出口贸易持续健康增长。

1. 加工贸易已成广东省对外贸易的主要方式

广东省对外贸易总量在经历了改革开放三十年后，发生了翻天覆地的变化，由改革开放之初的210.37亿美元涨到了2011年的5317.93亿美元，翻了十几倍。之所以取得这么好的成绩，与其把加工贸易作为对外贸易主要方式有着很大关联。表3-4中，我们通过求广东省加工贸易每年进出口增量与对外贸易进出口总量之比来测量加工贸易对广东对外贸易发展的贡

献度。经过分析可以看到，从1991年到2011年，对外贸易与加工贸易的进出口额基本保持上涨趋势，除了在1997年与2007年受到国际金融危机的影响下降到比较低的水平外，其余年份一直保持高速增长。在出口方面，加工贸易平均占据对外贸易总额的72.53%，年均贡献率达到81%，而一般贸易只有31.2%。进口方面加工贸易与对外贸易之比为61.68%，年均贡献率为81.5%，一般贸易为34%。从以上分析得出，相对于一般贸易来说，加工贸易已经成为广东省参与国际分工与贸易的主要方式，是广东省对外贸易发展的主要推动力。

表3-4 1991—2010年广东省加工贸易增长

单位：亿美元

年份	对外贸易出口总额	加工贸易出口总额	比重（%）	加工贸易出口贡献率（%）	对外贸易进口总额	加工贸易进口总额	比重（%）	加工贸易进口贡献率（%）	加工贸易出口年均增长率（%）
1991	270.73	204.44	75.51	91.43	252.48	167.41	66.31	68.91	21.26
1993	373.94	291.36	77.92	98.42	409.50	234.75	57.33	27.85	22.55
1995	565.92	422.76	74.70	95.00	473.80	323.93	68.37	310.02	14.85
1997	745.64	548.31	73.54	50.43	555.56	389.51	70.11	104.49	5.08
1999	777.05	603.98	77.73	97.60	626.63	420.50	67.10	29.54	13.33
2001	954.21	765.02	80.17	134.84	810.63	504.44	62.23	37.27	27.22
2003	1528.48	1181.45	77.30	72.63	1306.74	808.94	61.91	54.76	24.09
2005	2381.71	1750.69	73.51	63.28	1898.40	1170.41	61.66	78.81	20.31
2007	3692.39	2461.67	66.67	57.04	2647.96	1572.25	59.38	49.32	-4.68
2009	3589.56	2231.27	62.16	84.52	2521.62	1328.14	52.67	84.64	19.81
2011	5317.93	3115.15	58.58	45.72	3815.41	1962.20	51.43	51.29	NA

资料来源：根据《广东统计年鉴》整理、计算得来。

2. 加工贸易对经济发展的作用

1978年改革开放政策实施以来，广东省先行先试，通过发展"出口导向"的外向型经济，承接了港澳台转移过来的劳动密集型产业大力发展加工贸易并且充分利用外资,结合本身大量的廉价劳动力与国外先进技术,取得了令人瞩目的经济发展成绩。广东生产总值已经连续多年在全国34个省市自治区内排名第一,2011年人均GDP为50807元,达到中等偏上发达国家水平。如此傲人的成绩,自然离不开对外贸易与利用外资的持续、快速发展。如表3-5所示。

表3-5 广东省对外贸易对GDP的贡献率

单位:亿美元

年份	加工贸易净出口增量	对外贸易净出口增量	GDP增量	加工贸易对GDP贡献率(%)	加工贸易对对外贸易贡献率(%)	对外贸易对GDP贡献率(%)
1991	4.56	-9.19	29.81	15.30	-49.62	-30.83
1992	4.96	-4.57	88.10	5.63	-108.53	-5.19
1993	14.62	-47.24	158.30	9.24	-30.95	-29.84
1994	10.37	73.15	-66.18	-15.67	14.18	-110.54
1995	31.85	54.53	174.56	18.25	58.41	31.24
1996	34.86	-4.80	112.44	31.00	-726.25	-4.27
1997	25.11	102.76	114.93	21.85	24.44	89.41
1998	29.37	24.30	92.57	31.73	120.86	26.25
1999	-4.69	-63.96	87.04	-5.39	7.33	-73.49
2000	40.61	-13.10	180.04	22.56	-310.00	-7.28
2001	36.49	6.23	157.02	23.24	585.71	3.97
2002	16.05	14.69	176.79	9.08	109.26	8.31
2003	95.88	63.50	282.98	33.88	150.99	22.44
2004	86.69	38.35	364.86	23.76	226.05	10.51
2005	121.08	223.31	474.52	25.52	54.22	47.06
2006	126.29	283.49	581.54	21.72	44.55	48.75
2007	182.85	277.54	843.76	21.67	65.88	32.89
2008	166.29	204.41	1119.24	14.86	81.35	18.26
2009	-152.58	-180.91	481.66	-31.68	84.34	-37.56
2010	146.01	146.93	1017.22	14.35	99.38	14.44
2011	103.81	287.66	1441.30	7.20	36.09	19.96

资料来源:根据《广东统计年鉴》整理、计算得来。

表3-5分别分析了对外贸易、加工贸易在1991—2011年对GDP的贡献作用。有几点发现，首先，加工贸易对对外贸易的贡献率比较高，2001—2004年更是达到了年均268%，对外贸易在这几年对GDP的贡献率达到30%，加工贸易对经济增长的贡献率达到年均24%左右。其次，对外贸易对经济贡献波动比较大，加工贸易则更为稳定。在90年代初以及遇到1997年、2007年金融危机后，对外贸易对经济增长的贡献度出现较大程度的降幅，1994年出现最低值为－110.54%，1999年仅有－73.49%。而这些时间段，加工贸易则表现出较好的抵抗危机的能力，并没有出现过大的滑落，对稳定经济起着重要作用。可见，加工贸易对经济增长的拉动以及平衡作用举足轻重。

3. 加工贸易对促进就业的作用

对外贸易除了能促进经济增长之外，还能促进劳动力要素的优化配置，通过吸收粤西、粤北以及大量农村劳动力来促进就业。2011年，外商投资企业的加工贸易额为2868.45亿美元，占全省总体加工贸易额3115.15亿美元的92%，所以我们可以把外商投资企业包括港澳台投资企业所吸纳的就业人数近似作为加工贸易所吸纳的就业人数来进行分析。

表3-6 广东省外商投资企业年末就业人数

单位：万人

年份	全省就业人数（人）	外商投资企业就业人数（人）	港澳台投资企业就业人数（人）	外商投资企业就业比重（含港澳台）（%）	外商投资企业每年新增就业数(含港澳台)（人）
1990	3118.80	6.48	40.41	3.11	20.09
1995	3551.20	35.34	93.32	3.62	22.81
2000	3989.32	43.47	103.74	3.69	68.16
2001	4058.63	46.37	105.50	3.74	44.44
2002	4134.37	92.52	391.90	11.72	375.18
2003	4395.93	129.94	420.79	12.53	147.11
2004	4681.89	159.62	497.45	14.03	223.75
2005	5022.97	216.68	602.72	16.31	307.92
2006	5177.02	252.41	630.84	17.06	264.22

续表 3-6

年份	全省就业人数（人）	外商投资企业就业人数（人）	港澳台投资企业就业人数（人）	外商投资企业就业比重（含港澳台）（%）	外商投资企业每年新增就业数（含港澳台）（人）
2007	5341.50	261.32	675.53	17.54	288.95
2008	5471.72	262.49	672.40	17.09	241.82
2009	5688.62	282.54	719.08	17.61	312.14
2010	5870.48	289.61	732.06	17.40	284.99
2011	5960.74	308.75	734.23	17.50	293.52

资料来源：根据《广东统计年鉴》整理、计算而得。

由表 3-6 可知，20 世纪 90 年代以来外商投资企业与港澳台资企业吸纳从业人员的比例经历了最初的 3% 的低水平后不断增长并保持在 17% 左右。其中，港澳台资企业更是吸纳就业的中流砥柱，平均是外商投资企业的 3 倍多。从 2002 年开始，加工贸易的发展每年为广东省新增了 237.96 万个就业岗位。广东大量劳动力就业问题因为加工贸易的发展而得到解决，当珠三角城市劳动力满足不了加工贸易企业进一步发展的需求时，加工贸易企业或是进一步往粤北、粤西迁移，或是其他城市、农村劳动力流向珠三角，可见广东加工企业不但为广东省解决就业问题，对维护整个中国社会的稳定、经济的发展都作出了贡献。

二、广东省对外贸易商品结构情况

（一）总体情况

改革开放初期，广东省出口的商品主要以服装纺织品、玩具、鞋帽等产品为主；随着改革开放的深入，广东省出口商品的科技含量越来越高。近几年，加工贸易出口商品由早年的劳动密集型产品，逐步向资本、技术密集型产品过渡，对外贸易结构有所提升。

由表 3-7 可以看出，纺织品及原料在 2000 年占广东省出口总额的 13.49%，到了 2011 年这一比重下降到了 7.74%，十几年间下降了 42.62%；相反，包含生物技术、生命科学技术、光电技术等产品在内的高新技术产品的出口额由 2000 年的 18.52% 一直上升到 2009 年出现峰值，占广东省总出口额的 38.83%，到了 2011 年这一比例虽有小幅下降，但仍然占据了 37.14%，达到 1975.25 亿美元。而根据广东省外经贸厅加工贸易处数据显示，2007 年通过加工贸易方式出口的高新技术产品占高新技术产品总出口的 85.8%，占加工贸易出口总额的 44.7%。由此可见，高新技术的出口方式以加工贸易为主，而与此同时通过加工贸易方式出口的商品中，高新技术产品占据了大部分。

表 3-7 广东省高新技术产品出口情况

单位：亿美元

年份	纺织品及原料		高新技术产品		总 产 品		高新技术产品比重（%）		纺织品比重（%）	
	出口	进口	出口	进口	出口	进口	出口	进口	出口	进口
2000	124.00	65.57	170.20	183.15	919.19	781.87	18.52	23.42	13.49	8.39
2005	209.64	78.59	835.70	704.66	2381.71	1898.31	35.09	37.12	8.80	4.14
2008	327.86	78.30	1486.73	1243.12	4041.88	2793.04	36.78	44.51	8.11	2.80
2009	296.99	67.77	1393.74	1150.84	3589.56	2521.62	38.83	45.64	8.27	2.69
2010	362.86	77.54	1753.39	1489.79	4531.91	3317.05	38.69	44.91	8.01	2.34
2011	411.55	78.04	1975.25	1656.95	5317.93	3815.41	37.14	43.43	7.74	2.05

资料来源：历年《广东统计年鉴》。

相较于出口结构，进口商品的结构则相对稳定。由于国内制造业水平比较低，原材料、关键零部件以及机械设备质量、品种不达标，所以仍以进口为主。

（二）对外贸易发展面临的问题

1. 广东省加工贸易企业仍处在产业价值链的低端位置

产业价值链，是企业除了其自身生产的基本活动外，与其上游供应商、下游买主构成了进一步的联系。上游包括科研开发、产品设计、生产模块零部件；下游则包括销售、售后服务等。这些业务工序都包含了较高的附加值，而产业链的低端则是组装加工，附加值最低。早年广东省主要出口各种原材料、轻纺织品、服装、家具等初级加工产品，近年来广东省贸易结构有所提升，一些如机电、电子产品、高新技术类的较深加工产品出口增加。而加工贸易的增值率也在逐步提升，如图 3-3 所示，1991 年还是只有 22.12%，在 2009 年达到峰值为 68%，经过金融危机后，又下降到 2011 年的 58.76%。通常对进口材料的加工程度越深，则加工出来的产品附加值越高、增值率越大，但并不意味着广东省产业结构已经合理升级，加工贸易已经摆脱了附加值低、技术含量不高的模式。

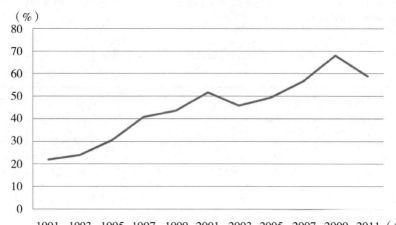

图 3-3　广东省出口产品的加工贸易增值率
资料来源：广东统计年鉴。

国际上模块化、标准化的机电产业和一部分高新技术组装产业大量迁移至我国，而广东则在这个过程中扮演了从周边发达国家地区大量进口零部件进行组装加工出口的角色，在研发、设计、销售、售后服务等上下游价值链上却仍然没有什么建树。其原因除了外商投资企业主导着广东省的加工贸易，本土加工企业与国际母公司对于技术、管理、信息方面的交流沟通较少，母公司垄断了附加值高的设计、关键设备和零部件的生产、销售、市场推广之外，最重要的原因是本土企业对上下游的业务工序没有引起足够重视，技术创新、研究开发活动进行较少，因此只能被锁在了附加值低的组装加工环节上，如表 3-8 所示。广东省 2011 年较大规模的工业企业共有 38304 个，其中含有研究机构的只有 3164 个，也就是说只有 8.26% 的较大规模企业有专门人员从事科研活动。极少数企业拥有自己的核心知识产权，大多数企业还是通过引进或购买新技术，通过贴牌生产依靠"三资企业"出口高新技术产品。

表3-8 广东省企业嵌入全球价值链位置情况

全球价值链产品产业	战略环节	战略环节控制者	领导企业总部	广东企业占据环节
纺织服装	面料和时装研发设计、品牌制造、营销	皮尔卡丹、阿迪达斯	法国、意大利、美国、中国香港地区	低档产品、来料加工、贴牌生产
建筑陶瓷	生产机械设计、产品研发、彩釉研发	Sasol、Casrellon等	意大利、西班牙等	低档建陶生产
耐用家电	研发、核心元件	西门子、三星	日本、德国、韩国	一般元件、成品组装
集成电路	IC设计、前沿技术研发和生产、IP供应	Intel、三星、Iexnc-instr等	美国、韩国等	低端制造和封端测试
计算机	研发、CPU制造、软件设计、核心元件	Intel、惠普、微软戴尔等	美国、日本、中国台湾地区等	一般元件、成品组装中低端产品
汽车	研发、模具、成套装备制造	通用、大众、丰田等	美国、日本、德国等	通用零配件、整车组装

资料来源：龚三乐．产业升级、全球价值链地位与企业生产力［J］．北方经济，2006（5）。

这种处于低端产业链、靠低成本优势的加工生产，不仅劳动报酬率较低，而且一旦面临劳动力成本上升的危机，则容易被其他更具有比较优势的地区所取代。因此，我们更要重视广东省加工贸易企业嵌入全球价值链之后如何实现产业升级，只有打破这种被锁定在低端的状态，建立除了劳动力成本以外新的发展优势，才能在国际分工中占有一席之地。

2. 广东省加工贸易产业关联度较低

加工贸易产业关联度指的是加工贸易产业与上下游企业各种经济技术活动联系的强弱。张雯（2012）根据《中国投入产出表》整理了2002年和2007年我国生产性服务业与加工制作业的影响力系数和感应力系数，该系数反映了产业关联程度,研究发现两产业之间前后相关联效应相对较小、水平较低。而广东省加工贸易产业的发展对其上下游产业的发展所起到的带动作用与全国水平较一致,产业关联度较低。加工贸易企业通过采购原材料、中间商品和服务与其上下游企业进行经济上的联系,也是因为加工贸易企业对其上下游企业产生的联动效应,才使本土产业价值链得到进一步延伸,产业配套能力才得到增强。

广东省加工贸易与上下游产业关联度低,表现在从本土采购的原材料和中间商品主要集中在初级原料和劳动密集型工业制品上,其资本、技术含量不高,而技术含量高的关键零部件、大型设备则更多依赖国外进口,自然带动不起国内产业向附加值高的方向转型升级。原因从两方面来进行分析:首先,外商投资的加工贸易企业阻碍了产业关联效应。广东省加工贸易企业主要是外商投资企业,特别是港澳台资企业,约占80%,他们来粤投资主要是因为本土产业升级的需要和对粤大量廉价劳动力、优惠政策条件的需求。尽管广东本土有众多提供原材料、生产性商品与服务的企业,但外资企业基于跨国经营战略的考虑,更倾向从国外相关企业或者外商在华投资企业来采购配套产品,如此一来造成本土产业间关联度较低,升级受限制。另外,广东省加工贸易产业上下游配套产业本身发展程度不高,限制了其进一步发展。广东省关联产业技术创新不足,关键设备与零件生产能力有限,而原材料与中间产品的质量达不到加工贸易严格的要求,因此只能更多选择符合质量、技术水平要求的国外产品与服务。

广东省加工贸易产业与上下游产业关联度低,不仅会影响产业转型升级,这种"两头在外、大进大出"的模式更是会加重广东省加工制造业的脆弱性。广东省对外贸易企业容易受到国外需求疲软和本土劳动力成本上升或者对外贸易优惠政策有变的冲击,因而经济遭受重大有害影响。可见产业关联度低的问题不容忽视。

三、广东省生产性服务发展现状及其问题

(一)广东省产业结构发展状况

2011年广东省GDP为53210亿元,在全国32个省(直辖市、自治区)中位列第一,自从1979年改革开放以来,广东省经济增长率平均达到13.40%,超过了增长率为9.90%的全国水平。从全国的情况来看,广东省经济实力最雄厚,对带动全国经济增长起着很大作用。

一个国家或地区的产业结构是其经济的基础和核心,可以通过产出指

标和投入指标来反映。产出指标用广东省历年各产业产值占其生产总值的比重来表示，投入指标用广东省各产业历年来劳动力就业比重来表示。

由表3-9可见，经过改革开放、承接国际产业转移、区域经济一体化、与粤澳经济合作的洗礼，广东省已经初步形成比较合理的产业结构。第一产业比重除了1978—1982年有所上升外，迄今为止一直在持续下降。而第二产业与第三产业的发展则更为复杂，改革开放到20世纪90年代初这段时间，广东省第二产业比重缓慢下降，由46.60%下降到39.50%，而第三产业则与之相反，呈急速上升态势，由23.60%上升到几乎与第二产业持平的35.80%，这个阶段符合产业结构演进的一般规律。1990—1994年，第三产业仍然呈上升趋势，而第二产业则有缓慢回升之势。而从1994年开始，广东省第二产业的比重由48.80%的最高值开始逐步下降，一直下降到2002年45.50%的低点。与此同时，第三产业的比重有着比较快的增速，年均增长达到3.53%，并在2001年实现首次超越第二产业。但随后的产业结构并没有持续形成"三二一"的排位，第二产业在2003年重新超越第三产业的45.30%，并且保持了平稳增长的趋势，一直到2008年达到了50.30%的新高，同时第三产业则下滑到了47%的程度。直到最近几年产业结构的发展又重新步入第二产业缓慢下降、第三产业平稳上升的正常轨道。

表3-9 改革开放以来广东产业结构变化及三次产业贡献率

年份	产业结构变化率（%）				三次产业贡献率（%）			
	第一产业	第二产业	其中：工业	第三产业	第一产业	第二产业	其中：工业	第三产业
1978	29.80	46.60	41.00	23.60	16.00	43.10	41.70	40.90
1980	33.20	41.10	36.00	25.70	7.50	53.10	44.80	39.40
1982	34.80	39.80	33.30	25.40	37.80	31.50	17.80	30.70
1984	31.70	40.90	33.60	27.40	29.20	40.50	34.10	30.30
1986	28.20	38.30	31.20	33.50	14.10	22.30	19.10	63.60
1988	26.50	39.80	33.40	33.70	11.40	56.80	52.00	31.80
1990	24.70	39.50	33.60	35.80	16.00	43.10	41.70	40.90
1992	19.00	45.00	36.70	36.00	5.50	63.10	50.10	31.40
1994	15.00	48.80	40.40	36.20	2.50	65.90	60.40	31.60
1996	13.70	48.40	41.60	37.90	5.30	60.90	59.40	33.80

续表 3-9

年份	产业结构变化率（%）				三次产业贡献率（%）			
	第一产业	第二产业	其中：工业	第三产业	第一产业	第二产业	其中：工业	第三产业
1998	11.70	47.70	41.80	40.60	3.80	64.40	60.60	31.80
2000	9.20	46.50	41.60	44.30	2.00	59.70	60.10	38.30
2002	7.50	45.50	41.10	47.00	3.00	51.70	50.30	45.30
2004	6.50	49.20	45.00	44.30	1.90	62.70	61.80	35.40
2006	5.80	50.60	47.10	43.60	1.80	58.00	55.60	40.20
2008	5.40	50.30	47.00	44.30	1.90	58.00	57.80	40.10
2010	5.00	50.00	46.60	45.00	1.70	62.00	58.90	36.30
2011	5.00	49.70	46.30	45.30	2.10	52.70	50.20	45.20

资料来源：《广东统计年鉴2012》。

从表3-10可以看出，广东省第一产业的劳动力就业比重从1978年的73.74%一直下降到2011年的23.95%。但是我们可以看到，从改革开放到90年代初这段时间，第一产业的就业人数比重超过五成，说明这段时间农业还是广东省经济发展的支柱，随着改革开放程度不断加深，劳动力则越来越多地转移到第二、第三产业。第二、第三产业就业人数在1978年到1994年处于稳定上涨阶段，第二产业吸纳劳动力的规模一直比第三产业大。但1994—2000年，第二产业的发展受到制约，产业就业比重由33.58%的峰值下降到27.95%，而第三产业的发展则处于快速发展阶段，2000—2003年的就业比重甚至一度超越了第二产业，但随后第二产业进行调整，就业人数也重新稳定上升，一直达到2011年的42.39%，第三产业就业人数增速比前期稍有回落，但也保持平稳增长，在2011年达到33.67%。

表3-10 改革开放以来广东产业劳动力结构变化

年份	各产业就业人数（万人）			各产业就业人数所占比重（%）		
	第一产业	第二产业	第三产业	第一产业	第二产业	第三产业
1978	1678.21	323.44	274.30	73.74	14.21	12.05
1980	1673.57	404.80	289.41	70.68	17.10	12.22

续表3-10

年份	各产业就业人数（万人）			各产业就业人数所占比重（%）		
	第一产业	第二产业	第三产业	第一产业	第二产业	第三产业
1985	1642.47	614.52	469.77	60.14	22.50	17.20
1989	1632.36	747.78	661.13	53.67	24.59	21.74
1990	1651.71	848.37	618.02	52.97	27.21	19.82
1992	1594.32	1024.98	747.91	47.35	30.44	22.21
1994	1478.37	1172.84	841.94	42.32	33.58	24.10
1996	1481.40	1218.00	941.90	40.68	33.45	25.87
1998	1554.33	1214.96	1014.58	41.08	32.11	26.81
2000	1593.68	1114.86	1280.78	39.95	27.95	32.11
2002	1572.92	1202.92	1358.53	38.04	29.10	32.86
2004	1622.50	1727.86	1331.53	34.65	36.91	28.44
2006	1594.22	2037.60	1618.27	30.79	39.36	31.26
2008	1599.27	2163.43	1790.97	29.23	39.54	32.73
2010	1435.17	2487.25	1948.06	24.45	42.37	33.18
2011	1427.34	2526.48	2006.92	23.95	42.39	33.67

资料来源：《广东统计年鉴》。

综上所述，广东省三次产业结构的发展符合一般产业结构演进的规律，而三次产业的就业情况也大致与产业结构演进情况相符。第一产业在国民经济中的比重处于不断下降的趋势，第二产业有徘徊上升之势，第三产业则处于缓慢、稳定增长中，第二产业占GDP的比重仍然超过第三产业，这与发达国家或地区形成的"三二一"产业结构相比还是存在一定差距。而在劳动力就业方面，农业对劳动力的吸纳程度不断下降，则呈现出向第二、第三产业转移趋势，但第二产业劳动力仍然多于第三产业。

（二）广东省生产性服务业发展状况及其问题

根据国务院提出的《中国国民经济和社会发展"十一五"规划纲要》第十六章"拓展生产性服务业"的内容，并结合服务业各行业的中间需求率，把金融业，交通运输、仓储和邮政业，信息传输、计算机服务和软件业，租赁和商务服务业，科学研究、技术服务和地质勘查业五个行业归入生产性服务业的范畴中。

1. 增加值与劳动力就业分析

在上一小节的分析中我们可以看到，改革开放后，广东省第三产业产值占GDP的比重除了2002—2006年之间出现小幅回落以外，其余时间都保持平稳上涨态势；但总体水平仍然比第二产业要低，达不到发达国家的"三二一"产业水平。而第三产业整体就业水平与产值发展趋势相符，也是除了部分年份有下降以外总体呈上升状态，直至2011年，就业占全国的33.67%，远低于制造业的42.39%，也低于全国水平。从全国范围来说，2011年第三产业就业人数比重已经超越第二产业，达到35.7%。这表明广东省第三产业对就业推动不足，还有较大的发展空间。

将广东省第三产业进行行业细分，分别对其2005年和2011年产业增加值以及劳动力就业比重和两者的年均增长率进行分析（表3-11），可以看出，产业内部发展存在差异，其中生产性服务业发展最为迅速。从产业增加值比重来看，第三产业中除了批发零售业和生产性服务业以外，其余行业增加值占据第三产业的比重均呈下降趋势，但都保持着两位数的稳定增长速度，这说明近年来广东省生产性服务业得到比较长足的发展。从生产性服务业内部行业来看，金融业的涨幅最大，增速最快，比重由7.02%上升到12.01%，科学研究、技术服务和地质勘查业则保持17.35%的年均增速，比重由2.18%小幅上涨到2.27%，其余行业均呈现下降态势，可见广东省生产性服务业内部发展不平衡；从劳动力就业比重来看，除了房地产行业与生产性服务业以外，第三产业其余各细分行业劳动力增加额比重越发减少，总体增速也比较缓慢，居民服务和其他服务业甚至还出现了负增长，可见第三产业对劳动力的吸纳能力与其自身发展并不相符。生产性服务行业还是吸纳劳动力的主要行业，近年来占第三产业的比重大部分见涨，其中金融业与科学研究、技术服务和地质勘查业的增速甚至达到了两位数的高度。

总的来说，随着改革开放的不断深入，服务业发展迅速，尤其是以金融业、交通运输、仓储和邮政业、信息传输、计算机服务和软件业、租赁和商务服务业、科学研究、技术服务和地质勘查业为主的生产性服务业在国民经济中的地位不断提升，产业增加值占GDP的比例日益增加，在促进就业方面也起到一定作用，这些都表明了广东省产业结构向着更高级的服务化方向迈进。

表3-11　广东省生产性服务业具体行业的发展情况

第三产业名称	产业增加值比重（亿元）			劳动力就业比重（%）		
	2005年	2011年	年均增长率（%）	2005年	2011年	年均增长率（%）
第三产业	42.91	45.29	16.58	29.80	33.67	7.07
批发和零售业	23.16	23.58	16.93	52.61	49.19	5.88
住宿和餐饮业	5.42	4.95	14.81	15.60	13.25	4.20
房地产业	15.17	13.78	14.73	4.15	4.43	8.26
水利、环境和公共设施管理业	1.26	0.95	11.29	1.44	1.27	4.85
居民服务和其他服务业	3.59	3.55	16.34	16.83	10.38	-1.21
教育	5.50	5.09	15.10	10.59	8.47	3.15
卫生、社会保障和社会福利业	3.04	3.13	17.17	4.12	3.74	5.38
文化、体育和娱乐业	1.54	1.36	14.16	1.59	1.48	5.75
公共管理和社会组织	6.58	6.31	15.76	8.67	7.78	5.17
生产性服务业	34.74	37.30	17.97	24.49	24.65	7.19
金融业	7.02	12.10	27.66	2.79	3.50	11.21
交通运输、仓储和邮政业	10.32	8.67	13.26	11.01	10.09	5.52
信息传输、计算机服务和软件业	7.16	6.24	13.93	3.44	3.61	7.93
租赁和商务服务业	8.05	8.02	16.49	5.72	5.51	6.40
科学研究、技术服务和地质勘查业	2.18	2.27	17.35	1.53	1.95	11.46

资料来源：《广东统计年鉴》。年均增长率用复利计算而得。

2. 劳动生产率分析

下面用劳动生产率来衡量广东省生产性服务业发展的效率。劳动生产率指的是一定数量的劳动者生产创造出的成果与该劳动数量之比,单位劳动数量里创造的劳动成果越多,就代表劳动生产率越高。

某一产业的劳动生产率 = 产业增加值/平均全部从业人员。如表3-12所示。

表3-12 2005年、2011年广东省第三产业细分行业劳动生产率

单位:万/人

第三产业名称	2005年	2011年	年均增长率(%)
第三产业	8.98	14.97	8.88
批发和零售业	3.95	7.17	10.44
住宿和餐饮业	3.12	5.59	10.19
房地产业	32.86	46.56	5.98
水利、环境和公共设施管理业	7.83	11.19	6.14
居民服务和其他服务业	1.92	5.12	17.77
教育	4.66	8.99	11.58
卫生、社会保障和社会福利业	6.63	12.52	11.18
文化、体育和娱乐业	8.70	13.76	7.95
公共管理和社会组织	6.82	12.14	10.07
生产性服务业	12.74	22.65	10.06
金融业	22.58	51.68	14.80
交通运输、仓储和邮政业	8.42	12.87	7.33
信息传输、计算机服务和软件业	18.73	25.91	5.56
租赁和商务服务业	12.65	21.79	9.49
科学研究、技术服务和地质勘查业	12.79	17.42	5.28

资料来源:根据《广东统计年鉴》整理计算。

表3-12显示2005年、2011年广东省第三产业细分行业的相对劳动生产率,从数据来看,各细分行业相对劳动生产力差异较大。2011年第三产业总体的劳动生产率达到14.97万/人,低于生产性服务业的22.65万/人,其中排名前五位的细分行业分别是金融业,房地产业,信息传输、计算机服务和软件业,租赁和商务服务业,科学研究、技术服务和地质勘查。除了房地产以外,其四个行业全都属于生产性服务业,表明了生产性服务业

要素收益较高较好，经济发展潜力大。批发零售、住宿和餐饮业、居民服务和其他服务业以及教育等行业劳动生产率都比较低，除此之外的行业的劳动生产率都保持了两位数水平。增长速度方面，生产性服务业仍然比第三产业整体水平要快。其中，增长较快的行业分别为居民服务和其他服务业，金融业，教育，卫生、社会保障和社会福利业，批发和零售业，其余基本保持个位数的稳定增长率。可以看出，生产性服务业虽然现阶段的劳动生产率比较大，但增幅小、增速慢，整体发展水平还不够高。

尽管广东省生产性服务的劳动生产率比本省第三产业总体要高，但与我国其他省份、国外发达国家相比尚处于比较低的水平，而且还面临增长率慢、内部行业发展不平衡问题。为了提高生产性服务业的劳动生产率，提高生产性服务业的发展水平，应该着手完善劳动力市场，提高就业人员的素质，注重研发或引进高新技术，使生产性服务业更加技术化与信息化。

四、从现状看生产性服务业与加工贸易的关系

对广东省生产性服务业分析可以得出，广东省生产性服务业近年来发展迅速，但与北京、上海或者发达国家或地区相比还处于较低水平，甚至出现了"悖服务化"现象；广东省加工贸易增资率虽然比以前有所提升，商品结构更加优化，但仍处于全球产业价值链低端，与其上下游产业关联度较低，极大地影响了我国经济的发展。这看似不相关的两者，其实大有联系。

（一）生产性服务业的发展受到加工贸易的制约

生产性服务作为服务形式的中间投入，它关联着加工制造业的上下两端，其发展自然受到位于价值链低端的加工贸易产业的制约。从需求上来说，广东省加工贸易与其上下游产业关联度低，对本土企业需求较多的是初级原料和劳动密集型工业制品，而涉及金融服务、技术研发、营销服务等的生产性服务则更多内化在加工贸易制造业中，没有外化为更专业的产业，又或者以外商投资为主的加工贸易企业更倾向国外相关的企业或者外商在华投资企业的生产性服务。如此一来，必然会使广东省生产性服务业的市场需求层次降低，其发展规模受到限制。从供给上来说，服务业外资的进入确实在一定程度上提高了广东省生产性服务业的水平，但总体上来说，外资企业非常重视知识密集型服务业核心技术的控制，生产性服务业在技术、管理方面的溢出效应极少。为了满足外商投资加工贸易企业高端生产环节的需求，生产性服务业以外资形式进入广东省，并加强了技术方面的垄断，本土企业的研发、设计、营销服务的发展受到制约。

(二) 加工贸易转型升级离不开生产性服务投入

处于价值链低端的加工贸易产业会制约生产性服务业的发展，而加工贸易企业想要打破这种"锁定"，实现产业的转型升级，则离不开能使产品物质形式产生差距的生产性服务投入。生产性服务业的投入能够提高加工贸易产业的附加值，增强其创新能力，并降低其生产成本和交易成本，最终提高加工制造业生产率，拉开与竞争对手的差距。加工贸易产业的升级途径可以简单概括为"粗加工组装—深加工组装—关键零部件的生产—关键零部件的研发—整个产品的研发制造—自有品牌产品生产"，生产性服务则贯穿这一途径中，为其提供专业的知识和技术服务，并且整合、协调、控制着整个生产过程，不但能够保障加工贸易生产过程中的连续性，而且还提升每一环节的附加值，增强其创新能力并最终提高加工制造业运行效率。

加工制造环节与生产性服务相互贯穿在产品生命周期的始终，如图3-4所示：

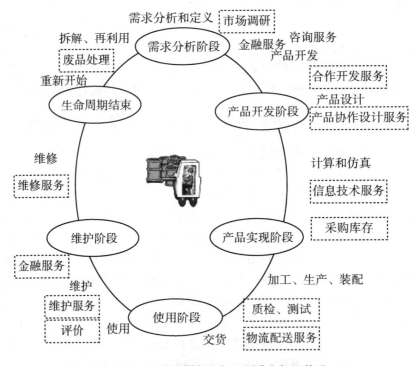

图3-4 生产性服务业加工制造业相互关系

五、生产性服务业发展与广东省加工贸易转型升级实证研究

(一) 理论分析

国内外专家学者尝试从产品方面来进行加工贸易转型升级研究。Donald A. & Derek J. Morris (2001) 认为企业产品的创新与扩散，会刺激着工艺流程等技术的创新与扩散。Lall (2005) 指出，出口的产品能够体现出口国的科技水平和在分工价值链中的地位，一国产品的出口技术层次越高，则该国所处价值链地位越高。毛蕴诗、汪建成 (2006) 认为通过自主创新技术设备来进行生产，能够取代附加值较低的产品，生产出附加值较高的产品，这种产品的技术变化或工艺流程变化对提高产业的整体技术水平、促进产业结构调整有积极的推动作用。

(二) 实证分析

本研究首先参照盛斌 (2002) 整理的《国际贸易标准分类 (STTC 3.0)》将 2000—2011 年《广东省统计年鉴》所梳理的主要出口商品金额重新归结为广东省 21 个工业行业商品出口额，并且根据广东省外经贸厅加工贸易处统计的数据，剔除掉"一般贸易"，得到 21 个工业行业加工贸易出口额。根据经济合作与发展组织 (OECD)《国际标准产业分类 (STTC 3.0)》以及广东省实际情况、数据可获得性，将 21 个工业行业划分为资源密集型、劳动密集型、资本密集型和技术密集型，技术含量从资源密集型往技术密集型不断递增。最后运用面板模型，研究生产性服务业投入与不同类型行业加工贸易出口之间的关系，从而探讨生产性服务业能否促进加工贸易转型升级。

1. 加工贸易制造业分类

OECD 根据制造业增加值研发投入的程度，按照从低到高的顺序分为四个层次。本书按照 OECD 的标准，结合广东省加工制造业的实际出口情况将广东省 21 个涉及出口的工业行业分为资源密集型、劳动密集型、资本密集型和技术密集型四类。如表 3-13 所示。

表3-13 加工贸易制造业分类

工业行业类别	具体工业行业
资源密集型	金属矿采选业 非金属矿采选业
劳动密集型	食品制造业 饮料制造业 食品加工业 烟草加工业 纺织业 服装及其他纤维制品制造业 皮革、毛皮、羽绒及其制品业 木材加工及竹、藤、棕、草制品业 造纸及纸制品业
资本密集型	印刷业、记录媒介的复制 非金属矿物制品业 黑色金属冶炼及压延加工业 有色金属冶炼及金属制品 仪器仪表及文化、办公用机械制造业 石油和天然气开采
技术密集型	交通运输设备制造业 电气机械及器材制造业 电子及通信设备制造业 化学原料及化学制品制造业 医药制造业 化学纤维制造业

2. 变量与模型选择

从研究出口贸易影响因素的文献来看，白冰（2006）、李准晔（2005）、刘涛（2009）等认为：经济发展水平制约着国际贸易发展规模与商品结构，经济发展水平可以用GDP衡量。资本、技术也是促进出口增长的重要因素，而人均资本存量是测量该要素的重要指标，人均资本存量的变动通过劳动要素的投入与生产技术、方式的运用来影响一国或地区生产产品的比较成本，从而影响国际贸易的规模与商品结构。汇率对出口行业的影响也比较大，尤其是劳动密集型行业，当人民币贬值时，加工贸易商品的竞争力增强,从而出口规模扩大;人民币升值时,则出现相反情况。通常用人民币实际有效汇率来表示这一变量。

(从已有文献并结合对外贸易企业出口特征,加入生产性服务业变量,模型设定如下:

$$\ln EX_{j,it} = C_j + \alpha_j \ln OP_{j,it} + \beta_j \ln FA_{j,it} + \gamma_j \ln R_{j,t} + \delta_j \ln S_{j,t} + u_{j,it} \quad (3-1)$$

式3-1中,EX 表示行业出口水平,OP 表示行业产出水平,FA 表示人均固定资本存量,R 表示实际有效汇率,S 表示生产性服务业发展水平。$j = 1,2,3,4$ 分别代表资源密集型行业、劳动密集型行业、资本密集型行业、技术密集型行业;$i=1,2,\cdots,N_j$;N_j 分别表示资源、劳动、资本、技术密集型行业的个数,$N_1=2$,$N_2=9$,$N_3=6$,$N_4=6$;t 表示时间期间;R 与 S 只有 j 和 t,没有 i,表示 R 与 S 只有随时间变化而变化,每个行业面临的都是一样的。)

变量选择解释如下:

(1)EX——行业商品出口水平。广东省出口贸易数据统计只局限在进出口总额和分为21类的进出口商品金额,为了统计细分到工业行业的商品出口金额,并考虑数据的可得性和连续性,本研究参照盛斌(2002)整理的国际贸易标准分类(STTC 3.0)并根据广东省外经贸厅加工贸易处数据,重新整理出广东省21个工业行业加工贸易出口额。根据21个行业对资源、劳动力、资本、技术等生产要素的依赖程度划分为资源密集型行业、劳动密集型行业、资本密集型行业和技术密集型行业。单位为亿美元,数据来自历年的《广东统计年鉴》。

(2)FA——固定投资水平。行业的固定投资水平反映该行业固定资产投资规模的积累情况,体现该行业现代化程度和经济实力的强弱,同时也反映了该行业劳动力要素的禀赋情况。书中用行业的年均固定资产净值除以全部从业人员年平均人数来表示,单位为万/人,数据来自历年的《广东统计年鉴》。

(3)OP——行业产出水平。行业生产者向社会提供的物资产出,实际反映该行业的供给水平和发展程度。本书用工业年增加值表示,单位为亿元,数据来自历年的《广东统计年鉴》。

(4)R——实际有效汇率。实际有效汇率剔除了通货膨胀的影响,通过加权平均该国货币与其所有贸易伙伴国家双边名义汇率来计算,反映该国出口商品的国际竞争力。其数值越大代表该国出口商品的国际竞争力越弱,数值越小代表竞争力越强。考虑到汇率对出口的影响有滞后效应,本研究的实际有效汇率采用滞后一期,数据来自《国际金融统计2011》。

(5) S—生产性服务业发展水平。本书用生产性服务业每年的增加值来表示生产性服务业发展水平。因为 2005 年以后广东省统计局对第三产业的划分与之前不同,考虑到数据的连续性,本书对统计数据进行整理与合并。分别以总生产性服务(S),交通运输、仓储和邮政服务(JT),金融、保险服务(JR),计算机信息和商务服务(SW),科学技术服务(KJ)来研究其对出口的影响。数据来自历年的《广东统计年鉴》。

3. 实证检验

(1) 生产性服务业对加工贸易出口整体影响:

$$\ln EX_{it} = C + \alpha \ln OP_{it} + \beta \ln FA_{it} + \gamma \ln R_t + \delta \ln S_t + u_{it} \quad (3-2)$$

式 3-2 中,EX 表示行业出口总水平,OP 表示行业产出水平,FA 表示人均固定资本存量,R 表示实际有效汇率,S 表示生产性服务业发展水平。$i = 1, 2, \cdots, 21$,表示行业的个数;t 表示时间期间;R 与 S 只有 j 和 t,没有 i,表示 R 与 S 只有随时间变化而变化,每个行业都是一样的。

用 Eviews 6.0 软件先对模型首先估计随机效应模型,然后再进行 Hausman 检验,检验结果为拒绝原假设,可以说明该模型为固定效应模型。接着通过变系数、固定影响以及不变系数三种方式分别对模型形式进行估计,通过计算 F 统计量发现,该模型为固定影响模型。为了消除截面异方差和同步不相关性,对模型进行广义最小二乘回归(FGLS)。结果如表 3-14 所示。

表 3-14 总行业面板模型回归结果

变量	模型 1	模型 2	模型 3	模型 4	模型 5
C	11.6429 * (1.0011)	16.1159 * (1.4238)	12.0126 * (1.1402)	9.4929 * (1.0695)	9.8808 * (1.1066)
OP	0.05773 * (0.01377)	0.1324 * (0.01602)	0.08278 * (0.0152)	0.05488 * (0.01521)	0.05183 * (0.01562)
FA	0.1118 * * * (0.06914)	0.2924 * (0.08294)	0.1454 * * (0.07539)	0.1868 * (0.0735)	0.1825 * (0.0741)
R	-1.4764 * (0.2363)	-3.3264 * (0.4048)	-0.8891 * (0.2598)	-0.6183 * (0.2447)	-0.3333 (0.2505)
S	0.7334 * (0.03779)				
JT		1.3139 * (0.1139)			

续表 3-14

变量	模型 1	模型 2	模型 3	模型 4	模型 5
JR			0.4013 * (0.02573)		
SW				0.5568 * (0.03223)	
KJ					0.4467 (0.02686)
DW	0.8231	1.1221	0.8071	0.8952	0.9189
F	769.9563 *	548.2156 *	662.6052 *	702.3773 *	662.0005 *

注：系数估计值下为标准差。*、* *、* * * 分别表示在 1%、5%、10% 显著性水平下显著。

（2）生产性服务业对资源密集型加工贸易出口影响：

$$\ln EX_{it} = C + \alpha \ln OP_{it} + \beta \ln FA_{it} + \gamma \ln R_t + \delta \ln S_t + u_{it} \quad (3-3)$$

式 3-3 中，EX 表示资源密集型行业出口水平；$i = 1, 2$，表示行业的个数，OP、FA 皆为相应的变量，R、S 只随时间变化而变化，每个行业面临的都一样。经检验，该模型也为固定效应变截距模型。FGLS 回归结果如表 3-15 所示。

表 3-15　资源密集型行业面板模型回归结果

变量	模型 1	模型 2	模型 3	模型 4	模型 5
C	0.9589 (6.4196)	-4.1198 (6.1020)	-0.9472 (6.3136)	2.8409 (6.8045)	2.03002 (6.7776)
OP	0.007577 (0.1084)	-0.06681 (0.09373)	-0.02157 (0.1095)	0.004403 (0.1008)	0.005367 (0.1064)
FA	1.7557 * (0.3534)	1.5447 * (0.2925)	1.6271 * (0.3363)	1.7902 * (0.3361)	1.7544 * (0.3450)
R	1.2659 (1.2719)	2.2648 (1.7011)	1.1585 (1.3433)	0.5899 (1.3722)	0.4839 (1.4436)
S	-0.5150 (0.3565)				

续表 3-15

变 量	模型 1	模型 2	模型 3	模型 4	模型 5
JT		-0.4394 (0.6386)			
JR			-0.2159 (0.2087)		
SW				-0.4207 (0.2556)	
KJ					-0.3181 (0.2161)
DW	1.3046	0.9516	1.02738	1.3305	1.2756
F	187.9492*	175.4517*	178.7377	194.9301	189.2192

注：系数估计值下为标准差。*、**、*** 分别表示在 1%、5%、10% 显著性水平下显著。

（3）生产性服务业对劳动密集型加工贸易出口影响：

$$\ln EX_{it} = C + \alpha \ln OP_{it} + \beta \ln FA_{it} + \gamma \ln R_t + \delta \ln S_t + u_{it} \quad (3-4)$$

式 3-4 中，EX 表示劳动密集型行业出口水平；$i=1,2,\cdots,9$，表示行业的个数。OP、FA 皆为相应的变量，R、S 只随时间变化而变化，每个行业面临的都一样。经检验，该模型也为固定效应变截距模型。FGLS 回归结果如表 3-16 所示。

表 3-16 劳动密集型行业面板模型回归结果

变 量	模型 1	模型 2	模型 3	模型 4	模型 5
C	8.1948* (1.3233)	10.6689* (1.7319)	8.4447* (1.4417)	6.5723* (1.3065)	6.8014* (1.3646)
OP	0.01474 (0.01353)	0.05148* (0.01598)	0.02541*** (0.01464)	0.009908 (0.01368)	0.008561 (0.01367)
FA	-0.06442 (0.09895)	0.0778 (0.1296)	-0.04955 (0.1108)	-0.03254 (0.09747)	-0.02543 (0.09838)
R	-0.2287 (0.3139)	-1.2934* (0.4836)	0.1331 (0.3334)	0.3596 (0.3019)	0.5576 (0.3109)

续表 3-16

变量	模型1	模型2	模型3	模型4	模型5
S	0.4578 * (0.04121)				
JT		0.8094 * (0.1236)			
JR			0.2578 * (0.02745)		
SW				0.3608 * (0.03284)	
KJ					0.2768 * (0.0275)
DW	1.05301	1.2771	0.9306	1.1605	1.1583
F	1236.616 *	713.7331 *	1040.969 *	1230.521 *	1227.33

注：系数估计值下为标准差。*、* *、* * * 分别表示在 1%、5%、10% 显著性水平下显著。

（4）生产性服务业对资本密集型加工贸易出口影响：

$$\ln EX_{it} = C + \alpha\ln OP_{it} + \beta\ln FA_{it} + \gamma\ln R_t + \delta\ln S_t + u_{it} \quad (3-5)$$

式 3-5 中，EX 表示资本密集型行业出口水平；$i = 1, 2, \cdots, 6$，表示行业的个数。OP、FA 皆为相应的变量，R、S 只随时间变化而变化，每个行业都一样。经检验，该模型也为固定效应变截距模型。FGLS 回归结果如表 3-17 所示。

表 3-17 资本密集型行业面板模型回归结果

变量	模型1	模型2	模型3	模型4	模型5
C	14.0093 * (1.6588)	20.5797 * (2.7561)	13.7431 * (2.1758)	11.5225 * (1.7250)	12.0039 * (1.8733)
OP	0.0896 * (0.02907)	0.2113 * (0.03582)	0.1208 * (0.03425)	0.1014 * (0.03268)	0.08912 * (0.03486)
FA	0.1779 * * * (0.1008)	0.3587 * (0.1234)	0.1875 * (0.1039)	0.2822 * (0.1125)	0.2343 * (0.1139)

续表3-17

变量	模型1	模型2	模型3	模型4	模型5
R	-2.3643* (0.3945)	-5.2193* 0.8012	-1.4064* (0.4929)	-1.3328* (0.3959)	-0.8952* (0.4258)
S	1.00104* (0.07073)				
JT		1.9344* (0.2321)			
JR			0.5668* (0.0517)		
SW				0.7687* (0.06157)	
KJ					0.6209* (0.05268)
DW	1.1595	1.4721	1.086146	1.3497	1.2499
F	348.5754*	173.8376*	227.9099*	286.7541*	258.7460*

注：系数估计值下为标准差。*、* *、* * *分别表示在1%、5%、10%显著性水平下显著。

（5）生产性服务业对技术密集型加工贸易出口影响：

$$\ln EX_{it} = C + \alpha \ln OP_{it} + \beta \ln FA_{it} + \gamma \ln R_t + \delta \ln S_t + u_{it} \quad (3-6)$$

式3-6中，EX表示技术密集型行业出口水平；$i=1,2,\cdots,6$，表示行业的个数。OP、FA皆为相应的变量，R、S只随时间变化而变化，每个行业都一样。经检验，该模型也为固定效应变截距模型。FGLS回归结果如表3-18所示。

表3-18 技术密集型行业面板模型回归结果

变量	模型1	模型2	模型3	模型4	模型5
C	12.2655* (1.7749)	18.8155 (2.7557)	12.7106* (2.1826)	9.06014* (1.9459)	10.03667* (2.03335)
OP	0.07189* (0.02059)	0.1555 (0.02689)	0.1040* (0.02464)	0.06394* (0.02383)	0.06316* (0.02501)

续表 3-18

变 量	模型 1	模型 2	模型 3	模型 4	模型 5
FA	-0.2692** (0.1281)	0.006961 (0.1668)	-0.2052 (0.1595)	-0.1898 (0.1331)	-0.1445 (0.1409)
R	-1.6133* (0.4146)	-4.3465 (0.7851)	-0.7765*** (0.4912)	-0.3816 (0.4417)	-0.07801 (0.4579)
S	1.02308* (0.07238)				
JT		1.8876 (0.2258)			
JR			0.5511* (0.05378)		
SW				0.7945* (0.06103)	
KJ					0.6206* (0.05174)
DW	1.08969	1.4737	1.07655	1.1481	1.1359
F	771.3870*	451.7650*	515.1755*	730.9835*	653.2465*

注：系数估计值下为标准差。*、**、***分别表示在1%、5%、10%显著性水平下显著。

（三）结果分析

1. 总生产性服务对各类型行业影响效应（表3-19）

表3-19 总生产性服务对21个行业及细分类型行业影响参数

变 量	模型 1	模型 2	模型 3	模型 4	模型 5
C	11.6429* (1.0011)	0.9589 (6.4196)	8.1948* (1.3233)	14.0093* (1.6588)	12.2655* (1.7749)
OP	0.05773* (0.01377)	0.007577 (0.1084)	0.01474 (0.01353)	0.0896* (0.02907)	0.07189* (0.02059)
FA	0.1118*** (0.06914)	1.7557* (0.3534)	-0.06442 (0.09895)	0.1779*** (0.1008)	-0.2692** (0.1281)

续表 3-19

变量	模型 1	模型 2	模型 3	模型 4	模型 5
R	-1.4764* (0.2363)	1.2659 (1.2719)	-0.2287 (0.3139)	-2.3643* (0.3945)	-1.6133* (0.4146)
S	0.7334* (0.03779)	-0.5150 (0.3565)	0.4578* (0.04121)	1.00104* (0.07073)	1.02308* (0.07238)

注：系数估计值下为标准差。*、* *、* * *分别表示在1%、5%、10%显著性水平下显著。

从表 3-19 可以看出，广东省生产性服务业能够显著地推动广东省加工贸易商品的整体出口水平，生产性服务业增加值每提高1%能促进加工贸易出口总量提高0.7334%的增长，并通过了1%的显著性水平检验。而从四类细分行业来看，广东省生产性服务对资源密集型行业的加工贸易出口影响系数为负值，但未能通过显著性检验；对劳动、资金、技术密集型行业都有比较明显的推动作用，影响系数依次为 0.4578、1.00104、1.02308，都通过了1%的显著性水平检验，其中对技术密集型行业的带动作用最大，对劳动密集型行业的带动作用最小。对技术密集型、资本密集型行业出口有比较大的正向带动效用，正好体现出生产性服务对加工制造业的知识、技术服务溢出能增加其行业产品附加值，增强其创新能力和行业运行效率，扩大高新技术加工贸易产品出口，这对促进广东省贸易结构的提升有积极的作用。生产性服务业对劳动密集型行业出口带动效用较小，原因可能是广东省的劳动密集型的加工贸易产业与上下游关联度比较低，生产所需要的金融服务、技术研发、营销服务等生产性服务更多内化在加工贸易制造业中，没有外部化为更专业的产业，又或者以外商投资为主的加工贸易企业更倾向国外相关的企业或者外商在华投资企业的生产性服务，所以广东省本土劳动密集型加工贸易产业受到本地的生产性服务业推动较少。对资源密集型行业影响效果不明显，有可能是因为所选取的样本太小，没能进一步细化产业，同时也有可能是生产性服务业的发展对高新技术产业具有支持效应的同时也对高投入、高消耗、高污染、低效益产业具有挤出效应，这与我国现代工业走环境友好型、资源节约型的可持续发展道路相符合。

2. 细化的生产性服务业对各类型行业影响效应

表 3-20 把生产性服务业细分为交通运输、仓储和邮政服务（JT），金融、保险服务（JR），计算机信息和商务服务（SW），科学技术服务（KJ）

表 3-20 生产性服务分行业对各类型行业出口影响参数

变量	资源密集型行业				劳动密集型行业			
	JT	JR	SW	KJ	JT	JR	SW	KJ
S_i	-0.4394 (0.6386)	-0.2159 (0.2087)	-0.4207 (0.2556)	0.4467 (0.02686)	0.8094 * (0.1236)	0.2578 * (0.02745)	0.3608 * (0.03284)	0.2768 * (0.0275)
OP	-0.06681 (0.09373)	-0.02157 (0.1095)	0.004403 (0.1008)	0.005367 (0.1064)	0.05148 * (0.01598)	0.02541 *** (0.01464)	0.009908 (0.01368)	0.008561 (0.01367)
FA	1.5447 * (0.2925)	1.6271 * (0.3363)	1.7902 * (0.3361)	1.7544 * (0.3450)	0.0778 (0.1296)	-0.04955 (0.1108)	-0.03254 (0.09747)	-0.02543 (0.09838)
R	2.2648 (1.7011)	1.1585 (1.3433)	0.5899 (1.3722)	0.4839 (1.4436)	-1.2934 * (0.4836)	0.1331 (0.3334)	0.3596 (0.3019)	0.5576 (0.3109)
C	-4.1198 (6.1020)	-0.9472 (6.3136)	2.8409 (6.8045)	2.03002 (6.7776)	10.6689 * (1.7319)	8.4447 * (1.4417)	6.5723 * (1.3065)	6.8014 * (1.3646)

续表3-20

变量	资源密集型行业				劳动密集型行业			
	JT	JR	SW	KJ	JT	JR	SW	KJ
S_j	1.9344 * (0.2321)	0.5668 * (0.0517)	0.7687 * (0.06157)	0.6209 * (0.05268)	1.8876 (0.2258)	0.5511 * (0.05378)	0.7945 * (0.06103)	0.6206 * (0.05174)
OP	0.0896 * (0.02907)	0.2113 * (0.03582)	0.1208 * (0.03425)	0.1014 * (0.03268)	0.07189 * (0.02059)	0.1555 (0.02689)	0.1040 * (0.02464)	0.06394 * (0.02383)
FA	0.1779 * * * (0.1008)	0.3587 * (0.1234)	0.1875 * (0.1039)	0.2822 * (0.1125)	-0.2692 * * (0.1281)	0.006961 (0.1668)	-0.2052 (0.1595)	-0.1898 (0.1331)
C	14.0093 * (1.6588)	20.5797 * (2.7561)	13.7431 * (2.1758)	11.5225 * (1.7250)	12.2655 * (1.7749)	18.8155 * (2.7557)	12.7106 * (2.1826)	9.06014 * (1.9459)
R	-2.3643 * (0.3945)	-5.2193 * 0.8012	-1.4064 * (0.4929)	-1.3328 * (0.3959)	-1.6133 * (0.4146)	-4.3465 * (0.7851)	-0.7765 * * * (0.4912)	-0.3816 (0.4417)

注：系数估计值下为标准差。*、* *、* * *分别表示在1%、5%、10%显著性水平下显著。

来分别研究对各类型加工制造行业出口的影响。可以看出，大部分生产性服务业对资源密集型产业出口影响为负值，但都未能通过显著性检验，而都能较为显著地推动劳动密集型、资本密集型、技术密集型加工制造业出口。每个行业对资本密集型、技术密集型行业的影响系数都要比劳动密集型大，这与总生产性服务对各类行业出口影响效果大体一致，同样说明广东省生产性服务业的发展对广东省加工贸易商品结构的提升，起到了促进作用。

3. 细化的生产性服务业对各类型行业出口影响效果对比（表 3-21）

表 3-21 影响效应对比

行业	S	JT	JR	SW	KJ
总行业	0.7334 * (0.03779)	1.3139 * (0.1139)	0.4013 * (0.02573)	0.5568 * (0.03223)	0.4467 (0.02686)
资源密集型行业	-0.5150 (0.3565)	-0.4394 (0.6386)	-0.2159 (0.2087)	-0.4207 (0.2556)	0.4467 (0.02686)
劳动密集型行业	0.4578 * (0.04121)	0.8094 * (0.1236)	0.2578 * (0.02745)	0.3608 * (0.03284)	0.2768 * (0.0275)
资本密集型行业	1.00104 * (0.07073)	1.9344 * (0.2321)	0.5668 * (0.0517)	0.7687 * (0.06157)	0.6209 * (0.05268)
技术密集型行业	1.02308 * (0.07238)	1.8876 (0.2258)	0.5511 * (0.05378)	0.7945 * (0.06103)	0.6206 * (0.05174)

数据来源：根据表 3-19、表 3-20 整理得来。

根据表 3-21 所示，除了未能通过显著性检验的资源密集型行业以外，其他行业出口受到交通运输、仓储和邮政服务（JT）影响效应最大，而金融、保险服务（JR）最小，计算机信息和商务服务（SW）、科学技术服务（KJ）分别排第二、第三，与广东省总体情况保持一致。交通运输、仓储和邮政业连接着客流、物流、信息流，对国民经济的发展起着先导作用。广东省的交通运输、仓储和邮政业总体发展水平较高，其完善和发展不仅能带动广东省整体第三产业的发展，而且还与加工制造业关联紧密，推动着广东省整体出口水平，尤其是资本密集型行业的出口水平增长。而广东省金融、保险服务业相对于交通运输服务业，则整体发展水平较低，市场竞争机制不完善，行业内部结构、地区结构存在诸多不均衡。如此一来，使得广东省金融、保险服务业的发展未能满足加工贸易发展的需求，对其出口带动作用不大。总的来说，生产性服务无论是从总体还是细分行业来说，对广东省不同类型的行业影响效果不同，而对同一类型行业的影响效果也存在细微差别，可以看出生产性服务对出口影响的差别效应。

六、结论及政策建议

（一）结论

1. 广东省加工贸易面临转型升级问题

近年来，广东省对外贸易结构有所提升，多出口了一些如机电、电子产品、高新技术类的深加工产品，加工贸易的增值率也在逐步提升，但相对其他发达国家（地区）来说，广东省加工制造业产品附加值低，仍位于价值链较低位置。究其原因，除了外商投资企业主导着广东省的加工贸易，本土加工企业与国际母公司对于技术、管理、信息方面的交流沟通较少，母公司垄断了附加值高的设计、关键设备和零部件的生产、销售、市场推广之外，更重要的是本土企业对上下游的业务工序没有引起足够重视，技术创新、研究开发活动进行较少。如此一来，广东省加工贸易产业的发展对其上下游产业的发展产业关联度低，起到的带动作用较小。技术含量高的关键零部件、大型设备则更多依赖国外进口，从本土采购的主要是原材料和用在劳动密集型工业制品的中间商品上，自然带动不起国内产业向附加值高的方向转型升级。这种处于低端产业链、靠低成本优势的加工生产，不仅劳动报酬率较低还与其上下游产业关联度低，影响产业转型升级，容易受到国外需求疲软和本土劳动力成本上升或者对外贸易的优惠政策变化的冲击。因此，我们更要重视广东省加工贸易企业嵌入全球价值链之后如何实现产业升级，只有打破这种被锁定在低端的状态，才能建立除了劳动力成本以外新的发展优势。

2. 广东省生产性服务业总体发展水平较低

改革开放后，广东省第三产业产值占 GDP 的比重除了略有小幅回落以外，其余时间都保持平稳上涨态势。但总体水平仍然比第二产业要低，达不到发达国家（地区）的"三二一"产业结构。服务业发展迅速，尤其是以金融业、交通运输、仓储和邮政业、信息传输、计算机服务和软件业、租赁和商务服务业、科学研究、技术服务和地质勘查业为主的生产性服务业在国民经济中的地位不断提升，产业增加值占 GDP 的比例日益增加，在促进就业方面也起到一定作用，劳动生产率也比本省第三产业总体要高，这些都表明了广东省产业结构向着更高级的服务化方向迈进。但与我国北京、上海相比，与美国、"亚洲四小龙"、金砖四国、东盟十国部分国家相比，广东省的生产性服务业尚处于比较低的水平，而且还面临增长率低、内部行业发展不平衡的问题。

3. 生产性服务业的发展有助于广东省加工贸易转型升级

本书整理了广东省21个工业行业的加工贸易数据，并分为四大类型，运用2000—2010年的数据进行面板计量分析，以生产性服务业发展作为自变量来研究生产性服务业与加工贸易结构之间的关系。广东省生产性服务业对广东省商品的整体出口具有推动作用，生产性服务业产值每提高1%能促进出口总量提高0.7334%的增长，并通过了1%的显著性水平检验；对劳动、资金、技术密集型行业都有比较明显的推动作用，影响系数依次为0.4578、1.00104、1.02308，都通过了1%的显著性水平检验，其中对技术密集型行业的带动作用最大，对劳动密集型行业的带动作用最小。对技术密集型、资本密集型行业出口有比较大的正向带动效用，说明广东省出口商品正逐渐从依靠劳动要素投入、附加值低向技术含量增加、附加值提高方向转型。对劳动密集型行业出口带动效用较小的原因可能是广东省的劳动密集型加工贸易产业与上下游关联度比较低，又或者以外商投资为主的加工贸易企业更倾向国外相关的企业或者外商在华投资企业的生产性服务，所以广东省本土劳动密集型加工贸易产业受到本地生产性服务业的推动较小。对资源密集型行业影响效果不明显，这与我国现代工业走环境友好型、资源节约型的可持续发展道路相符合。生产性服务业分行业对劳动密集型、资本密集型、技术密集型行业出口的影响效应与对总行业影响效应大体一致，其中交通运输、仓储和邮政服务影响效应最大，而金融、保险服务最小，对计算机信息和商务服务、科学技术服务的影响分别排第二、第三。总的来说，生产性服务无论是从总体还是细分行业来说，对广东省不同类型的行业影响效果不同，而对同一类型行业的影响效果也存在细微差别，可以看出生产性服务对出口影响的差别效应。

根据前人研究，企业产品的创新与扩散会刺激工艺流程等技术的创新与扩散，同时一国产品的出口技术层次越高，则该国所处价值链地位越高。通过研究发现，生产性服务业的投入有利于企业自主创新，并且能够促进广东省加工贸易产品由劳动密集型、资源密集型等低端产品向资本密集型、技术密集型高端产品转变，体现产品的更新换代和附加值提升，这种产品的技术变化或工艺流程变化对提高产业的整体技术水平、促进产业转型升级有着积极的推动作用。

（二）政策建议

1. 加工贸易转型升级路径选择

（1）加强研发与创新。加工贸易企业要打破处于价值链低端的桎梏，首先要重视向产业价值链前端延伸，重视自主创新与研发投入。随着全球新产品生命周期的缩短，只有科技含量高的产品，才能受到消费者的热捧而立于不败之地，因此科技创新能力越来越成为企业保持核心竞争力的保证。企业只有加大研发投入，培养自主创新能力并消化与借鉴外来技术，加快产品生产，由原来的依靠劳动、资源大量投入向依靠科技、知识投入转变。政府方面要出台支持企业自主创新的政策，完善对企业自主创新知识产权的立法保护，并形成全社会创新机制，以培养一批立足产业价值链上游的企业。

（2）加强营销、品牌、管理方面的培育。广东省的加工贸易企业除了要重视向价值链前端延伸，还要注重向价值链后端市场不断开拓。随着全球范围内愈发激烈的企业竞争，信息技术不断地完善与发展，生产者与消费者愈发紧密的联系，企业之间的竞争已经从最初产品质量、价格方面转向能否为消费者提供完善、全面的产业价值链后端涉及物流配送、市场营销、推广服务、品牌及企业组织管理、金融等服务。企业注重自主品牌的培育、建立并完善经销网络，以求为客户提供一站式个性化解决方案，如此一来提高产品附加值，增强竞争能力，实现转型升级。

（3）加强产业间联系。过度发展靠大量廉价劳动力和原材料资源投入的加工制造业，会导致三次产业之间不够协调，出现第二产业一支独大、第一产业基础不牢靠、第三产业发展动力不足等问题。因此，要注重产业结构的优化、促进产业间的协调发展，关键在于大力发展技术、知识密集型高新技术产业。高附加值、深加工的技术密集型产业与其他产业具有较高的关联度，通过技术扩散能够促进其他部门的协同发展，一并带动整个社会生产效率的提高。此外，提高原材料工业的精细化、规模化、清洁化程度。着力发展新材料不仅有助于技术含量的提升、产业价值链的延伸，还能够提高资源的综合利用开发水平，走新型工业化道路。

2. 培育生产性服务业发展

（1）加强有助于生产性服务业发展的体制保障。促进生产性服务业的发展，首先要完善生产性服务业市场监管体制，打破市场垄断，引入和强化市场竞争。行业的发展会受到市场垄断的危害，因此应该放宽市场准入标准，培育竞争机制，建立公开、公平、公正的市场秩序，为生产性服务业的发展创造良好的生存环境。其次，政府可以出台一系列扶持生产性服务业发展的优惠政策，如税收优惠政策、简化行政审批、成立产业创业投资基金等。最后，政府还可以加大对生产性服务业的投资力度，如加大与生产性服务业发展相关的公共设施的投资力度，鼓励外资或民营资本投资和增加对新兴服务业的直接投资。

（2）加强生产性服务业与加工制造业的联动性。建立与完善生产性服务业与加工制造业的互动机制，关键在两点：首先，要实现广东省加工制造业向产业价值链的高端升级。推进加工制造业向研发、设计、营销、推广、管理方向发展，从而对生产性服务业产生需求，形成良性互动，促进相互发展。其次，要实现生产性服务业的外部化，朝更专业的方向发展。社会分工细化的趋势是生产性服务业从制造业中剥离开来，形成专业化发展；只有形成精细化、专业化、产业化发展，才能促进整个社会生产效率的提高。因此，应将研发、设计、营销、物流、管理各服务环节与制造业分离，发展专业化服务企业。

（3）加强生产性服务业集聚效应。优化生产性服务业空间布局，合理统筹，明确城市与区域之间的功能区别，通过集聚效应来提升整体规模水平。首先，优化生产性服务业空间布局，实现"以点带面""以面突破"。促进大城市如广州、深圳、珠海的现代服务业发展，提升其对周边城市的带动效应。其次，把南沙、前海、横琴新区建设为生产性服务业功能区，实现集聚效应新突破。再次，完善聚集区域配套产业体系，完善通讯、交通等综合服务配套，降低运营成本，提高生产效率。最后，发展总部经济，积极引进高端服务业集群，加强粤港澳服务合作，以国内外先进水平产业链为目标，吸收国内外精要，提升集群产业的层次和水准。

第四章 港澳与珠三角建立共同市场的市场运行机制

通过前文分析可知,伴随着港澳与珠三角地区的深度融合与高度合作,这三地区之间方式单一的经济合作开始向全方位的制度整合阶段推进。然而,由于市场、政府组织之间行为关系厘定不清所带来的一系列经济运行机制对接方面的问题开始凸现,并成为港澳与珠三角三地区合作能否继续深入推进的关键。

一般而言,共同市场的建立是在完善的经济运行机制基础上的。经济运行机制就是指在一定的经济体内各要素之间相互联系和作用的制约关系及其功能,它存在于社会再生产的生产、交换、分配和消费全过程。在现代社会中,一个成熟的经济运行体制通常包含市场、政府这两大基本构成要素,两者之间相互作用、相互联系。

本书第四章和第五章基于这两种经济体制,分别阐述市场运行机制和制度整合机制下,港澳与珠三角共同市场的建立。

第一节 市场运行机制的含义

市场的出现由来已久,在原始社会早期,人类社会就出现了市场和市场组织,但直到近代产业革命后,市场才作为一种社会经济体制确立了其基础性地位,形成了现代意义上的市场经济体制。

市场机制在合理配置资源、实现发展活动的效率方面具有强大优势,因而被人类社会选择作为从事社会经济发展活动的最基本机制之一。市场机制的优势包括以下三方面。

一、信息传递的效率优势

供求作用下价格机制是最有效的社会调节方式,在人类生产、分配、交换以及消费的各个领域里大量信息流可以通过价格机制迅速传递、沟通、供给与需求,为合理配置资源和满足社会需求创造前提条件。

二、激发社会财富的创造力

市场通过分配机制让参与者的市场活动努力得到适当的报酬,并利用参与者的利己心来激发其创造力。在市场经济中,"每个人都在力图应用他的资本来使其产出得到最大价值"。一般来说,他并不企图增进公共福利,也不知道他所增进的公共福利为多少。他说追求的仅仅是其个人安乐,仅仅是他个人的利益。在这样做时,有一只看不见的手引导他去促进一种目标,而这种目标绝不是他所追求的东西。由于他追逐自己的利益的同时促进了社会利益,其效果要比它真正想促进社会利益时所得到的效果更好。

三、有效组织经济活动的优势

在市场机制下,拥有不同资源禀赋的市场参与者可以通过市场和契约关系合理地结合在一起,组成所需要的不同规模和不同性质的企业以及其他形式的市场组织,以集体协作从事市场活动。

因此,港澳与珠三角建立共同市场首先要采取的机制就是市场机制,使这三地区之间自发地进行贸易、投资,利用这三地区之间自身的比较优势,发展其优势产业,逐渐淘汰其落后产业。

第二节　市场机制衡量——粤港经济一体化指数（*IEIHM*）

一、粤港经济一体化指数指标权重

权重的确定是每个指数计算中颇具争议的问题。本书将参照中国综合开发研究院华南研究编制内地与香港经济联系指数的方法,根据每个指标与粤港 GDP 的相关性来确定每个指标的权重。本书利用某项指标 H_i 与粤港 GDP 的相关系数 R_i 来衡量该指标对两地经济发展的影响程度。相关性越高,某个变量对两地影响的程度就越大。如式 4-1 所示。

$$R_i = \frac{\sum_{i=1}^{N}(GDP_i - \overline{GDP})(H_i - \overline{H})}{\sqrt{\sum_{i=1}^{N}(GDP_i - \overline{GDP})^2}\sqrt{\sum_{i=1}^{N}(H_i - \overline{H})^2}} \quad (4-1)$$

根据式 4-1 可计算出个指标对香港 GDP 与广东 GDP 的相关系数。由此可见,在其他条件不变的情况下,某项指标的相关系数越大,该指标值指数在编制中所占比例越大。

二、粤港经济一体化指数的基期与指数编制

1997年7月1日香港回归祖国内地是历史的重要转折点,香港与内地的经贸关系也由此进入新的篇章。由于1997年香港回归使得外界对香港经济发展抱有不确定性预期,这些不确定性预期一定程度上影响了香港的经贸发展,加上1997年亚洲金融危机的冲击,所以,在本研究中选取1998年为粤港经济一体化指数的基期,此时的所有指标值 H_{i1} 定义为100。所以第 t 期时指标值 $E_{i1} = \dfrac{H_{it}}{H_{i1}} \times 100$。

在确定了指数的基期和各子指标的权重之后,IEIHM 计算如下:

$$IEIHM = \sum_{i=1}^{n} E_{it} \times R_i \qquad (4-2)$$

式4-2中,n 为指标的个数(本研究为10);E_{it} 为第 t 年子指标值;R_i 为指标 i 的权重。

三、粤港经济一体化指数分析

广东与香港经济一体化指数（IEIHM）反映的是广东与香港的经济联系情况,指数值越大,说明两地的经济联系越紧密。但是,对于怎样的数值才算是完全共同市场一体化,学术界并没有统一的定论。为了方便参考,本书给出中国综合开发研究院华南研究中心编制的香港与内地经济联系数值参考表。根据紧密程度,数据可分为五个区,如表4-1所示。根据 IEIHM 取值的不同,将广东与香港的经济联系划分为五个层次,分别是从 IEIHM 指数小于等于50的松散联系区,到 IEIHM 指数大于150的融合区,也叫一体化区。但是,该表仅提供参考所用,因为国际上对于经济指数应该是多少就定义为完全一体化并没有定论。本书主要关注的是,通过 IEIHM 指数来窥视自香港回归以来粤港的经济联系,如图4-1所示。

表4-1　IEIHM 指数与区域经济联系程度

IEIHM 指数值范围	区域经济联系程度
IEIHM ≤ 50	松散联系区
50 < IEIHM ≤ 80	次紧密联系区
80 < IEIHM ≤ 120	紧密联系区
120 < IEIHM ≤ 150	高度紧密联系区
IEIHM > 150	融合区（一体化区）

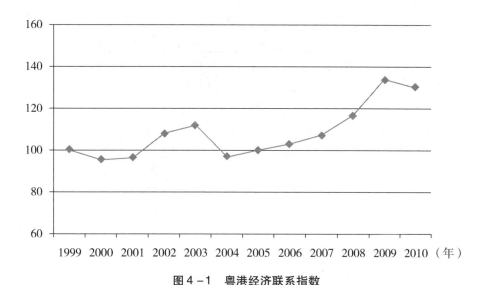

图4-1 粤港经济联系指数

资料来源：本研究作者根据《中国统计年鉴》《广东统计年鉴》《香港统计年刊》整理计算所得。

从图4-1可以看到，自香港回归以来，广东与香港的经济联系紧密程度虽然有波动，但是总体上趋于上升的趋势是非常明显的。IEIHM指数从1999年的100.23上升到2010年的130，年平均增长2.48。总体上，经济联系走向图可以以2003年为分界线，明显分为两段。1999—2002年，粤港经济联系指数是先变化缓慢，然后上升的，主要是香港受到亚洲金融危机的影响，但是从2001年开始香港经济开始走出金融危机的影响。这点也可以从香港的GDP增长率来看：在1999年和2000年，香港的GDP增长率分别为 -5.7%和 -2%，而在2001年，该数值已变为3.8%，因此，这阶段IEIHM指数的走势是与现实相符的。从2003年开始，粤港经济联系指数就稳步上升，其重要原因是来源于2003年CEPA以及后来的七个《补充协议》的签署。CEPA及《补充协议》的签署使得香港与中国内地的贸易壁垒大幅降低，在服务贸易和投资便利化方面，粤港的合作也取得了丰硕的成果。这些都大大提高了粤港之间经济的紧密程度。但是，经济联系指数在2008年后就开始下滑，这与2008年的金融危机有很大的关系。同时，也应该看到CEPA在执行方面存在一些障碍所带来的巨大负面影响。一般情况下，货物贸易方面的壁垒的降低是相对容易的，而服务贸易和投资便利化方面的推行则显得比较困难，因为这里涉及人员流动问题。粤港在这个问题上一直没有处理好，导致粤港服务贸易和投资便利化的发展远远落后于货物贸易的发展。如图4-2所示，粤港服务贸易占总贸易的比重自2003年以来就一直下降，这就是服务贸易发展落后于货物贸易发展的反映。正如吴敬琏指出："与长三角比较而言，粤港之间发展最大的不足是缺乏具有强大的、分工细化的服务业集中地。"所以，为了加强粤港之间的经济联系，两地政策的制定者和执行者之间关注的焦点应该放在如何推进和提高两地的服务贸易水平和投资便利化水平。这样才能将粤港之间的经济联系进一步提高。

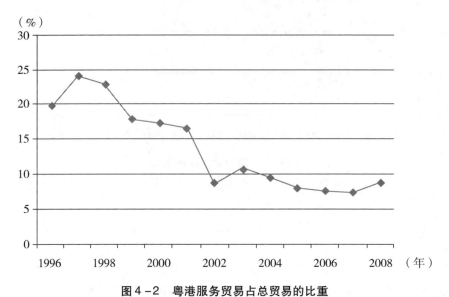

图 4-2　粤港服务贸易占总贸易的比重

资料来源：本研究作者根据《中国统计年鉴》《广东统计年鉴》《香港统计年刊》整理计算所得。

第三节　市场机制的必要性

通过粤港经济一体化指数可以看出，粤港之间的一体化水平是有待提高的。然而，有待提高与能否进一步提高是两个完全不同的问题。两个地区的经贸合作能否持续，很大程度上取决于双方的产业结构和贸易结构是否具有互补性。本节主要采用引力模型和全球贸易分析模型 GTAP 模型分析，港澳与珠三角地区在市场机制下自由进行双边贸易及产业布局，探讨促进贸易、投资增长的原因，对制定有关进一步扩大两地经贸往来发展战略提供参考。

一、引力模型

自 20 世纪 90 年代以来，珠三角与香港、澳门的经贸合作关系日益紧密。

特别是自 2003 年 CEPA 签订以来，珠三角同香港与澳门之间的经贸往来进入一个崭新的发展阶段。如图 4-3 所示，进出口和 FDI 从 1992 年开始虽然存在较大波动，但整体上是呈现上升趋势的，特别是自 2004 年开始，进出口和 FDI 都呈现明显增长，进出口从 745 亿美元增加到 2009 年的 1199 亿美元；FDI 从 2004 年的 125.20 亿美元增加到 2008 年的 239 亿美元，但是由于 2008 年金融危机的影响，也使得 2009 年香港到内地投资的金额大幅减少。无论从进出口还是 FDI 来看，内地与香港的经贸合作关系都是日益加深的。

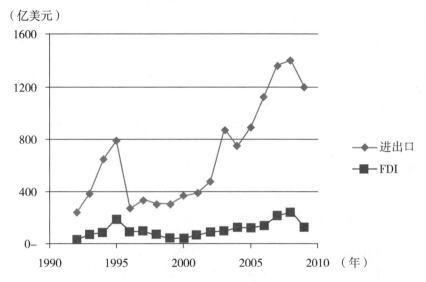

图 4-3　1992—2009 年内地与香港的贸易及香港到内地的 FDI 情况

资料来源：《广东省统计年鉴》。

（一）模型介绍

贸易引力模型（trade gravity model）的基本思想来自于经典物理学，即牛顿的万有引力定律。万有引力定律揭示了两个物体之间的相互吸引力与物体的质量成正比、与物体之间的距离成反比。Tinbergen 和 Polyphone 最早将引力模型应用在国际贸易领域，研究发现两个国家之间的贸易流量与其经济规模成正比，与地理距离成反比。模型中出口国的经济总量反映该国潜在的供给能力，一般而言，其供给能力越大，表明其贸易量将越大；模型中进口国的经济总量表明该国潜在的贸易进口需求能力，一般而言，其经济总量越大，表明其进口需求就越大，最终该国贸易流量也将越大；模型总供求双方的距离则代表了运输成本，构成了贸易阻力因素。

贸易引力模型的原始形式表示为：

$$T_{ij} = \frac{AG_i G_j}{D_{ij}} \qquad (4-3)$$

式4-3中，T_{ij}指i国（或地区）和j国（或地区）之间的双边贸易额；G_i和G_j分别表示i国和j国的国民收入，通常以一国的GDP代替；D_{ij}指i国和j国之间的距离，A为常数。贸易引力模型的运用方式比较丰富。除了原有的两国经济总量和距离之外，人们还往往加入其他内生和外生变量，考察这些变量的作用，对模型本身进行不断扩展。莱涅曼（Linnemannn，1966）将引力模型中加入人口因素和优惠安排。同时，研究者为了考察历史及文化等因素对贸易流量的影响，又逐步将贸易限制措施等指标加入到引力模型中，极大地丰富了引力模型。引力模型自20世纪60年代以来广泛应用于国际贸易研究中。由于珠三角地区的经济规模、资源条件和地理环境等存在较大差异，在与香港、澳门进行双边贸易时所受影响因素也不一样。因此，从实证分析的角度，构建相关检验模型，不仅有助于总结近年来珠三角与香港、澳门之间贸易的发展经验，更是对新形势下制定有关进一步扩大经贸往来发展战略与策略的超前探索，具有较强的理论意义和现实意义。

（二）模型设定与数据

1. 模型设定

为了便于回归，本研究将引力模型的初始模式转化为对数形式。

$$\ln T_{ij} = \beta_0 + \beta_1 \ln G_i G_j + \beta_2 \ln D_{ij} + \mu \qquad (4-4)$$

式4-4中，β_0为常数项，β_1和β_2的数学意义为T_{ij}对G_i、G_j的弹性，μ为随机误差项。莱涅曼（Linnemannn，1966）对引力模型做了重要发展，在模型中引入两个新的解释变量：人口内生变量和贸易政策这一贸易政策。加入人口和政策后的引力模型为：

$$\ln T_{ij} = \beta_0 + \beta_1 \ln G_i G_j + \beta_2 \ln P_i P_j + \beta_3 \ln D_{ij} + \beta_4 \ln Pol + \mu \qquad (4-5)$$

式4-5中，P_i和P_j指i国和j国的人口，Pol指自由化政策，如果双方自由贸易则取值为1，否则为0。本研究对Linnemann引力模型进行修正：

本研究采取贸易与投资是互补的观点，随着国际直接投资流入出口部门数量的增加，贸易和非贸易因素合作的加强，贸易与投资之间相互促进、互补的关系更加明显。因此，引力模型中增加了国际直接投资的变量。

引入人均GDP差值的变量，表示人均收入水平决定双方需求水平的接近程度，该值越小，相互的需求越大，由此产生的双边贸易量就越大。理

论上的预测符号应该是负数。同时,本研究还参考了 DiMauro（2000）的引力模型方程,修改后得到的引力模型方程为:

$$\ln T_{ij} = \beta_0 + \beta_1 \ln G_i G_j + \beta_2 \ln P_i P_j + \beta_3 \ln D_{ij} + \beta_4 Pol + \beta_5 \ln FDI_j + \beta \ln CG_{ij} + \mu \quad (4-6)$$

式 4-6 中,FDI_j 为 j 国流入 i 国的直接投资;CG_{ij} 为 i、j 两地的人均 GDP 的差值（表 4-2）。

表 4-2 变量的含义、符号及说明

解释变量	含义	预期符号	理论说明
T_{ij}	i、j 两地之间的双边贸易额	NA	NA
G_i	i 地的 GDP	+	一国进口能力随着该国经济发展水平的提高而逐渐增加,因此国内生产总值越大其进口潜力就越大
D_{ij}	i、j 两地的距离	-	距离是阻碍贸易的重要因素,距离越远,文化、语言、心理差距越大,运输成本越大
P_i	i 地的人口	不确定	一方面人口增加使得国内分工深化,减少贸易;另一方面会创造需求,增加贸易
Pol	自由化政策	+	自由化政策促进国际贸易的发展,因而对双边贸易有正向的促进作用
FDI_j	j 流入 i 国的国际投资	+	随着经济发展,贸易和非贸易要素合作的加强,它们之间相互促进、互补更明显
CG_{ij}	i、j 两地的人均 GDP 差距	-	人均收入水平差距决定双方需求水平的接近程度,差距越小,相互的需求越大,由此产生的双边贸易量就越大

2. 数据来源与说明

本研究采用面板数据进行统计回归分析,其中,双边的贸易额和珠三角的 GDP、人均 GDP、人口以及香港与澳门到广东的 FDI 数据来自历年《广东统计年鉴》,香港与澳门的 GDP、人均 GDP 和人口数主要来自香港特别行政区政府统计处①和澳门特别行政区统计暨普查局②。广东到香港和澳

---

① http://sc.info.gov.hk/dsclmr/gb/www.censtatd.gov.hk.
② http://www.dsec.gov.mo.

门之间的距离以广州到两个飞机航线的距离来替代。这三地区人口数分别为各自的年末总人口。此外，本研究的共同市场主要是港澳与珠三角地区的共同市场，但是由于珠三角数据获得的困难，而且港澳与广东的经济关系主要发生在珠三角地区，所以本研究用整体广东数据表示珠三角地区的投资贸易情况。此外，实证分析中的自由化政策为虚拟变量，该变量从2004年开始，假设粤港澳共同市场已经建立。所以从2004年开始该变量取值为1。以前年份取值为0。

3. 实证结果与分析

运用 Eviews 5.0 对式 4-6 进行回归，等到以下结果，其中式 4-7 为珠三角与香港建立共同市场的情况，式 4-8 为珠三角与澳门建立共同市场的情况。

$$\ln T_{ij} = 64.8 + 1.91\ln G_i G_j + 2.18\ln P_i P_j - 12.3\ln D_{ij} + 2.29 Pol + 0.21\ln FDI_j - 1.18\ln CG_{ij} \quad (4-7)$$

$$\ln T_{ij} = 17.9 + 1.17\ln G_i G_j + 0.04\ln P_i P_j + 1.96\ln D_{ij} + 1.01 Pol + 0.61\ln FDI_j - 2.24\ln CG_{ij} \quad (4-8)$$

由模拟结果可以看出，各系数的符号与预期的结果是基本符合的。其中本研究最为关注的 Pol 变量，即自由贸易化政策，实证结果的符号为正的，这说明共同市场的建立可以一定程度上促进贸易的增长。

在珠三角与香港的模型中，共同市场的建立可以带来 2.29 亿美元贸易的增长；在珠三角与澳门的模型中，实证结果显示共同市场的建立可带来 1.01 亿美元贸易的增长。此外，实证结果还表明，各经济体的 GDP、人口和投资对珠三角与香港和澳门之间的贸易主要为正的影响。而珠三角与香港、珠三角与澳门之间的人均收入差距则阻碍了贸易的发展，主要是由于珠三角与港澳之间人均收入水平差距较大，相互间需求较小，从而抑制了双边贸易的进行。而距离对珠三角与港澳的影响是不确定的，因为珠三角与港澳之间基本上是没有文化、语言上的差异的。

二、全球贸易分析模型 GTAP

（一）模型介绍

GTAP 由美国普渡大学教授 Thomas W. Hertel 所领导之全球贸易分析计划（global trade analysis project, GTAP）发展出来之多国多部门一般均衡模型。此模型依据澳洲 Impact 计划以及 SALTER 计划之基本模型架构演化而来，目前被广泛应用于贸易政策之分析。在 GTAP 模型架构中，首先建立可细致描述对每个国家（或地区）生产、消费、政府支出等行为的子模型，然后通过国际商品贸易之关系，将各子模型连接成一个多国多部门的一般均衡模型。在此模型架构中进行政策模拟时，可以同时探讨该政策对各国各部门生产、进出口、商品价格、要素供需、要素报酬、国内生产毛额及社会福利水准之变化。

1. 基本模型架构

GTAP 子模型的主要架构如图 4-4 所示。在模型中共有五种不同类别的要素，即土地、资本、技术劳动力、非技术劳动力和自然资源等，以及三个代表性的行为主体，即私人家计部门、政府部门及厂商。图 4-4 最上方为一国或地区的家计单位部门（包含私人家计与政府部门）。GTAP 模型

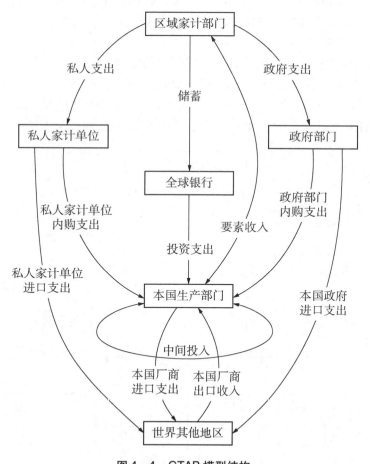

图 4-4　GTAP 模型结构

资料来源：Hertel (1997), Ch. 2, p. 17, Figure 2.2.

假设这个地区家计单位决定该国或地区的私人家计与政府部门的消费行为及其储蓄行为。该模型可分为封闭体系及开放体系。在封闭体系且没有政府干预的情况下,区域家计单位的收入来自于向生产部门（厂商）出售其所拥有要素资源禀赋的报酬。厂商的收入来自于各个家计部门的购买支出,而厂商彼此间也相互买卖其生产的中间产品。所有经济行为者的支出与收入相等。通过会计恒等式与市场均衡式构成了单国封闭体系下的均衡。在一开放体系,由于国外部门的加入,区域家计部门中的政府支出与私人支出将分为购买国内产品与进口产品两部分,且厂商的中间原材料有些部分亦可能来自进口,而其产品销售也区分为内销及外销。GTAP 模型假设来自不同地区的产品（国产品及进口品）非同质,因此不能完全相互替代（此即所谓 Armington 假设）。假设一国或地区的储蓄进入虚拟的全球银行（global bank）,由此银行决定投资资金的流向。

2. 区域家计单位行为

如图 4-5 所示,区域家计单位的行为基本上是由一个包含了政府支出、私人支出以及储蓄的总合效用函数（aggregate utility function）所决定。其设定采用每人平均 C-D（per capita cobb-douglas）效用函数。假设这个地区家计单位追求效用最大化。由于采用 C-D 效用函数,使可支配所得分配于前

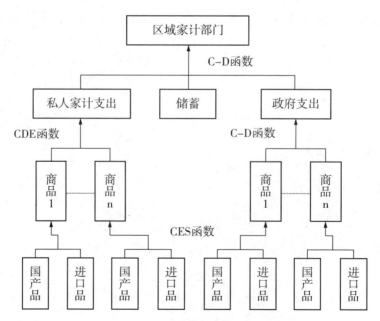

图 4-5　区域家计单位行为结构

资料来源：Hertel (1997), Ch. 2, p. 17, Figure 2.2.

述三大类当期消费的比例固定。私人家计部门行为：在私人支出方面，考察私人家计单位消费支出非齐序（non-homothetic）的本质，且须计入人口增长的影响，私人家计单位采用 CDE 效用函数（constant difference of elasticity）的设定，以每人平均为基础。其主要优点在于，这种函数容许个别产品消费形态的所得弹性以及价格弹性计量估计的空间，因此可以运用文献上现有的需求所得弹性及价格弹性资料来进行校准（calibration），较能符合实际状况。

3. 政府部门行为

政府部门的总支出在各种商品之间的分配，采用 Cobb–Douglas 效用函数来处理。这使得政府对各项商品支出占其总支出的比例维持固定。在开放体系下，政府对各种产品的需求可分为国产品及进口品，而此两者透过 CES（constant elasticity of substitution）函数组成综合。

4. 厂商行为

如图 4-6 所示，GTAP 模型中厂商的生产函数采取树状结构的设定。假设生产函数具可分性（separability）及固定规模报酬特性。厂商的主要投入可以分为原始投入与中间投入两大部分。在可分性的假设下，厂商对原始投入的最适使用量决策不受中间投入价格变动的影响，反之亦然。同时，在固定规模报酬的假设下，厂商要素投入使用比例也不会因为生产数量的变动而改变。树状结构的顶层描述厂商对中间投入与综合原始投入的需求决策。在 Leontief 函数的假设下，厂商中间投入与综合原始投入及总产出呈现固定比例关系。这种做法常见于一般 CGE 模型的设计中，其主要优点在于可以大幅降低模型中需要估计的参数数量。树状结构底层左半部描述了原始投入与生产的关系。假定原始投入与生产的关系为 CES 函数，不同原始要素之间的替代弹性相等。据此对原始投入进行加总，以得到总和原始投入（aggregate primary input）。树状结构底层右半部描述中间投入与生产的关系。其中包括两层，第一层为国产品与综合进口品的替换关系，假设两者透过 CES 函数组合成综合中间产品。第二层为不同来源进口中间产品的替换关系，假设也是透过 CES 函数组合成综合进口品。

5. 运输部门

模型中以一个全球运输部门来处理国际运输活动。假设运输部门生产可用 Cobb-Douglas 生产函数代表。运输需求呈现在每一个国家进出口货品到岸价格（C.I.F.）与离岸价格（F.O.B.）的差距。由于缺乏能够联结特定运输路径与运输服务的资料，因此将各区域的运输服务总合为一综合商品处理。

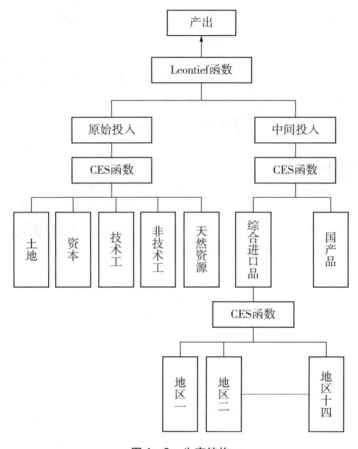

图 4-6　生产结构

资料来源：Hertel (1997), Ch.2, p.17, Figure 2.2.

6. 政府干预

政府干预主要表现在课税或补贴之上。由于税负与补贴，经济体系中有两类价格：市场价格（market prices）与消费者或生产者等行为主体面对的价格（agent's prices）。本国生产者的供给价格加上生产税（或减去生产补贴），等于产品在国内市场的市场价格。此时产品有三种可能的去处：①国内使用。此时，国内市场价格加上国内货物税等于本国消费者面对的国产品价格。②输出到一个虚拟的运输部门。此时运输的国内市场价格决定一国的国际运输成本。③出口。此时国内市场价格加上出口税（或减去出口补贴），等于本国出口品的 F.O.B. 价格。此外，本国出口品的 F.O.B. 价格加上单位运输成本，等于进口国进口品的 C.I.F 价格。进口国进口品的 C.I.F. 价格加上进口税，等于进口国进口品的市场价格。进口国进口品的市场价格加上货物税,等于进口品的消费者价格。若进口国进口有许多不同来源国,不同来源的进口可以组成综合进口品,该综合进口品的平均价格即其平均进口价格。综合进口品与进口国国产品可以组合成综合商品,该综合商品的平均价格即消费者面对的综合商品价格。

(二) 模型设定

运用 GTAP 模型对政策效果进行模拟分析是建立在其本身带有的 GTAP 数据库的基础之上的。GTAP 数据库中有各国的各不同经济指标及相关产业非常详细的分类。而且,GTAP 数据库每年都会根据其在全球的数据收集点收集到的各国的数据进行不断地更新[1],对于修整和平衡各国数据所采用的方法也是在进行不断完善,这是其他分析软件无法完成的。截至目前,GTAP 数据库已发行了 7 版(第 7 版发行于 2010 年 5 月)。第 7 版数据库包括 113 个国家(地区)详尽的宏观经济数据、个体经济数据、多边贸易数据、政府保护政策及相关补贴数据、服务贸易及其他资料,贸易时间序列数据扩展至 2006 年,投入产出表增加为 36 个,产业为 57 个,数据的美元币值计价基础为 2004 年。此外,还进一步完善了生产、双边服务贸易和能源方面的相关数据。(Badri and Walmsley,2008)

本研究根据研究需要,将 113 个国家(地区)划分成 9 个地区,分别为中国内地、中国香港地区、中国台湾地区、日本、韩国、东盟、美国、欧洲以及世界其他国家和地区。在模拟分析结果中,中国内地的经济效益将用于表示广东在粤港共同市场建立所获得的经济效益。这样处理的主要考虑是:假如,中国内地与香港的自由贸易使中国内地的 GDP 增加 1%,这个是全国整体的水平,那么广东 GDP 也至少增加 1%。但是,由于中国内地的货物贸易、服务贸易和投资,很多都是直接通过广东与香港接触的,所以,中国内地与香港的贸易自由化,广东收益情况至少应该在全国平均水平之上。所以,粤港共同市场的建立对广东与香港所产生的经济效应,可利用中国内地与香港的自由贸易所产生的经济效应作为一个重要而强有力的参考,而实际上,粤港共同市场的建立,对广东所产生的经济效应将大于 GTAP 模拟分析结果。另外,在 GTAP 模拟分析结果中,涉及具体金额的项目,广东的数据将通过计算所得,即 GTAP 模拟分析对全国产生的影响乘以 2011 年广东 GDP 占全国 GDP 的比例。[2] 此外,为了看到粤港共同市场建

---

[1] 在 GTAP 模型中,数据是可以更新的,而参数却是固定的。不因模拟的不同而有所改变,数据库中参数主要有 10 个,具体可以参阅 Hertel (1997)。

[2] 根据国家统计局数据,2011 年全国生产总值为 47.2 万亿元,广东全年生产总值为 5.3 万亿元,所以乘以的系数应该为 11.2%。

立对两地具体产业所产生的影响，本研究中按 GTAP 模型默认的 57 个产业进行模拟。

（三）模型冲击设定

2010 年发布的 GTAP 第 7 版数据库虽然将贸易时间序列扩展到 2006 年，但是并未考虑近年来相关国家和地区签订的自由贸易协定及这些协定所产生的结果。为使政策模拟结果更真实地反映广东与香港共同市场建立的影响，本研究将对 GTAP 第 7 版原始数据库进行关税和贸易自由化调整。

第一，中国—东盟、日本—东盟和韩国—东盟自由贸易协定[①]：中国与东盟于 2002 年 11 月签署《中国—东盟全面经济合作框架协议》，两经济体大幅降低关税和非关税贸易壁垒，正式启动了自由化贸易的进程。至 2010 年 1 月 1 日，中国已对东盟 93% 的产品的贸易关税降为零。日本与东盟于 2008 年 4 月在泰国正式签署《东盟—日本全面经济伙伴协定》，并立即对从东盟进口的按价值计算 90% 的产品实行零关税；韩国与东盟 2006 年 8 月签署《东盟和韩国全面经济合作框架协议中的货物贸易协议》，协议规定所有正常产品的关税将在 2010 年 1 月 1 日前取消（张光南等，2011）。由于到中国—东盟、日本—东盟和韩国—东盟的自由贸易协议已执行并取得丰硕成果，本研究在模拟分析中将对设定中国、日本、韩国分别于东盟的双边关税为零。

第二，目前广东与香港主要进行的是货物贸易，为了看到服务贸易自由化对广东和香港所产生的影响，本研究在模拟分析中对于广东与香港共同市场的建立将分两步进行模拟：首先，模拟分析广东与香港之间只是货物贸易自由化所产生的经济效益；其次，在货物贸易自由化的基础上，通过此结果更新（update）GTAP 数据库，模拟分析服务贸易自由化所产生的影响。

实证设定：实证模拟软件采用最新版 RunGTAP 3.55，并设定 Gragg 求解方法提高模拟结果的精确度。此外，由于 GTAP 基本模型假设当期投资不会通过资本累积影响生产，但实际上经济贸易政策可能造成长期资本累积效应，因此本研究基于 Francois et al.（1996）的研究将其转换成动态模型以分析中国内地和香港贸易自由化的长期效应。

（四）模拟结果与分析

1. 进出口、贸易余额与贸易条件

在考虑中国—东盟、日本—东盟和韩国—东盟自由贸易协定的基础上，

---

① 参见东盟官方网站：www.aseansec.org.

广东与香港建立共同市场的进口、贸易余额及贸易条件变化如表4-3所示：共同市场建立后，广东与香港的总进出口值都得到明显提高，总进口值分别提高2.86%和3.5%，总出口值分别提高2.16%和3.05%。这与理论预期也是一致的，即自由贸易区的建立能产生贸易创造效应和贸易转移效应，促进区内经济体相互贸易的增长。而台湾地区的进出口是有所下降的，主要原因是由于模型中设定中国大陆与东盟是贸易自由化的，由此对台湾地区产生贸易替代效应。而如果根据中国大陆与台湾地区签订的ECFA"早期收获"设定两经济体的贸易条件，那么台湾的进出口会增加2.44%和2.37%（张光南等，2011）。日本、韩国由于与东盟签订自由贸易协定，进出口也是有所增加的。而欧美市场，由于被排除在自由贸易区之外而发生的贸易转移效应，使得两经济体的进出口都有所下降。

在贸易条件①方面，广东降低0.12%，而香港预计增加1.65%。在贸易条件恶化和贸易逆差的双重作用下，广东的贸易余额估计减少239.9百万美元，而香港的贸易余额则预计增加240.69百万美元。其他经济体的贸易余额都出现或多或少的增加或减少，一个明显的特征是，贸易余额的变化与贸易条件是呈同方向变化的。

表4-3 经济、贸易和福利效应

经济效益	广东	香港地区	台湾地区	日本	韩国	东盟	美国	欧洲
GDP变化(%)	0.15	2.40	-0.76	-0.05	-0.45	1.62	-0.17	-0.14
总进口值变化(%)	2.86	3.50	-0.70	1.90	1.78	7.52	-0.32	-0.20
总出口值变化(%)	2.16	3.05	-0.62	1.57	1.00	4.29	-0.07	-0.09
贸易余额变化(百万美元)	-239.90	240.69	-139.72	73.74	-1459.35	-8927.44	4646.65	4826.87
社会福利变化(百万美元)	-72.04	1969.13	-1065.30	7399.05	2545.59	5919.21	-2056.79	-3656.42
贸易条件变化(%)	-0.12	1.65	-0.47	0.01	0.07	0.79	-0.12	-0.05

资料来源：作者根据GTAP数据库模拟整理所得。

---

① 贸易条件：衡量一定时期内一经济体出口相对于进口的盈利能力和贸易利益。

2. 经济增长与社会福利

如表4-1所示，粤港共同市场的建立使得广东和香港的GDP增长都有所提高。广东的GDP变化预计提高0.15%，而香港的GDP增幅较大，为2.4%；从这方面看，香港的受益是更加明显的。中国台湾地区、日本和韩国的GDP都将出现不同程度的减少，而东盟增幅则达到1.62%，这与其同中日韩之间的自由贸易协定不无关系。而美国和欧盟由于贸易转移效应的存在，GDP则分别减少0.17%和0.14%。

在社会福利方面①，广东的社会福利预计减少72.04百万美元。香港的社会福利变化较大，大约增加1969.13百万美元。香港社会福利大幅提高的一个主要原因是，香港本身是一个自由港，并无所谓地再对外开放；广东与香港建立的共同市场，更多的是广东向香港的市场开发。此外，香港的相关产业还可以通过广东进入内地其他市场，所以，香港的社会福利水平会大幅提高。中国台湾地区由于GDP减少，进出口也出现下降，所以社会福利也是明显下滑的。日本、韩国和东盟的社会福利得到大幅提高，主要是因为日本、韩国、东盟和中国都是较大的经济体，中日韩与东盟的自由贸易协定必将产生巨大经济效应，同样，在GDP下降和进出口下滑的作用下，欧美两大经济体的社会福利水平也是有所降低的。

3. 服务贸易自由化的影响

就目前而言，广东与香港进行的贸易主要集中在货物贸易，本书为了研究服务贸易自由化对两地产生的影响，在货物贸易自由贸易的基础上，通过更新GTAP数据库来模拟分析粤港服务贸易自由化所产生的经济效应，模拟结果如表4-4所示。根据模拟结果，即使现在粤港之间服务贸易完全自由化，对广东和香港所产生的经济效益也是微乎其微的。这显然是一个令人意外的结果。而导致这样的模拟结果的根本原因在于，服务贸易本身在粤港贸易之间所占的比例是非常小的。如图4-7所示，在2002年以前粤港服务贸易占两地总贸易的比重在10%以上，但是自2003年开始，服务贸易所占比重就一直低于10%。这其中一个很重要的原因就是在2003年CEPA签署以后，货物贸易自由化的推进速度是比较快的。相比之下，服务贸易自由化的推进则相对滞后，导致服务贸易所占比重连年下降。所以，正

---

① GTAP中所说的社会福利效果是针对等变量（equivalent variation）的概念衡量效用水准的变化。在本模拟中影响社会福利变动的因素有：①资源配置效果（allocation effect），是指贸易自由化下因资源配置改变所造成的福利变动；②贸易条件效果（terms of trade effect），是指贸易自由化下因进出口价格变动所造成的福利变动；③投资储蓄效果（investment-saving effect），是贸易自由化下因投资与储蓄的报酬变动所造成的福利变动。

是由于服务贸易所占比重相对于粤港之间的贸易总量是相对很小的,所以在模拟分析结果中显示,即使是粤港之间服务贸易自由化,所产生的经济效应也是很小的。其实,这也从另一方面反映了粤港服务贸易发展的不足。

表4-4 服务贸易自由化的经济效应

地 区	GDP 变化	总进口值变化	总出口值变化	贸易余额变化	社会福利变化	贸易条件变化
广东	0	0	0	26.94	-32.63	0
香港	-0.01	0	-0.01	-7.33	-8.87	-0.01

资料来源:本书作者根据 GTAP 数据库模拟整理所得。

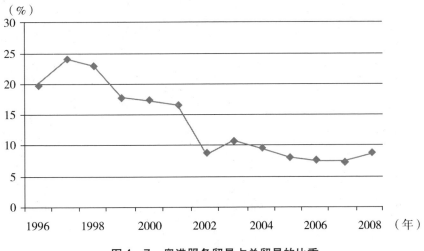

图4-7 粤港服务贸易占总贸易的比重

4. 对两地产业的影响[①]

如表4-1所示,粤港共同市场的建立对两地均产生明显的经济效应。虽然两地经贸情况现阶段主要停留在货物贸易层面,但是服务贸易和投资便利化将是未来两地克服贸易障碍的主要努力方向。因此,全面分析共同市场建立对两地各产业所产生的影响,对粤港为未来进一步开放做好应对准备具有重要参考意义。共同市场建立对两地各产业影响如表4-5所示。

---

① 由于篇幅有限,本研究没有列出对其他各国产业的影响,如需阅读,可向本书作者索取。

表4-5 粤港共同市场对两地各产业的经济效应

编号	产业	广东	香港	编号	产业	广东	香港
	农业			30	木材制品	0.37	0.4
1	稻谷	0.76	6.85	31	纸及制品	0.14	6.49
2	小麦	0.22	-2.21	32	石油及煤制品	0.69	-0.36
3	其他谷类作物	0.55	0.85	33	化学塑料橡胶制品	-0.67	24.19
4	蔬菜及水果	0.37	-0.42	34	非金属矿制品	1.01	2.89
5	油脂作物	-0.06	-3.02	35	钢铁	0.57	19.56
6	甘蔗	0.95	0.67	36	非铁金属	0.48	-4.48
7	纤维作物	0.81	-2.47	37	金属制品	0.55	8.8
8	其他农作物	5.41	-4.27	38	汽车及零件	0.18	-2.09
9	畜产	0.07	0.05	39	其他运输工具	3.64	-5.64
10	畜产品	0.09	0.56	40	电机及电子产品	1.49	3.22
11	生乳	0.07	-0.92	41	机械	0.5	12.87
12	羊毛	-0.27	5.09	42	其他制品	0.13	15.22
13	林产	0.32	0.79		服务业		
14	渔产	0.16	0.27	43	电力	0.28	1.08
	制造业			44	煤气	-0.07	0.94
15	煤	0.22	0.02	45	自来水	0.31	3.75
16	原油	0.17	0.5	46	营造工程	0.88	2.48
17	天然气	-0.07	-0.02	47	商品买卖	0.44	0.15
18	其他矿产	0.44	-0.32	48	运输业仓储	0.28	0.66
19	屠宰生肉	0.11	-5.29	49	水上运输	0.56	-0.41
20	肉类制品	0.15	9.16	50	空中运输	0.28	-1.46
21	食用油脂	0.17	1.26	51	通讯服务	0.42	-0.68
22	乳制品	-0.55	-0.25	52	金融服务	0.38	-1.43
23	米及制粉	0.34	16.73	53	保险	0.22	-1.27

续表 4-5

编号	产业	广东	香港	编号	产业	广东	香港
24	糖	6.19	-2.58	54	工商服务	0.41	-2.26
25	其他制品	0	1.48	55	娱乐及其他服务	0.27	0.97
26	饮料及烟酒	1.04	2.74	56	公共行政、教育医疗及其他服务	0.14	0.78
27	纺织	1.08	21.31	57	住宅服务	0.24	2.65
28	成衣	-2.03	16.18		平均值	0.54	2.58
29	皮革及制品	0.11	-2.54				

资料来源：本作者根据 GTAP 数据库模拟整理所得。

在农业方面，广东相对于香港具有比较优势，因此，在共同市场建立后，除个别行业外，广东的农业产业增加值普遍是增加的。其中，稻谷、其他谷类作物、甘蔗、纤维作物等，产业增加值均在 0.5% 以上。之所以产业增加值能增加，除了广东具有劳动力资源和土地资源禀赋之外，另外一个重要原因是香港放开了对广东农产品的准入，从而使广东农产品获得更加广阔的市场。香港的农产品行业稻谷和羊毛增幅比较明显，为 6.85% 和 5.09%，大部分行业的降幅都较大，小麦、油脂作物、纤维作物、其他农作物产业增加值分别下降 2.21%、3.02%、2.47% 和 4.27%。实际上，香港的农产品占香港贸易的比例已经非常小了[①]，而且本土基本没有农产品产业，所以在这里共同市场建立对香港农产品产业的影响仅供参考。

在制造业方面，广东除个别行业外（如天然气、乳制品等），产业增加值基本都是增加的。其中，增幅较大的为糖、饮料及烟酒、纺织、金属矿制品、其他运输工具和电机及电子产品，增幅分别为 6.19%、1.04%、1.08%、1.01%、3.64% 和 1.49%。这与广东具有劳动和土地资源禀赋优势的事实是相符的。此外，在石油、钢铁和金属等资源密集型产业的产出也均在 0.5% 以上。香港的制造业在屠宰生肉、糖、皮革及制品、非铁金属、汽车及零件等产业受到广东产业的冲击，产业增加值分别下降 5.29%、2.58%、2.54%、4.48% 和 2.09%。但也有增加值显著增加、表现突出的

---

① 根据香港特区政府统计处 2011 年数据，香港农产品（国际贸易分类总的 0 类和 1 类）进口金额占总进口的 4.1%，港产品转口金额占总港产品转口的 6.6%，农产品转口金额（除港产品）占总转口的 1.4%。见 http://www.censtatd.gov.hk/。

产业，例如米及制粉、纺织、成衣和化学塑料橡胶制品等行业，产业增加值均在15%以上。主要原因在于：一方面，粤港共同市场的建立降低了香港产业产品进入广东的贸易障碍，香港产品也能够通过广东进入其他地区；另一方面，香港虽然在这些产业不具有禀赋优势，但是通过提高自身的生产率，也能从竞争中获胜。

服务业方面，很明显，广东能从与香港的市场一体化过程中大幅提高自身的服务业水平。从模拟分析结果中可以看出，粤港共同市场的建立，基本上对广东的所有服务业都是正面影响的。其中，营造工程增幅0.88%，水上运输增幅0.56%，通讯服务增幅0.42%，工商服务增幅0.41%。广东主要可以通过向香港学习而提高自身的服务业管理和运营水平。其中，增幅较大的为自来水（3.75%）、营造工程（2.48%）、电力（1.08%）和住宅服务（2.65%）。而作为香港的大部分服务业产出也是增加的，电力、自来水、营造工程和住宅服务分别增加了1.08%、3.75%、2.48%和2.65%。最具竞争力的金融服务和保险业，却意外地下降了1.43%和1.27%，这可能是由于模型中没有考虑到人员流动的实际情况所导致。

第四节 市场机制的可行性

共同市场的建立，可以在珠三角和香港地区产生显著的经济效益。然而，两个地区的经贸合作能否持续，很大程度上取决于双方的产业结构和贸易结构是否具有互补性。只有两地的产业具有互补性，市场机制运行才具有可行性。引力模型分别从贸易创造效应的角度，证明了CEPA的建立确实可以显著促进两地贸易的发展。GTAP模拟分析出共同市场建立可为两地创造的经贸效应。但是，另外一个问题是，这种贸易创造效应能否持续？也就是说，这样的市场机制建立是否可行？如果不可行，那么再强的经贸效应也只能是空中楼阁，无法实现。这里，为了更好地回答这个问题，我们运用显性比较优势指数（revealed comparative advantage，RCA）和贸易专业化指数（trade specialization coefficient，TSC）等指标，对广东和香港各类产业的比较优势进行对比分析，以探讨建立市场机制的可行性。此外，由于广东是制造业大省，而香港主要是以服务业为主的经济体，所以将货物贸易和服务贸易分开比较，具有重大的现实指导意义。

一、指标的选取

（一）显性比较优势指数

显性比较优势指数（RCA指数），是Balassa提出的一个国际竞争力测度指标，最初广泛应用于衡量各国在货物贸易中的比较优势，后来被逐步广泛运用于服务贸易的研究中。1979 年，R. Dick 和 H. Dick 首次借助该指数解释服务贸易发生的模式及其变化特征；Peterson 和 Barras 也使用 RCA 指数对一组国家的服务贸易进行实证分析，并探讨服务出口份额与 RCA 指数的关系；Barras 还用这一指数评估各国在服务贸易中的国际竞争力是有效的（骆念蓓，2006）。RCA 指数，即一国某种商品或服务的出口额占该国出口总额的份额与世界该种商品或服务的出口额占世界出口总额份额的比重，是用来衡量一国某种商品或服务综合竞争力强弱的指标。它剔除了相互比较的各方经济规模差异的影响，因此，能够较为准确地反映各方产品或服务的竞争力大小。其公式为：

$$RCA_{ij} = (X_{ij}/X_i)/(X_{wj}/X_w) \qquad (4-9)$$

式 4-9 中，X_{ij} 表示 i 国 j 类商品或服务的出口额，X_i 为 i 国所有商品或服务的出口额，X_{wj} 表示世界 j 类商品或服务的出口额，X_w 表示世界全部商品或服务的出口总额。$RCA_{ij} > 1$，说明 i 国第 j 类商品或服务具有竞争力；$RCA_{ij} < 1$，表示该商品或服务竞争力较弱。按照更具体的划分，$RCA_{ij} \geqslant 2.5$，说明该种商品或服务具有极强的国际竞争力；$1.25 \leqslant RCA_{ij} < 2.5$，说明该种商品或服务具有极强的国际竞争力；$RCA_{ij} \leqslant 0.8$，表示该种商品或服务的竞争力较弱。

（二）贸易专业化指数

贸易专业化指数（TSC 指数）是另一个评价一国某行业是否具有国际竞争力的重要指标。其公式为：

$$TSC_i = (X_i - M_i)/(X_i + M_i) \qquad (4-10)$$

式 4-10 中，TSC_i 表示第 i 类产品或服务的贸易专门化指数，X_i 和 M_i 分别表示第 i 类产品或服务的出口值与进口值。TSC_i 的值介于 -1 与 1 之间。如果 $TSC_i > 0$，则说明该类产品具有竞争力，且该值越接近 1，竞争性越强；如果 $TSC_i < 0$，则表示该类产品缺乏竞争力，且该值越接近 -1，越缺乏竞争力；如果 $TSC_i = 0$，则可称为中性竞争力或中性比较优势。

二、广东和香港货物贸易的 RCA 指数和 TSC 指数

根据"联合国国际贸易标准分类"（SITC. REV. 3），所有产品可分为初级产品、工业制品和未分类杂项产品，共 10 类。其中 0—4 类为初级产品，包括食品及活动物，饮料及烟草，除燃料外的非食用未加工材料，矿物燃料、润滑剂及有关物质等；5—9 类分为动物及植物油、脂肪及蜡，未列明其他编号的化学品及有关产品矿产品，主要为材料分类的制成品、机械及

运输设备、杂项制成品、未列入其他分类的货物及交易。由于《广东统计年鉴》的数据对货物贸易分类的方式采取的是根据21个大类及下属的94个小类进行统计,为了能将广东和香港两地各产业货物贸易的竞争力优势进行比较,对《广东统计年鉴》中的94个产业按照联合国的标准进行分类,具体分类如表4-6所示。此外,由于1类"饮料及烟草"和4类"动物及植物油、脂肪及蜡"的贸易额都相对较少,所以在此处采取与联合国对货物贸易统计报告一样的处理方法,将1类和4类分别合并入0类和2类。即在报告 RCA 指数和 TSC 指数时,将报告的是0&1类和2&4类。

根据 $RCA_{ij} = (X_{ij}/X_i)/(X_{wj}/X_w)$,$X_{ij}$ 表示广东和香港第 j 类商品的出口额(对于广东,就是对原有《广东统计年鉴》上各出口类别的商品根据"联合国国际贸易标准分类"汇总后的出口额);X_i 为广东和香港所有商品的出口额(图4-8和图4-9);X_{wj} 表示世界 j 类商品的出口额,X_w 表示世界全部商品的出口总额(图4-10)。此外,由于为了与服务贸易标准一致(服务贸易没有分港产品与转口),香港的出口额用的是港产品出口加上转口贸易。统计的 RCA 指数和 TSC 指数如图4-11和图4-12所示。

表4-6 按照"联合国国际贸易标准分类"的广东进出口商品分类

SITC 类别	名称	具体内容
0	食品及活动物	活动物,肉及食用杂碎,水产品、乳品、蛋品、天然蜂蜜、其他食用动物产品,其他动物产品,树苗及花草,蔬菜、水果及坚果,咖啡、茶叶及调味香料,谷物,制粉工业产品,植物油籽及果实、种子,药材及饲料,编结植物材料、其他植物产品,动物产品制品,糖及糖食,可可及可可制品,粮食及乳制品、糕饼点心,蔬菜、水果等植物制品
1	饮料及烟草	饮料、酒及醋,烟草及烟草制品
2	除燃料外的非食用未加工材料	虫胶、树胶、树脂,食品的残渣、动物饲料,蚕丝,棉花,毛皮、人造毛皮及制品,羊毛、动物毛、毛纱线及制品,其他纺织纤维、纸纱线及机织物,化学纤维长丝,化学纤维短丝,絮胎、毡尼及无纺物、特种纱线、线绳索缆,地毯及纺织铺地制品,特种机织物、纺织装饰品、刺绣品,浸渍、涂布、包覆或层压的纺织物,针织物及钩编织物,针织或钩编的服装及衣着附件,非针织或非钩编的服装及衣着附件,其他纺织制成品、成套物品,加工羽毛、羽绒及制品、人造花、人发制品,钢铁制品,贱金属工具器具利口器餐具及零件,贱金属杂项制品

续表 4-6

SITC 类别	名 称	具 体 内 容
3	矿物燃料、润滑剂及有关物质	盐、硫黄、建筑材料，矿砂、矿渣及矿灰，矿物燃料、矿物油及产品
4	动物及植物油、脂肪及蜡	动、植物油脂及蜡
5	未列明其他编号的化学品及有关产品矿产品	无机化学品，有机化学品，药品，肥料，鞣料、染料浸膏、染料、颜料、油漆、油墨，化妆品及其原料、芳香料制品，洗涤用品，蛋白类物质、改性淀粉、胶、酶，炸药、烟火制品、易燃材料制品，照相及电影用品，杂项化学产品，塑料及其制品
6	主要以材料分类的制成品	橡胶及其制品，旅行用品、手提包，生皮及皮革，皮革制品、旅行用品及手提包、木及木制品、木炭，软木及软木制品，草柳编结品，木浆及其他纤维素浆、废碎纸板、纸及纸板、纸浆、纸制品，书籍、印刷品、设计图纸，鞋类及零件，帽类及零件，伞、杖、鞭及零件，石材制品，陶瓷产品，玻璃及其制品，钢铁，铜及其制品，镍及其制品，铝及其制品，铅及其制品，锌及其制品，锡及其制品，其他贱金属、金属陶瓷及其制品
7	机械及运输设备	核反应堆、锅炉、机械设备及零件，机电、电气设备、电视机及音响设备，铁道及电车机车、车辆及零件，车辆及零附件，航空器、航天器及零件，船舶及浮动结构体
8	杂项制成品	杂项制品，家具、床上用品、照明装置、发光标志，光学、照相电影、计量检验、医疗仪器设备，钟表及零件，乐器及零附件
9	未列入其他分类的货物及交易	玩具、游戏、运动用品及零附件，其他杂项制品，珠宝首饰

资料来源：United Nations Commodity Trade Database（联合国商品贸易统计数据库）、《广东统计年鉴》。

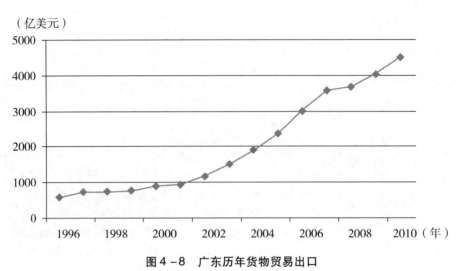

图 4-8 广东历年货物贸易出口

资料来源：《广东统计年鉴》。

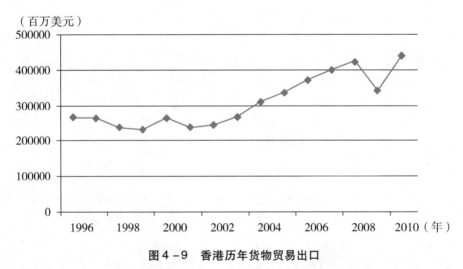

图 4-9 香港历年货物贸易出口

资料来源：《香港统计年鉴》①。

---

① http：// www.censtatd.gov.hk/gb/？param = b5uniS&url = http：// www.censtatd.gov.hk/home/index_tc.jsp。

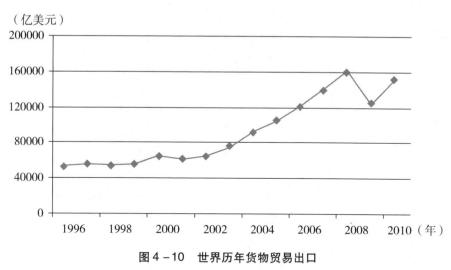

图 4-10　世界历年货物贸易出口

资料来源：United Nations Commodity Trade Database①。

如图 4-11 和图 4-12 所示：对于 0&1 类产业，无论是从 RCA 指数还是从 TSC 指数看，广东和香港都不具有较强的竞争力。在亚太地区，"食品及活动物和饮料及烟草"的生产主要是东盟传统优势产业。2&4 类产品，广东具有较强的竞争力，RCA 指数波动较大，但是 TSC 指数集中在 0.2～0.6 之间。香港的 RCA 指数也处在 3～6 之间，这可能是由于香港在该两类产业大量的转口贸易，如图 4-13 所示，转口产品金额远远高于港产品出口金额，这在一定程度上导致香港 RCA 指数偏高。对于 3 类、5 类、6 类、7 类和 9 类产品，广东和香港的竞争力差别较大。根据 RCA 指数显示，广东在这些产业上都基本上具有较强的竞争优势，而香港则基本处于 1 以下，说明，香港在这些产业的生产上处于劣势地位；而且，根据 TSC 指数，大部分这些产业香港的 TSC 指数都是小于 0 的。对于第 8 类产品，根据 RCA 指数，广东和香港也显示出较强的竞争性。所以，广东与香港在 3 类、5 类、6 类、7 类、8 类和 9 类产品的生产上具有非常强的竞争互补性。这也与广东作为中国制造业大省、香港作为一个以服务业为支撑的经济体的现实是相符的。由于广东在货物贸易方面具有国际竞争力，而香港却没有，所以，共同市场的建立有利于承接香港制造业的转移。这也说明，市场机制的建立是以产业基础为支撑的，在理论上具有很强的可行性。

---

① http://comtrade.un.org/db/.

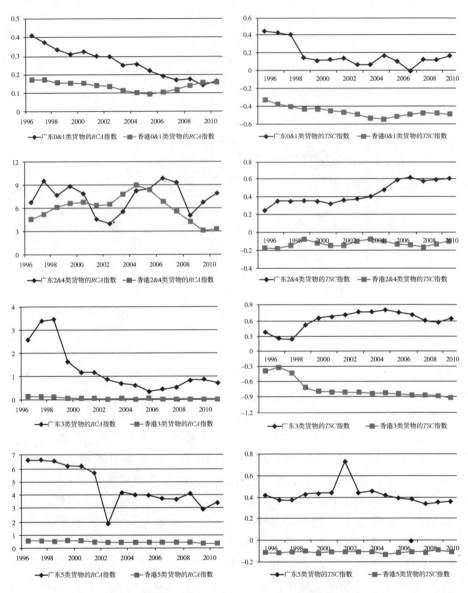

图 4-11 广东和香港 0—5 类产品的 RCA 指数与 TSC 指数

资料来源：《广东统计年鉴》、《香港统计年刊》、United Nation's Commodity Trade Database。

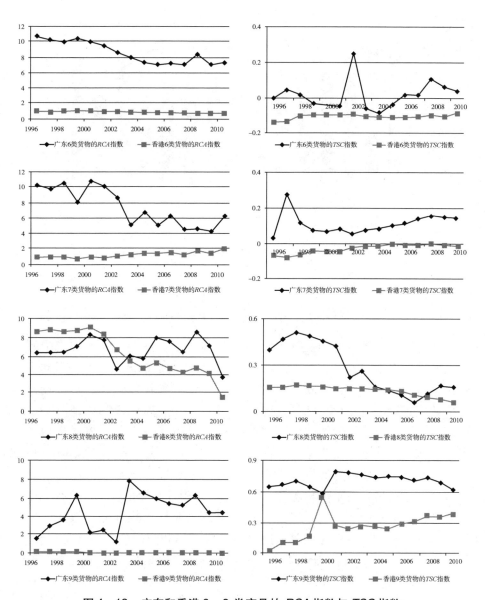

图4-12 广东和香港6—9类产品的 RCA 指数与 TSC 指数

资料来源:《广东统计年鉴》、《香港统计年刊》、United Nation's Commodity Trade Database。

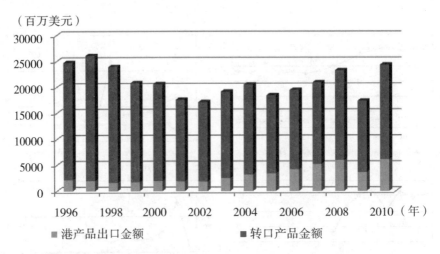

图4-13 香港2&4类港产品与转口产品的比较

资料来源：《香港统计年鉴》。

三、广东和香港服务贸易的 RCA 指数和 TSC 指数

香港是以服务业作为支柱产业的经济体，服务业在其经济构成中起着举足轻重的作用。自 CEPA 实施以来，服务贸易开放的成效如何，引起了有关机构学者的广泛关注，进行了相关分析和阐述。骆念蓓（2006）在对贸易开放度指标进行系统总结的基础上，利用 2000—2004 年间内地和香港对外和双边服务贸易发展的数据，测算比较了 CEPA 框架下内地和香港服务业的开放水平，并就协议实施一段时间后双方整体和部门受到的影响进行了评价。蔡宏波、杨晗（2011）着重考察 2004—2009 年内地和香港对外贸易和双边服务贸易发展水平和态势，剖析 CEPA 附件和 7 个补充协议有关服务贸易涉及领域和分阶段开放承诺，利用修正后显性比较优势指数和贸易专门化指数比较分析内地与香港双边服务贸易整体和部门的竞争状况。林江、郑晓敏（2003）研究 CEPA 为中国内地与香港带来的服务贸易利益，通过实证分析表明：在 CEPA 框架下，中国内地（尤其是珠三角地区）和香港都可以实现经济增长及就业量的增加。

为了更加清晰地了解广东和香港在产业上的互补性，研究具体服务产业的 RCA 指数和 TSC 指数有其现实必要性。本节将根据 WTO 统计数据库①，计算广东和香港的 RCA 指数和 TSC 指数。由于该数据库中只有关于中

---

① http：//stat.wto.org/StatisticalProgram/WSDBStatProgramSeries.aspx? Language = E.

国的整体服务贸易的情况,所以在计算的过程中,作者做了如下处理:首先,广东服务贸易的金额=中国服务贸易的金额×广东服务贸易产出占全国服务贸易产出的比重;其次,广东服务贸易的进出口额=中国服务贸易的进出口额×广东服务贸易产出占全国服务贸易产出的比重。另外,由于某些产业 WTO 数据库没有报告全世界进出口,所以本研究只计算如表 4-7 所示产业的 RCA 指数和 TSC 指数。

表 4-7 WTO 数据库中服务产业中英文对照

Commercial services (Services excl. government services)	商业服务
Transportation	运输服务
Travel	旅游服务
Other commercial services (Commercial services - Travel & Transport)	其他商业服务
Communications services	通讯服务
Construction	建筑服务
Insurance services	保险服务
Financial services	金融服务
Computer and information services	信息技术服务
Royalties and license fees	特许权使用费和许可费
Other business services	其他商务服务
Personal, cultural and recreational services	文化、娱乐服务

广东和香港各服务产业 RCA 指数和 TSC 指数如图 4-14 至图 4-16 所示。总的来说,广东的服务产业除个别产业外,均不像香港一样具有国际性竞争优势,这也与理论预期是一致的。在商业服务和运输服务方面,广东的 TSC 指数分别徘徊在 -0.1~0 和 -0.2~0.6 之间,而香港的 TSC 大部分年份都是处于 0.2 以上的;在这两个产业,广东和香港都具有较强的产业互补性。旅游业方面,广东的 RCA 指数和 TSC 指数都显示广东具有竞争力优势。但在 2008 年以后,香港的 TSC 指数由负转为正,而广东恰恰相反。此外,在其他商业服务方面,香港也表现出具有非常强的竞争优势,1996—2010 年的 15 年间,TSC 指数一直处于 0.4~0.6 之间,而广东却只有 -0.1~0,所以该产业两地也具有非常强的互补性。

如图 4-14 所示,广东和香港的保险服务都具有竞争力较弱的地位,RCA 指数均在 1 以下,TSC 指数均在 0 以下;信息技术服务方面的竞争力也没有太大的差异。总体上说，这两个产业的竞争力互补性不强。同样，在通讯服务方面两地的表现也是差强人意，没有太多竞争性可言，这可能是由于通讯服务更多地基于本地市场。而广东的建筑服务相对于香港，竞争力则相对强一些，具有一定的互补性。

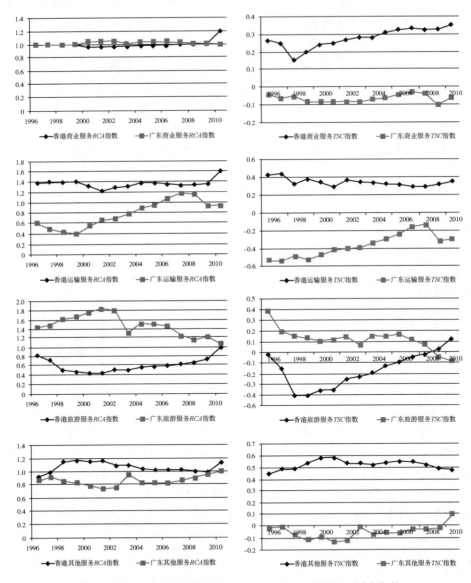

图4-14　广东和香港相关服务产业的 RCA 指数和 TSC 指数

资料来源：《广东统计年鉴》、《香港统计年刊》、WTO Statistic Database。

此外，值得特别注意的是香港金融业的表现。如图 4-15、图 4-16 所示，2000—2009 年，香港金融业 RCA 指数均处于 1 以上，TSC 指数均处于 0.5 以上，这是非常具有竞争力的产业，这也与香港作为全球金融中心的地位相符。而广东在金融服务业的 RCA 指数和 TSC 指数分别大约为 0 和 -0.2，处于竞争劣势地位。所以，共同市场的建立，广东可通过向香港学习相关的经验和管理，促进本身金融业的发展。另外，香港的文化、娱乐服务与广东也可构成互补性，因为香港文化、娱乐服务 TSC 指数基本在 0.2 以上，而广东大部分年份都处于 0 以下。

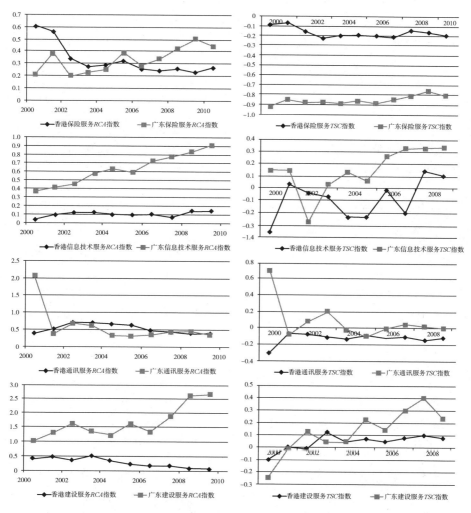

图 4-15　广东和香港相关服务产业的 RCA 指数与 TSC 指数

资料来源：《广东统计年鉴》、《香港统计年刊》、WTO Statistic Database。

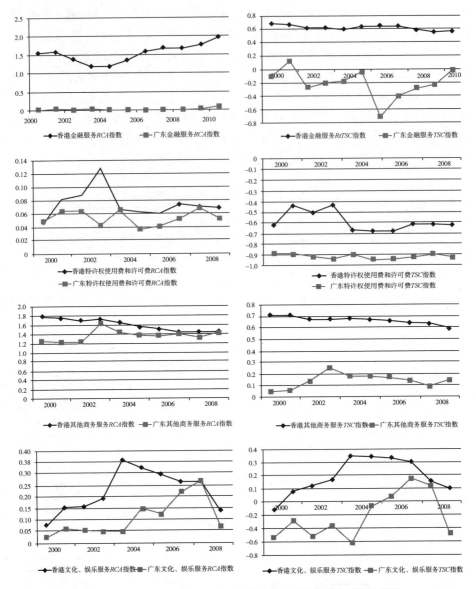

图4-16 广东和香港相关服务产业的 RCA 指数与 TSC 指数

资料来源:《广东统计年鉴》、《香港统计年刊》、WTO Statistic Database。

总结,根据 RCA 指数和 TSC 指数显示,无论是从货物贸易还是服务贸易方面,广东和香港很多产业都具有很强的互补性;也就是说,两地建立共同市场机制是以很强的产业基础作为支撑的,这也保证了市场机制构建的可行性。

第四节　市场机制的构建

通过对以上两大模型的分析，我们可以看出，港澳与珠三角建立共同市场将使这三地区的经济增长水平进一步提升，贸易额度进一步增加。同时，珠三角地区的农业、制造业将会发展迅速，香港地区具有传统优势的金融业、保险业及现代服务业等也会有很大的发展空间。可以说，在健全的市场机制下，这三地区会利用其资源禀赋、要素流通等自然要素自由发展。因此，我们要明确港澳与珠三角共同市场的市场机制的定位与发展方向，找准这个共同市场中这三地区最具有优势的发展产业，才能利用这个优势进一步促进其发展。本研究从市场机制中产业结构的角度来明确港澳与珠三角共同市场的市场机制构建。

一、明确战略定位

明确要把港澳与珠三角这一区域建成具有强大内在创新力、国际竞争力和区域辐射力的开放型一体化经济区域，打造世界级城市圈或都市群。在资金、土地、资源、劳动力、发展空间、国际合作等方面，三方各有优势、互补性强，达成这样一个目标，需要三方合作进行，互为支撑、互利共赢。

二、推动产业升级

必须改变珠三角加工贸易和制造业同质化程度重、外向依赖度高、高技术高附加值产业少、产业辐射带动能力弱的局面。从综合承载能力看，珠三角资源禀赋较差，人多地少，人均耕地面积不及全国平均水平的一半，加工贸易等用地消耗巨大，可供开发的土地资源已经十分有限。珠三角所需铁矿石、煤炭等主要原材料和燃料全部从外省或外国购进，油、电、气等重要能源要靠国家调配和外部输入。近年来多次出现"电荒"，能源资源矛盾日益显现。珠三角发展所付出的环境代价也很高，阴霾天气增多，空气、水、土壤等污染程度较高，环境质量普遍下降。总之，珠三角进一步发展面临能源、资源、环境、土地等多重因素制约，必须坚持走集约发展、节约发展、科学发展之路，推进新型工业化和新型城镇化。

香港和澳门已经完成了制造业向服务业的转型升级，形成服务业占绝对主导地位的产业结构，第三产业比重达90%以上。但近年来也面临结构升级趋缓，竞争优势相对减弱，服务业发展空间受限等问题。在国际金融危机冲击下，贸易、金融、物流、航运、博彩、旅游、会展等都受到很大影响。香港服务业自身市场小，面向中小企业的服务业与珠三角企业结合不够紧密；澳门博彩业"一业独大"，其他产业发展不足。港澳服务业亟须找到与珠三角产业发展的结合点，相互补充、相互促进，这也需要两地加快产业融合，促进产业优化升级和互动发展。

三、打造先进制造业和现代服务业

一是以高技术制造为核心的先进制造业，二是以生产性服务为核心的现代服务业。先进制造业是现代产业的"发动机"，现代服务业则是提升产业附加值的"催化剂"，在经济全球化和生产社会化分工协作加深的背景下，这两个引擎相辅相成、相得益彰，共同推动珠三角成为世界级的先进制造业基地和现代服务业基地。港澳服务业应当加快转型升级，发展专业化的生产性服务业和高端服务业，与珠三角服务业尤其是生产性服务业错位发展，为珠三角产业升级提供服务和支撑，才能在未来赢得更加广阔的发展空间。从粤港澳产业合作方向来看，要取得新的竞争优势，提高在全球价值链分工中的地位，必须从低端代工、加工向研发、设计、营销、技术支持和售后服务等高附加值、高技术含量环节渗透，从一般制造业向具有完整配套生产体系、自主设计开发能力的先进制造业和生产性服务业的方向扩展，在国际产业分工中从垂直分工为主向垂直分工与水平分工相结合转换。生产性服务业是珠三角发展的短板，也是产业升级缓慢的重要原因，港澳则具备比较完整的专业化服务业体系，港澳与珠三角三地区加强合作，就能更好地促进现代制造业与现代服务业的结合，从而大大提高产品附加值。

第五节 市场机制运行的政策建议

港澳与珠三角合作已经进入由制造业合作向制造业和服务业全面合作、深度合作、一体化发展的重要时期。要利用珠三角产业基础雄厚和港澳服务业发达的优势，发挥港澳服务业示范、引导、放大效应，加快形成先进制造业和现代服务业"双引擎"，推动产业转型升级的模式，打造高水平的国际化、开放型经济体系。

一、推动形成港澳与珠三角三地区产业分工合作新格局

重点发展高端服务业，巩固金融、贸易、航运、物流、信息等传统优

势产业地位,培育检测和认证、医疗服务、创新科技、文化及创意产业、环保产业和教育服务产业等新兴产业成为香港新的支柱产业。巩固和发展澳门作为世界旅游休闲中心地位,支持澳门发展博彩业以及会展、旅游等优势产业,推动澳门产业适度多元化。巩固和发展珠三角作为世界先进制造业和现代服务业基地地位,重点发展以生产性服务业为重心的现代服务业和以高新科技为核心的先进制造业,引进港澳专业化服务和管理经验、经营理念等,推动电子、电机、石化、纺织、建材、汽车、制药等支柱产业转型升级,提高社会化分工和国际化经营水平。

二、推动重点产业合作

根据三方各自优势、需求意愿、有利条件、成熟程度等,当前可重点抓好五项产业合作:①大力发展旅游业。加强港澳与珠三角三地区旅游资源整合,形成"一程多站"式旅游线路,共同打造世界级旅游黄金海岸,同时结合港澳与珠三角三地区经济发展和商务往来,打造世界级商务休闲度假区。加快工业设计引进发展。在珠三角服装、灯饰、家具、五金、皮革等传统行业和一些专业镇区引入港澳设计服务,并逐步向引入高端设计服务、打造自主品牌等发展。三地区联手建设港澳与珠三角工业设计产业基地。推进文化创意产业合作。②加强港澳与珠三角三地区在影视制作、娱乐服务、动漫、广告设计等方面的交流合作,发展兼具岭南特色和国际视野的文化创意产业,加快建设珠三角国家级软件和动漫产业基地,培育文化创意产业集群。③加强物流业整合发展。以大珠三角港口群、空港群物流合作为重点,有效整合珠三角港口资源,完善广州港、深圳港、珠海港的现代化功能,加强珠三角机场与港澳机场合作。④加强港澳与珠三角三地区物流企业合作,推动资本融合和信息共享,加快物流标准化建设。做大做强会展业。⑤加快形成以港澳会展业和广交会、高交会、中博会、文博会为重要节点的系列会展业,联手举办具有国际影响力的专业和综合展会,打造大珠三角国际会展品牌。

三、拓展服务业开放的广度和深度

要把发展服务业尤其是生产性和专业服务业作为推动珠三角产业转型升级和转变发展方式的根本途径,三方共同致力于消除制约服务业发展的障碍、壁垒和歧视性措施,逐步实现服务业各要素在本地区自由流动。珠三角要加大 CEPA 实施力度和服务业开放,推动港澳与珠三角三地区要素市场一体化和贸易投资便利化,率先建成服务业开放的先行区。一是放宽准入门槛,进一步拓宽珠三角服务业对港澳开放领域,逐步达到:凡是对内资开放的服务行业,都应对港澳开放;凡是国家法律不禁止的服务行业,符合经营资质的港澳企业都可以在珠三角经营,加大珠三角公共服务、垄断行业、文教卫生领域的开放,分类降低服务企业资本金比例。二是推进资质互认,加大法律、会计、银行、证券、保险、评估、教育、医疗等领域从业资格和人员专业资质互认,同时简化审批程序、下放审批权限、完善服务措施。在政府采购、招投标等领域,港澳与内地企业享有同等待遇。三是推进规章标准衔接,港澳与珠三角三地区合作建立和实施服务业技术、行业等标准体系,加强标准制定及应用合作,在产品质量、检验检测、认证鉴定等方面推进结果互认。四是简化手续、增加透明度,珠三角着力推进政务公开,提供"绿色通道""一站式"服务等,并对投资要求、程序等发放公开说明手册,对不合理规章制度进行清理修订。五是加大政策支持,给予港澳服务业项目与内资企业同等财政专项配套资金扶持和税收、信贷担保、贴息等优惠政策,对软件和产品研发、创意设计、信息技术等国家鼓励类服务业在供地、财税、水电气热以及市场准入等方面加大优惠。六是创新合作方式,准许港澳服务企业在符合国家法律政策条件下,在粤采取独资、合资、委托经营、租赁等多种模式开展经营。

四、合力承接国际产业转移

一是港澳与珠三角三地区共同吸引跨国公司在珠三角地区设立研发中心、运营中心、地区总部等,联手承接国际高端和高附加值产业转移。二是联手承接国际服务外包转移,打造世界服务外包基地。港澳与珠三角三地区合作出台鼓励服务外包发展政策措施,共建服务外包企业合作平台和产业园区,加快培育一批具备国际资质的服务外包企业,共同举办服务外包海外推介会,打造港澳与珠三角服务外包国际品牌。珠三角积极引进港澳信息科技、金融服务等外包,引进服务外包人才和完善培训交流机制,大力发展服务外包示范城市,同时在各地区、各城市形成若干服务外包中心。三是为国内企业"走出去"提供金融、保险、咨询、法律等服务,开拓跨国营销渠道,设立技术研发机构,参与工程承包建设,加强与国外企业的交流合作。

五、共建现代产业示范区

港澳与珠三角产业合作既要全面推进、以面带点,又要试点先行、由点到面,通过建立产业示范区引领本区域产业发展。在地域上,近期重点抓好广州、深圳、东莞、佛山、珠海五个重点城市服务业先行先试，抓好广州空港经济区、珠三角金融高新技术服务区、东莞松山湖科技园等一批产业示范区。在园区内，设立一批专题或主题示范园，如工业设计园、文化创意园等。在行业上，着力推进生产服务业和商务服务业，重点在教育、环保、金融、培训、旅游、物流、工业设计、文化创意、医疗、会计、评估等领域合作取得突破。特别要考虑港澳与珠三角三地区合作发展节能环保产业，推广清洁生产和节能减排技术，建立一批低碳经济、循环经济示范区，实行区内零排放或低排放、可循环，共同建立节能环保基金、区域减排机制、节能减排标准体系以及生态补偿机制等。

第五章　港澳与珠三角建立共同市场的制度整合机制

经前面章节的实证分析可知，若通过市场机制使港澳与珠三角建立起共同市场，将会使港澳与珠三角都从中受益。同时，在全球经济一体化的背景下，港澳与珠三角都已经不太可能脱离一个区域共同体而封闭发展。相反，只有通过制度整合，加强区域内政府间合作，才能逐步削减行政区域之间的市场壁垒，实现经济利益上的互惠共荣，从而通过提升区域整体竞争力来参与全球的经济竞争力。本部分通过数学建模、计量分析、博弈论、案例分析等方法，阐述港澳与珠三角建立共同市场制度整合机制建立的必要性，并对从宏观、中观、微观三个层次对港澳与珠三角建立共同市场所需的制度整个机制加以分析。

第一节　制度整合的含义

区域经济一体化的本质是一种制度安排，通过这种制度安排，在产业分工、调整、转换和升级的过程中消除或减少政策歧视和贸易壁垒。区域经济一体化的过程也就是解决区域间存在的区域差距和区域内经济发展障碍问题的过程。美国经济学家贝拉·巴拉萨在其名著《经济一体化理论》中对"经济一体化"的定义也做了明确的阐述："我们将经济一体化定义为既是一个过程（a process），也是一种状态（a state of affairs）。"就过程而言，它包括采取种种措施消除各国经济单位之间的歧视；就状态而言，则表现为各国间各种形式差别的消失。巴拉萨由此将经济整合分为功能性整合和制度性整合两种不同的状态。他所说的这两种状态当中的功能性整合是指某一区域内在自发的市场力量推动和引导下，经济各领域内实际发生的阻碍经贸活动的因素被消除并进而实现经济的融合，这一趋势是对区域内经济发展的内在要求的体现，但由于是在市场自发的作用下形成的，因而具有不稳定性。而制度性整合则与此相反，它不但反映了功能性整合的要求，而且将其制度化和法制化，使得经济整合具有较高的稳定性。在制度性整合中,参与经济一体化区域内各成员通过达成协议建立专门的一体化机构,为一体化进程明确制度安排和提供指导,功能性整合的成果由此得到巩固和提高。回顾粤港澳经济合作的进程,我们发现粤港澳之间的合作正处于从功能性整合到制度性整合的过渡阶段。

一、功能性整合

1949 年中华人民共和国成立伊始,以美国为首的西方国家就对新中国实施贸易禁运,港澳地区成为中国内地获取西方国家商品的唯一通道。为此,中共中央政府将港澳的特殊贸易价值放在了其对于港澳政策的首位,制定了"长期打算,充分利用"的战略方针,将港澳作为中国内地对外经济活动的平台和获取内地急需物资的桥梁。1949 年之后的中国内地很长一段时间内都处于一种封闭、孤立的政治和经济环境中,加之经济政策和发展思路出现了严重偏差,使得港澳地区几乎成为这一时期中国内地与国际市场相联系的唯一渠道。这也就决定了这一时期内地与港澳间的经济往来以货物贸易为主导,贸易量也维持在一个较低的水平。这一时期内地从香港的进口一直在一个很低的水平上停滞不前,出口则从 20 世纪 60 年代开始缓慢增长,支撑着内地有限的外汇需求。

1978 年年末,中国开始实施改革开放的基本国策。广东特别是珠三角地区,凭借改革开放先行一步的制度创新优势、毗邻港澳的地缘优势和社会文化相通的人文优势,成为港澳与内地经济合作的示范区。此时,港澳地区的制造业逐渐向珠三角地区转移,开启了粤港澳经济合作,在制造业领域形成了一种基于比较优势的"前店后厂"式的跨境生产和服务一体化的合作模式。

1978—2003 年,粤港澳地区的经济合作,是在市场自发作用下和内地市场局部开放的条件下,基于比较优势的原则,由珠三角和内地的劳动力、土地等资源优势与港澳地区的体制、资金以及掌握的国际市场相结合的产物。从表现形式来看,广东(主要是珠三角地区)发展的是一种投入和产出"两头在外"、大进大出、以劳动密集型产品为主的加工贸易模式。这一合作模式使港澳地区从制造业为主体的经济转变为以国际金融、商贸服务和旅游业为主体的服务业经济体系,同时也推动了珠三角地区经济的高速增长和该地区的工业化进程。

二、制度性整合

港澳回归祖国和中国加入 WTO 后,以前那种基于比较优势的纯粹功能性整合的合作模式已经无法适应新形势的需要。一方面，对于中国内地来说，中国加入WTO的承诺需要中国经济向外部世界（包括港澳地区）更大范围和程度地开放；而对于港澳地区来说，港澳虽然已经在1997年和1999年分别回归祖国，但"一国两制"的政治制度安排仍使得港澳地区与中国内地互为独立的政治实体和关税区，内地对港澳的各种关税和对服务业及投资的限制措施的存在，使得港澳与珠三角三地区的经济事实上仍处于相对的割裂状态。这种对外开放的迫切需要与政治安排造成的相对隔离状态，仅靠经济的自发运动产生的功能性整合是无法解决的。2004年1月1日，内地与港澳地区签署的具有自由贸易区协定性质的CEPA协定具有划时代的重大意义。CEPA协定作为一个自由贸易协定，由港澳与珠三角三地区组成了一个中国国境内三个不同关税区间的自由贸易区，中国商务部国际经贸关系司在其主办的中国自由贸易服务网中称CEPA协议为"是我国家主体与香港、澳门单独关税区之间签署的自由贸易协议，也是内地第一个全面实施的自由贸易协议"，给予了极高的评价。该协定也成为构建新时期港澳与内地经贸关系的制度性安排。它的签订和实施标志着粤港澳间的经济合作已经由功能性整合阶段上升至制度性整合阶段。

（一）粤港澳经济合作的首个制度框架——CEPA协议

2003年，中共中央政府分别于香港、澳门特区政府签订的《关于建立更紧密经贸关系的安排》即CEPA协议于2004年1月1日正式实施，标志着粤港澳三地区经济合作正式进入了制度性整合的新阶段。CEPA是"一国两制"原则的成功实践，也是内地与港澳制度性合作的新路径，是内地与港澳经贸交流与合作的重要里程碑，是内地第一个全面实施的自由贸易协议。CEPA也因此成为促进粤港澳三地区经济合作的一大基本制度框架。此后，内地与港澳又在2004—2010年签订了7个CEPA的补充协议，使得开放的制度安排更加完善。CEPA涵盖货物贸易、服务贸易以及贸易投资便利化三大领域。

在货物贸易领域，内地通过2004—2006年的安排，对符合原产地规则的港澳进口货物实现了零关税，彻底消除了粤港澳（也是中国内地和港澳间）的关税壁垒，实现了货物的自由流动。在服务贸易方面，中国内地向香港和澳门特区进一步开放银行、证券、会计、电信、旅游、建筑等18个行业。贸易投资便利化方面，中国内地与香港和澳门特区就贸易投资促进、中小企业合作、通关便利化等7个领域的合作内容和机制达成了协议。通过CEPA的实施，港澳与内地的经贸合作由此迈向了一个新阶段。

(二) 粤港澳经济合作的第二个制度框架——泛珠三角"9+2"机制

在 CEPA 达成以及中国—东盟自由贸易区将在 2010 年建成的"利好"消息的鼓舞下,广东省再接再厉,提出"泛珠三角"区域合作的构想。2003 年 7 月 24 日,时任中共中央政治局委员、中共广东省委书记张德江在一份请示报告上批示,首次提出广东要"积极推动与周边省区和珠江流域各省区的经济合作,构筑一个优势互补、资源共享、市场广阔、充满活力的区域经济体系"。同时,推动九省区与港澳特区的合作,建立"9+2"协作机制,形成泛珠三角经济区。在广东省的积极倡导下,2004 年 6 月,由中国南方泛珠三角区域的广东、广西、海南、福建、湖南、江西、云南、贵州、四川九省(自治区)与香港和澳门特别行政区签署了《泛珠三角区域框架协议》,形成了泛珠三角区域"9+2"合作机制,涉及粤港澳合作的又一制度框架形成。泛珠三角"9+2"区域合作机制遵照"一国两制"方针,由参与合作的内地九省(自治区)与香港、澳门特别行政区开展合作,遵守香港、澳门两个特别行政区的基本法和全国统一的有关法律和法规,在 CEPA 协议的框架内进行广泛而深入的合作。

(三) 粤港澳经济合作的最新制度框架——《珠三角地区改革发展规划纲要》

2008 年,由上一年度美国次贷危机演化而来的新一轮全球金融危机开始严重影响我国,对于"两头在外"的广东制造业打击尤其严重,1978 年以来形成的"前店后厂"的粤港澳经济合作模式也面临着巨大的挑战。面对危机,国务院于 2008 年 12 月 17 日审议并通过了《珠三角地区改革发展规划纲要》(以下简称《纲要》),并由国家发改委于 2009 年 1 月 8 日正式对外公布。广东省政府也决定抓住重大的历史机遇,化危为机,实现新的发展。在《纲要》出台前后,国务院还分别批准实施了《横琴岛总体发展规划》和《粤港合作框架协议》,为落实 CEPA 协定提供了更加细致、具体的制度安排。2011 年 3 月,《粤澳合作框架协议》已正式签署。这一切都使得在《珠三角地区改革发展规划纲要》这一大背景下,粤港澳间的区域合作再次迈入一个新阶段。

综上所述,粤港澳经济合作在进入了制度性整合时期后,已经形成了三个层次的制度性框架。从涉及地域范围来看,由大(CEPA 协议框架)、中(泛珠三角"9+2"框架)、小(《珠三角地区改革发展规划纲要》背景下的粤港澳合作框架）三个层次的制度性框架组成。三个层次互相促进，形成了一种以 CEPA 协议框架为基石、泛珠三角"9+2"框架为支撑、《珠三角地区改革发展规划纲要》指导下的粤港澳合作为核心的经济合作机制。而本研究将着重阐述《珠三角地区改革发展规划纲要》背景下粤港澳合作的最新进展与成果。

第二节　制度整合的衡量

通过上文分析可知，港澳与珠三角地区通过一系列的制度整合，在有关货物贸易、服务贸易以及贸易投资便利化等方面都已取得一系列进展。接下来，本研究将运用变异系数、业绩系数、Johanson 协整检验等方法衡量港澳与珠三角地区制度整合的效果与进展。

一、一体化程度

变异系数 CV（coefficient of variance）是标准差与均值的比率，它是一个相对变异指标，用以比较两个总体均值不等的离散程度。变异系数 CV 的计算公式如下：

$$CV = \sigma/\mu \qquad (5-1)$$

式 5-1 中，σ 为标准差，μ 为均值。标准差 σ 和均值 μ 的计算公式如下：

$$\sigma = \sqrt{\frac{\sum_{i=1}^{n}(X_i - \mu)^2}{n-1}} \qquad (5-2)$$

$$\mu = \frac{\sum_{i=1}^{n} x_i}{n} \qquad (5-3)$$

本研究利用香港与珠三角各城市 2000—2010 年物价（价格）指数，计算出历年香港与珠三角各城市物价（价格）指数的变异系数 CV，以衡量香港与珠三角经济一体化的程度。CV 越小，说明香港与珠三角各城市经济的增长率随着时间的推进而不断趋同，即经济一体化的程度得到深化；CV 越大，说明香港与珠三角各城市经济的增长率随着时间的推进不断趋异，即经济一体化并未得到深化。由于澳门统计局有关工业价格指数与服务价格指数并无统计数据，因此，本研究主要采用香港与珠三角数据进行研究。

观察表 5-1，香港与珠三角物价（价格）指数变异系数随时间的变动趋势，可以看出三类物价（价格）指数的变异系数在总体上均呈增加趋势：

消费物价指数的变异系数由2000年的0.010上升到了2010年的0.028，工业价格指数的变异系数由2002年的0.017上升到了2010年的0.024，服务价格指数的变异系数则从2001年的0.050上升到2010年的0.169。

表5-1 香港与珠三角物价（价格）指数的标准差和变异系数

年 份	消费物价指数		工业价格指数		服务价格指数	
	标准差	变异系数	标准差	变异系数	标准差	变异系数
2000	1.049	0.010	—	—	4.614	0.050
2001	2.114	0.022	—	—	8.050	0.083
2002	2.120	0.021	1.702	0.017	9.404	0.103
2003	1.946	0.020	2.656	0.026	15.048	0.150
2004	2.766	0.027	2.540	0.026	13.555	0.151
2005	1.853	0.019	2.468	0.024	18.492	0.185
2006	2.431	0.024	2.681	0.027	16.210	0.179
2007	2.170	0.022	1.943	0.019	19.623	0.199
2008	2.708	0.026	3.342	0.033	17.034	0.188
2009	2.603	0.023	2.892	0.022	16.322	0.172
2010	2.638	0.028	2.922	0.024	17.002	0.169

资料来源：2001—2011年《广东统计年鉴》、香港特区政府统计局。

由图5-1可以看出，消费物价指数和工业价格指数的变异系数较小，均低于0.023；而服务价格指数的变异系数均大于前两者，变异系数的取值区间为（0.05，0.199）。物价（价格）指数变异系数的差异，反映了以消费物价和工业价格指数衡量的香港与珠三角各城市经济的增长率趋同，香港与珠三角经济一体化得到了较好的发展；但两地服务经济的增长率差异较大，反映出香港与珠三角经济一体化在服务经济部门并未得到深化。

（一）消费物价指数

如图5-2所示，香港与珠三角消费物价指数的变异系数从2000年开始到2010年，经历了一定程度的波动：最低为2000年的0.010，2004年最高达到0.027。2004—2010年消费物价指数的变异系数虽经历了上下波动，但总体波动幅度不大，反映出近年来以消费物价指数衡量的香港与珠三角经济一体化正在稳步推进。

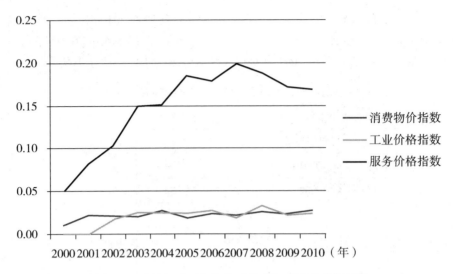

图 5-1 香港与珠三角物价(价格)指数的变异系数

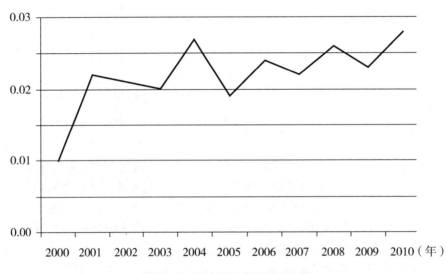

图 5-2 消费物价指数变异系数

消费物价指数量度住户一般所购买的消费商品及服务价格水平随时间而变动的趋势和程度的相对数。通过分析香港与珠三角消费物价指数的变动趋势可以看出,1986—2003 年香港的消费物价指数高于珠三角的消费物价指数,2004—2010 年香港与珠三角的消费物价指数趋于同等水平。

如图 5-3 所示,2004 年后香港与珠三角消费物价指数的趋同和内地与香港从 2004 年 1 月 1 日起正式实施 CEPA 密切相关。CEPA 通过逐步减少或取消香港与内地之间实质上所有货物贸易的关税和非关税壁垒,逐步实现服务贸易的自由化,减少或取消双方之间实质上所有歧视性措施;促进贸易投资便利化等措施,提高了内地与香港之间的经贸合作水平,加快了香港与内地特别是珠三角的经济一体化进程。

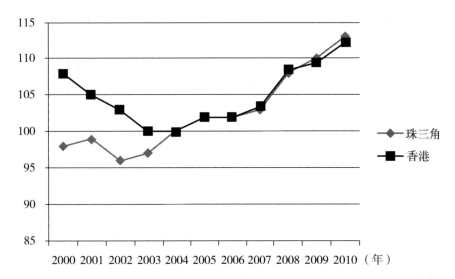

图5-3　2000—2010年香港与珠三角的消费物价指数(设定2004年为100)

(二) 工业价格指数

2002—2010年,香港与珠三角工业价格指数的变异系数经过了一段时期的平稳变动后在2007年发生了较大波动。如图5-4所示,2007年之前,工业价格指数的变异系数变动较小,各年基本持平;2007年工业价格指数的变异系数下跌为0.019,与2002年的变异系数大小相当。2008年变异系数在前一年的基础上有了大幅提升,为历年变异系数最大值,上升到0.033。工业价格指数变异系数的变动趋势反映出香港与珠三角的经济一体化已经得到较好的发展,仅在最近两年经济一体化的发展受到了一定程度的影响。

(三) 服务价格指数

观察图5-5,2000—2010年服务价格指数的变异系数变动趋势,可以看出其呈逐年上升趋势,由2000年的0.05上升到2010年的0.169。变异系数的这种变动情况,反映出以服务价格指数衡量的香港与珠三角经济一体化并未获得深化,相反,两地经济在服务部门的发展日益趋异。

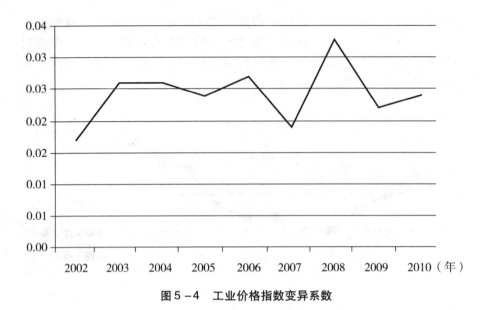

图 5-4 工业价格指数变异系数

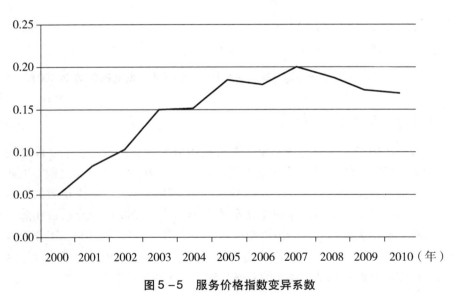

图 5-5 服务价格指数变异系数

二、投资便利化

在区域经济整合中，投资的便利化程度是区域一体化的一个重要指标，所谓投资便利化主要是指区域合作的各方政府通过制度安排，消除各方企业在互相投资过程中的障碍，从而使企业对外的直接投资与间接投资变得顺畅。因此，投资的便利化将有力地推动区域一体化进程，成为区域经济合作走向一体化的重要制度安排。随着粤港澳经济联系的进一步加深，三地区之间的投资便利化程度将会对其经济联系产生重要的影响。

（一）港商在珠三角投资的区位分布格局及主要特点

香港不但是成熟和发达的世界经济、贸易中心，以及高度开放的自由经济体，并且在19世纪末已成为中国重要的对外贸易转口港。20世纪80年代初中国实行改革开放政策，香港利用其得天独厚的经济基础和地缘区位优势，利用自身经济结构调整和内地经济发展的需要，率先将劳动密集型加工制造业转移到中国内地特别是毗邻的珠三角地区投资，而香港也据此成为珠三角最大的外资来源地。

表5-2统计显示，1986—2010年，广东省累计引进港商直接投资金额1574.7亿美元，占同期广东省累计引进外商直接投资金额2516.5亿美元的62.57%；而在1986—1995年期间，港商在广东投资更高达同期广东引进外商投资金额的85%左右。这一时期，广东引进外商投资主要是港澳台商投资特别是港商投资。自1995年以后，广东引进外商投资逐渐多元化，但即使是在2001—2010年，港商在广东投资仍占广东引进外商投资的50%左右，位居绝对主导地位。

表5-2 广东省1996—2010年引进港资情况

单位：亿美元

年　份	广东省外商直接投资	广东省港资	港资占外资比率（%）	港资增长率（%）
1986	6.4	6.2	0.96	—
1987	5.9	5.0	0.84	-0.19
1988	9.2	8.4	0.91	0.68
1989	11.6	9.1	0.79	0.08
1990	14.6	9.9	0.68	0.09
1991	18.2	13.6	0.75	0.37
1992	35.5	30.4	0.86	1.24
1993	75.0	65.3	0.87	1.15
1994	94.0	77.7	0.83	0.19

续表 5-2

年　份	广东省外商直接投资	广东省港资	港资占外资比率（%）	港资增长率（%）
1995	101.8	79.7	0.78	0.03
1996	116.2	83.9	0.72	0.05
1997	117.1	84.3	0.72	0.00
1998	120.2	81.3	0.68	-0.04
1999	122.0	73.4	0.60	-0.10
2000	122.4	74.5	0.61	0.01
2001	129.7	86.5	0.67	0.16
2002	131.1	86.2	0.66	0.00
2003	155.8	86.5	0.56	0.00
2004	100.1	50.1	0.50	-0.42
2005	123.6	58.2	0.47	0.16
2006	145.1	68.1	0.47	0.17
2007	171.3	83.0	0.48	0.22
2008	191.7	105.4	0.55	0.27
2009	195.3	118.8	0.61	0.13
2010	202.6	129.2	0.64	0.09

1. 港商在广东投资主要集中在被称为香港"后花园"的珠三角

自中国内地实行改革开放政策以来，由于特殊的地缘条件和人缘关系，香港一直是广东外商直接投资的主要来源地。在 2000 年以前，港商在广东投资占比达 65% 以上。进入 21 世纪以来，随着广东引资政策的逐渐多元化，香港企业以广东珠三角为平台更多向内地长三角和环渤海等地区投资，使港商投资占广东外商直接投资比率有所下降，但比率一直保持在 50% 左右。如 2008 年广东引进外商直接投资 192 亿美元，其中港商投资达 105 亿美元，占比 55.1%。香港是广东最大的外资来源地，而香港在广东投资又主要集中在毗邻香港并被称为香港"后花园"的珠三角地区。2009 年港商在广东投资金额为 105 亿美元，其中港商投资珠三角地区便达 97 亿美元，占 91.83%。同年，珠三角外商直接投资金额 178 亿美元，珠三角外商投资占广东全省外商投资金额的 92.7%。由此可见，珠三角既是广东外商直接投资的主要集聚地，也是港商在广东投资集聚程度最高的地区。

造成这一现象的主要原因是：珠三角既是广东经济最发达，也是交通、通讯、港口和航运等基础设施最便利的地方。同时，珠三角与香港地理位置相邻，人缘相亲，语言文化相通，交通运输便捷，港商到珠三角投资具有得天独厚的优势。

2. 香港已将绝大部分加工制造业转移至珠三角投资

早在 20 世纪 50 年代初，香港因受欧美国家对中国经济封锁的影响，转口贸易严重衰退，而加工制造业迅速发展。20 世纪 80 年代初以后，随着香港生产成本剧增和中国内地改革开放政策的实施，促使香港加快进行产业升级转型，将大量失去比较优势的加工制造环节转移到毗邻的珠三角地区投资，使其成为香港低成本加工制造基地的同时，港商大都把加工制造业的研发、设计、采购、融资服务和产品销售等产前与产后工序留在香港，从而形成"前店后厂"式区域生产分工合作格局。据香港经济研究中心的调查，截至 2003 年，大约有 95% 的香港服装和皮革工业、90% 的塑料工业、85% 的电子工业和 90% 以上的手表与玩具工业已从香港转移到以珠三角为主的内地投资。1980 年香港的加工制造业雇佣约 100 万工人，到 2003 年仅雇佣约 20 万工人，而同时仅在珠三角地区的港资企业便雇佣约 1000 万工人。粤港之间"前店后厂"的合作模式是特定历史条件下的产物，并将在新的经济形势下演进与改变。但从"前店后厂"合作本身来看，它在产业价值链层面是利用价值链的国际分工特点，将产业价值链节点或链段在大珠三角区域进行空间离散和整合。而从微观的企业运作层面看，"前店后厂"的合作模式其实是香港企业运用投资手段和资金力量，突破香港的行政地域边界限制，进入珠三角等内地更宽广的腹地空间。这样，原来在香港厂店合一的企业经营模式，便离散和分解为店在香港、厂在珠三角的"前店后厂"或厂店分离的模式，并因此产生以港商投资为主体，以"前店后厂"为特征的香港与珠三角跨境生产分工合作体系。

3. 港商在珠三角投资主要集中在毗邻香港的珠三角东部地区

珠三角九个城市从地缘区位上可分布为深圳、东莞和惠州等毗邻香港的珠三角东部地区，广州、佛山和肇庆等珠三角中部地区，珠海、中山和江门等珠三角西部地区这三个区域板块。由于珠三角东部地区与香港山水相连、交通便利，香港向内地投资也首先越过罗湖口岸进入与之毗邻的深圳、东莞等地投资，因而珠三角东部地区成为港商在内地投资的首选和港商投资最集中的地域。

（二）港商在珠三角投资的经济效应

1. 港商投资是广东和珠三角经济发展的主要动力

在拉动我国经济发展的投资、消费、出口三驾马车中，投资是对 GDP 贡献最高、对经济增长拉动作用最大的。在广东经济发展过程中，外商直接投资增加值占广东省 GDP 的比重一直呈稳步上升趋势，从 GDP 所有制构成看，2000 年广东港澳台和外商经济增加值占全省生产总值的比重为 32.6%，到 2003 年上升到 37.6%；2003 年港澳台商和外商直接投资经济增加值已达 5125.42 亿元，比 2000 年增加了 1967.7 亿元，占非公有制经济的比重为 64.8%。2000 年，以港资公司为主体的外资公司创造的工业总产值达 7308.29 亿元，占同期广东省工业总产值 12289.24 亿元的 59.46%。东莞 1998 年工业总产值 732.22 亿元，其中国有和集体经济仅占 15.91%，个体和私营经济占 3.38%，而港澳台经济占 56.59%，港澳台以外的外资经济占 17.85%，港澳台投资占东莞工业总产值的"半壁江山"。港资企业不仅是珠三角经济发展的重要动力，而且已成为珠三角经济结构的基础性成分。

2. 港商投资是解决珠三角经济发展资金投入的重要途径

1980 年以前，资金短缺是制约珠三角经济增长的一个主要因素。改革开放后，由于外资大量进入，有效地缓解了珠三角建设资金的不足，带动了国内配套资金的运转，活跃了整个国民经济链条，外资成为推动经济持续增长的重要动力；其中，港资是珠三角的最大外资来源，成为推动珠三角经济发展的"中流砥柱"。可见，港资是珠三角经济发展的主要外资来源，为珠三角经济腾飞提供了资金支持。如表 5-3 所示。

表 5-3 珠三角利用港资资金占社会固定资产投资额的比重

单位：亿元

年　份	珠三角固定资产投资	珠三角实际利用港资	所占比重
2000	2364.71	581.63	24.60%
2002	2945.74	596.95	20.26%
2003	3749.51	709.34	18.92%
2004	4515.27	348.37	7.72%
2005	5328.37	551.30	10.35%
2006	5964.60	640.80	10.74%

续表 5-3

年　份	珠三角固定资产投资	珠三角实际利用港资	所占比重
2007	6909.74	745.34	10.79%
2008	7829.03	707.76	9.04%
2009	9603.55	923.58	9.62%
2010	11355.80	1004.46	8.85%

3. 港商投资企业出口是推动珠三角对外贸易发展的主要因素

改革开放以来，珠三角广泛与世界各国各地区建立贸易往来关系，逐步形成了全方位、多层次、宽领域的对外开放格局。珠三角的出口额在全国遥遥领先，珠三角地区集中了内地大部分出口加工型企业，其中又以外商投资出口加工型企业为主，外商投资企业对珠三角外贸的发展功不可没。如表5-4所示，2005—2010年珠三角外资企业出口总额占珠三角总出口额的比重均高于60%。外资企业是推动珠三角对外出口的主力军，而珠三角约70%的外资是港资，港资企业出口约占珠三角外资企业出口额的80%。港商在珠三角的制造业规模庞大，由于港资企业产品大多以购买海外原材料、零部件和产品外销为主，港资企业是推动珠三角出口发展、对外贸易的最主要力量，粤港"前店后厂"模式是珠三角出口型经济的坚强后盾。

表5-4　珠三角外资企业出口额占珠三角总出口额的比重

单位：亿美元

年　份	珠三角外资企业出口额	珠三角出口总额	所占比重
2000	495.09	919.19	53.86%
2005	1546.77	2381.71	64.94%
2007	2322.18	3692.39	62.89%
2008	2556.29	4041.88	63.25%
2009	2238.03	3589.56	62.35%
2010	2818.47	4531.91	62.19%

4. 港商投资是增加珠三角地方政府税收的重要渠道

每年仅港资企业向广东地方各级财政部门缴纳各类税款高达近千亿元。以深圳市为例，在深圳实际使用外资金额前十位的国家和地区中，香港地区位居第一。截至 2008 年 6 月 30 日,深圳港资企业税务登记户数已突破千家,投资领域由从事初级产品加工业务和制造业发展到制造、批发零售、物流、金融等其他领域,港资企业的发展壮大带动了深圳税收的大幅增长。1996 年,深圳市地方涉外税收收入总额仅为 17.57 亿元,2007 年达到 172.78 亿元,2008 年上半年便达到 101 亿元,其中大部分涉外税收为港资企业缴纳税收。据了解,在深圳的外资企业中,港企超过七成,为深圳市政府税收工作作出了巨大贡献,并且许多外国企业开始也是以香港为平台进入深圳。1997 年香港回归祖国后,香港的平台作用更加突出。截至 2008 年 6 月 30 日,在深圳的港澳台资企业已经达到 22023 家,注册资本达 1576 亿元,分别占外资企业总数的 67.6%、注资总额的 67.7%。

5. 港商投资企业为珠三角创造了大量的就业机会

据香港中华厂商联合会 2010 年调查报告,在珠三角有生产业务的 160 家港资企业回应调查问卷结果显示,2010 年其平均在香港本地雇员 58 人,在中国内地的雇员数目平均高达 1179 人,其中珠三角的平均雇员数据为 991 人,在海外(不包括中国)地区的雇员数目平均为 61 人。可见,目前港商在珠三角投资主要雇员是内地劳动力。在 1981 年,香港的制造业工厂在香港大约雇佣了 87 万工人,到 2002 年在香港仅雇佣了 23 万制造业工人,而在珠三角地区雇佣的人数已达 1000 万至 1100 万人(直接与间接)。到 2008 年,在珠三角地区雇佣人数已接近 2000 万人,港资企业雇佣员工约占珠三角外来农民工就业人数的 1/3,港资企业成为解决珠三角农民工劳动就业的主要渠道,为国内劳动力提供了大量就业机会。详见表 5-5。

表 5-5 在珠三角生产港资企业平均员工规模及地理分布

地　区	平均员工数(人)		
	2008 年	2009 年	2010 年
中国香港地区	37	48	58
中国内地	1431	1152	1179
珠三角	1275	1026	991
海外	101	23	61

注:问卷作答回应公司数目 2008—2010 年分别为 168 家、169 家、160 家。

6. 港商投资对珠三角企业的技术进步具有促进作用

珠三角的港资是以中小型加工贸易企业为主,港资中小企业对促进珠三角企业技术进步有以下三方面的作用。

第一，中小企业的模仿效应。一般影响模仿效应的因素主要有两个：技术扩散的难易程度和技术落差的大小。来自香港的外资以中小企业为主，由于香港人与广东人亲近，所以香港中小企业在与珠三角中小企业的交往中，很容易把管理、营销等软技术扩散出去；通常，只有存在技术落差，才容易产生模仿效应，但并不意味着技术落差越大，效果就越好。因为如果技术落差太大了，技术落后的企业就难以模仿、吸纳先进企业的技术，过大的技术落差将制约模仿效应的发挥。香港的中小企业相对欧、美、日的生产技术不是十分先进，与珠三角中小企业的技术落差范围适中，珠三角中小企业易于对港资企业进行模仿，促使生产技术进步。

第二，企业之间通过竞争促进技术进步。在珠三角的港资企业大多数是从香港本地转移过来的劳动密集型企业，与珠三角大多数中小企业性质相近，它们之间会形成某种程度的竞争，竞争的结果促使双方的技术水平提高。以制造业为例，来自于香港的资金主要投资于珠三角的纺织业、玩具业、皮具业、制鞋业等，而珠三角的大多数中小企业也集中在这些行业，在竞争压力之下，珠三角的企业会积极模仿港资企业的技术，或者通过加大自身研发投入来进行技术创新，提高技术水平；港资企业为保持其领先优势，也会不断地革新技术，改革管理、营销等手段。港资入驻中小企业与珠三角本地的中小企业竞争形成良性循环，不断地推动珠三角企业的技术进步。

第三，联动效应。自20世纪80年代以来，香港在金融、旅游、物流、通讯和商业服务等方面形成很强的竞争力，香港通过对珠三角的投资，为珠三角提供了优质、专业以及高增值的一站式服务，如信息、管理咨询等服务，提高了这些企业的运行效率，从而推动珠三角的技术进步。

（三）珠三角吸引港资的业绩指数分析

通常，一个地区的经济规模和经济总量（GDP）在对外资的吸引力上扮演着极其重要的作用，经济总量和规模越大，地区市场潜力、劳动力规模、交通基础等配套条件也越好；当然，由经验所知政治风险、政府政策、国际认同等非规模经济因素也会影响外资投入量。本研究运用吸引外资业绩指数来分析近年来珠三角相对其经济规模的吸引外资的成功程度。

吸引港商直接投资FDI，业绩指数是由联合国贸易与发展会议在《2001年世界投资报告》提出的，该指数依据吸引外资东道国的经济规模来衡量其吸引外资的成功程度。其含义为，在投资自由化的条件下，一个地区经济总量越大,其得到的 FDI 也会越大,反之亦然,其得到的 FDI 可能越少。在《2001 年世界投资报告》中还提出了吸引 FDI 业绩指数的计算方法,即用某地区吸引 FDI 的份额除以该地区经济总量的份额,经济总量包括 GDP、就业和出口,具体为:一国在全球 FDI 流量中所占份额分别除以该国在全球 GDP、就业和出口中所占份额所得的三个比值的算术平均值。本研究将此指数加以变换,将吸引 FDI 的业绩指数原理用于吸引港资的业绩指数的计算,由此推出珠三角吸引港资的业绩指数计算公式为:

珠三角吸引港资业绩指数=(珠三角港资/全国港资)/(珠三角 GDP/全国 GDP)

珠三角吸引港资业绩指数反映了珠三角经济规模吸引港资的成功程度。若该指数数值为 1,表明珠三角吸引港资规模相对于其经济规模是一致的;若该指数大于 1,则其实际吸引港资规模大于根据其经济规模所能吸引港资的期望值,其吸引港资相对成功;若指数小于 1,则其实际吸引 FDI 规模小于根据其经济规模所能吸引港资的期望值,其吸引港资相对失败。根据公式计算出 1990—2010 年珠三角吸引港资业绩指数如表 5-6 所示。

表 5-6 珠三角吸引港资业绩指数

年 份	1990	1991	1992	1993	1994	1995	1996	1997	1998	1999
指 数	8.37	7.62	6.63	9.73	4.49	5.07	5.03	6.28	4.64	4.63
年 份	2000	2001	2002	2003	2004	2005	2006	2007	2008	2009
指 数	5.27	4.50	4.39	5.05	2.28	2.74	3.86	3.47	2.40	2.44

珠三角吸引港资业绩指数 1990—2009 年均大于 2,证明其吸引港资业绩相当突出,远超过相对于其经济规模所能吸引港资的期望值,这主要源于其与香港的地缘、人缘优势。1993 年,珠三角吸引港资的业绩指数达到峰值 9.734;1993—2009 年以来,珠三角吸引港资业绩指数有明显下降趋势,到 2009 年,该数值降为 2.438,说明随着珠三角每年经济发展、GDP 增加,其增加的港资规模不足以维持其过去吸引港资的良好业绩。但总体来说,珠三角吸引港资业绩一直维持在高于 2 的水平,指数平均值保持在 5 左右,表明珠三角相对于全国其他地区,属于吸引港资极其成功的地方。

(四)珠三角利用港资经济效应实证分析

1. 实证分析原理

珠三角是吸引港资极其成功的地区,港资在其经济发展过程中是一股主要推动力量。本研究将运用实证分析方法,运用 Johanson 协整检验从经济增长效应、外贸促进效应、投资拉动效应以及税收贡献效应四个层面检验港资对珠三角的贡献情况。

通常在经典计量经济学建模过程中，都是假定经济时间序列是平稳的，从而进行参数估计以及模型检验等；但在现实中，大多数时间序列却是非平稳的，如果直接将非平稳时间序列当作平稳时间序列进行回归分析，则可能带来伪回归问题。基于此背景，20世纪80年代格兰杰（C. W. J. Granger）和恩格尔（R. F. Engle）提出了协整理论，根据协整理论构建的协整检验方法剔除了最小二乘法引发的伪回归问题，从而得到普遍的应用及推广。

所谓协整是指多个非平稳经济变量的某种线性组合是平稳的，它的经济意义在于两个变量虽然具有各自的长期波动规律，但两个变量是协整的，那它们之间存在着一个长期稳定的比例关系；相反，如果两个变量具有各自的长期波动规律，但两个变量不是协整的，它们之间就不存在一个长期的稳定的关系。本研究将采用协整检验方法检验珠三角港资与其他经济指标之间是否具有长期稳定的关系。

在进行协整检验之前，需要对时间序列的平稳性进行检验，本研究将进行单整性检验，运用常用的 ADF（Augmented Dickey Fuller）检验方法判断变量单整性，如果经过检验后两个变量都是同阶单整变量，才可以继续进行协整检验。所谓单整性是指如果一个序列经过 d 阶差分后才能平稳，则此系列成为 d 阶单整，记为 I（d）。在进行协整检验时，通常有 EG（Engle – Granger）协整检验和 Johansen 协整检验方法，由于在长期动态模型中有两个以上的变量时，协整关系就不只是一种；假如采用 EG 协整检验，就无法找到两个以上的协整向量，则用 Johansen 检验。Johansen（1988）和 Juselius（1990）提出 Johansen 检验却可以避免这样的问题，Johansen 检验是一种在 VAR 系统下用极大似然估计来检验多变量之间关系的一种方法。因此，本研究在进行协整检验的时候运用 Johansen 的协整检验方法。

基于以上分析，本研究将结合 ADF 单整性检验、Johansen 协整检验对珠三角港资与经济总量、投资、出口、税收四个变量的关系研究，研究港资与另外三个变量间是否具有长期稳定均衡关系。

研究的数据区间为 1990—2010 年，各类指标名义量来自《1996—2011 广东统计年鉴》。为了消除价格因素的影响，各个名义指标量都以 2010 年为基期的居民消费价格指数将珠三角港商实际投资数量（HKI）、国内生产总值（GDP）、固定资产投资额（IV）、出口额（EX）、地方财政预算一般收入（GR）的各期数据消除通胀影响后的实际数据。由于数据的自然对数变换能够使其趋势线性化,且可以在一定程度上消除时间序列中存在的异方差现象,不会改变原来的协整关系,所以对 HKI、GDP、IV、EX、GR 取对数,分别用 LNHKI、LNGDP、LNIV、LNEX、LNGR 表示。

2. 单位根检验

对于平稳性的单位根检验,一般用 DF 和 ADF 检验,由于时间序列数据大多存在高度的自相关,但在 DF 检验中却假设不存在自相关,因此在实证分析中,为了把高度自相关情况考虑进去,多采用 ADF 分析方法。

根据 LNHKI、LNGDP、LNIV、LNEX、LNGR 的趋势图可以看出,在检验方程中应该包含趋势项与截距项(trend and intercept),在对滞后期的选择中遵循 AIC 最小的原则选择最优的滞后期。在对一阶差分的分析中选择截距项并按 AIC 最小的原则选择最优的滞后期。如图 5-6 所示。

如果非平稳时间序列在经过 d 次差分后变为平稳时间序列,则这样的序列是 d 阶单整,记作 I(d),对 LNHKI、LNGDP、LNIV、LNEX、LNGR 等变量的单位根检验结果如表 5-7 所示,据表 5-7 可知,五个变量都是一阶单整。

表 5-7 ADF 检验结果

变量	ADF 检验值	DW 值	1% 临界值	5% 临界值	结论
LNHKI	-3.15582	1.409921	-4.49830673	-3.65845	不平稳
LNGDP	-4.16053	2.175777	-4.61620927	-3.71048	不平稳
LNEX	-3.91756	2.700193	-4.667883	-3.7332	不平稳
LNIV	-9.67708	1.261674	-4.532598	-3.67362	不平稳
LNGR	-3.98079	2.368937	-4.49830673	-3.65845	不平稳
DLNHKI	-2.48384	1.670527	-4.532598	-3.67362	平稳
DLNGDP	-1.96794	1.51117	-4.53259811	-3.67362	平稳
DLNEX	-3.91737	1.965612	-4.532598	-3.67362	平稳
DLNIV	-3.10528	2.986427	-4.571559	-3.69081	平稳
DLNGR	-3.25904	2.092822	-4.532598	-3.27736	平稳

从表 5-7 的检验结果可知,LNHKI、LNGDP、LNIV、LNEX、LNGR 的原序列的 ADF 值分别小于 1% 与 5% 的临界值水平,因此在 1% 和 5% 的显著性水平下不能拒绝单位根假设,而 LNHKI 的一阶差分序列在 1% 的显著水

第五章 港澳与珠三角建立共同市场的制度整合机制

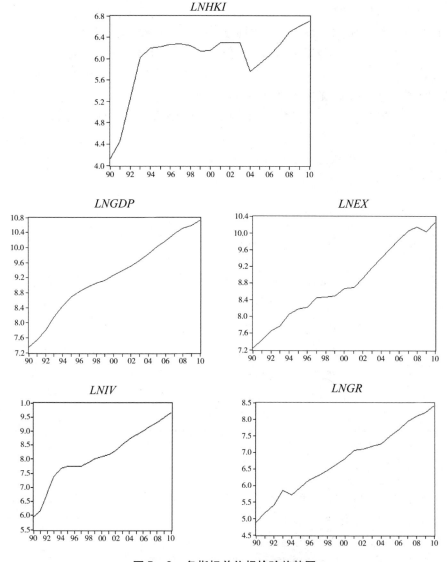

图 5-6 各指标单位根检验趋势图

平下拒绝了单位根假设，LNGDP、LNIV、LNEX、LNGR 的一阶差分序列在 5% 的显著性水平下拒绝了单位根假设。因此，单位根检验显示 LNHKI、LNGDP、LNIV、LNEX、LNGR 的一阶差分序列是平稳的，由此得出结论，LNHKI、LNGDP、LNI、LNC、LNXM（图 5-6）都是一阶单整的，记作 I(1)。由于五个变量都是一阶单整，则可以继续进行协整检验。

3. Johansen 协整检验

由于 $LNHKI$、$LNGDP$、$LNIV$、$LNEX$、$LNGR$ 经过单整性检验可以判定它们是非平稳的一阶单整序列,下面运用协整检验来检验 $LNHKI$ 与 $LNGDP$、$LNIV$、$LNEX$、$LNGR$ 之间是否存在协整关系。常用的检验主要是 Johansen 协整检验,在进行 Johansen 协整检验的过程中,也要选择最优的滞后期,一般的选择方法是先做无约束条件的 VAR,按照 AIC 最小的原则结合 F 统计的显著性或者残差确定最优的滞后期为 r,则做协整的最优的滞后期为 $r-1$。对 $LNHKI$ 与 $LNGDP$、$LNIV$、$LNEX$、$LNGR$ 四组协整检验结果如表 5-8 所示,根据检验结果 $LNHKI$ 与 $LNGDP$、$LNIV$、$LNEX$、$LNGR$ 都具有长期均衡的稳定关系。

表 5-8 Johansen 协整检验结果

协整变量	特征值	极大似然率	5%临界值	1%临界值	方程个数
LNGDP LNHKI	0.825464	32.09828583	18.17	23.46	None**
	0.369135	6.770173231	3.74	6.4	At most 1**
LNEX LNHKI	0.723764	23.21067	18.17	23.46	None*
	0.192531	3.849332	3.74	6.4	At most 1*
LNGR LNHKI	0.541303	20.6902	18.17	23.46	None*
	0.309328	6.661628	3.74	6.4	At most 1**
LNIV LNHKI	0.660425	20.66508	18.17	23.46	None*
	0.364375	8.156625	3.74	6.4	At most 1**

注:*、**分别表示在5%和1%的显著性水平下拒绝原假设,即在相应的显著性水平下认为变量之间存在协整关系。

由表 5-8 的检验结果可以看出,$LNHKI$ 与 $LNGDP$ 之间在1%的显著性水平下拒绝原假设,存在稳定的长期均衡关系,并且 $LNHKI$ 与 $LNIV$、$LNEX$、$LNGR$ 之间在5%的显著性水平下存在稳定的长期均衡关系。同时,由协整关系可根据检验结果表示如下式 5-4 至式 5-7 所示:

$$LNGDP = 0.71 LNHKI - 10.45566 \quad (5-4)$$

$$LNEX = 1.65 LNHKI - 15.18267 \quad (5-5)$$

$$LNGR = 0.88 LNHKI - 8.832440 \quad (5-6)$$

$$LNIV = 2.1 LNHKI - 16.73214 \quad (5-7)$$

港资与 GDP、出口、固定资产投资、政府财政收入都具有长期稳定的协整关系,港资对四个变量的长期均衡弹性系数分别 0.71、1.65、2.1、

0.88，即每增加一单位港资，就能分别带动 0.71、1.65、2.1、0.88 单位的 GDP、出口、固定资产投资、政府财政收入的增长。

三、贸易便利化

(一) 贸易便利化指标选取

APEC 在其《贸易便利化行动计划》清单中，将贸易便利化措施分为四类，即海关程序、标准和一致化、商务流动以及电子商务四个方面。与此类似，John S. Wilson 等提出，以海关环境、港口效率、制度环境以及电子商务四个方面的内容，作为衡量测算贸易便利化的指标，这四个指标不仅覆盖了贸易便利化的障碍，还把电子商务等新技术作为对贸易便利化的重要推动指标。本研究即采取以海关环境、港口效率、制度环境以及电子商务四个方面作为测算珠三角与港澳贸易投资便利化测算的一级指标。

二级指标方面。由于贸易投资便利没有一个普遍接受的概念、涉及范围广泛和统计数据收集困难等原因，使得本研究难以进一步深入量化分析贸易投资便利化水平。鉴于此，本研究从贸易投资便利化内涵出发，在吸收并借鉴前人研究成果、查阅并分析"全球竞争力报告"(GCR) 及"透明国际组织"(TI) 等权威调查数据的基础上，构建了港口设施质量、征税中的行贿和清廉指数等 17 个二级指标，基本上涵盖贸易投资便利化所涉及的内容。有关各个指标意义及解释如表 5-9 及表 5-10 所示。

表 5-9 贸易便利化指标体系

内容	指标解释	次级指标
海关环境	衡量海关直接税收成本以及国际货物贸易过境管理透明度，衡量政策、规章制度等指标	①进出口中的不合法开支；②征税中的行贿；③清廉指数
港口效率	测算海港和空港基础设施以及运行效率的指标	①港口基础设施质量；②海关职权；③航空运输基础设施质量
制度环境	衡量国内规章制度的透明度、稳定性等，规章制度是否限制了企业的竞争力	①保护知识产权程度；②政策制定的透明度；③环境法规的透明性和稳定性；④商业活动便利性；⑤权利下发力度；⑥贸易壁垒；⑦海关效率

续表 5-9

内　容	指 标 解 释	次 级 指 标
电子商务	衡量该国是通信信息基础设施，以及能否利用信息化提高商业效率并推动经济活动的开展	①电子商务使用率；②新科技的可获得性；③互联网基础设施；④信息技术相关法律完善程度

资料来源：2010—2011《全球竞争力报告》（GCR）、2010《世界竞争力报告》（WCR）和"2010 全球清廉指数"相关指标整理所得。

表 5-10　各次级指标的衡量内容、来源及解释

序号	指　标	衡 量 内 容	来源	单　位
1	进出口中不合法开支	企业为取得进出口许可，是否经常会有额外付款	GCR	得分区间为 [1，7]，得分越高，表示发生的频率越低
2	清廉指数	清廉指数	TI	得分区间为 [0，10]，得分越高，表示越廉洁
3	征税中的行贿	一国在征税时，是否经常会有不入账的额外支付	GCR	得分区间为 [1，7]，得分越高，表示发生频率越低
4	海关职权	海关职权是否推动了商品的有效转口	WCY	得分区间为 [1，10]，得分越高，表示推动力度越大
5	港口基础设施	本国的港口基础设施和交通	GCR	得分区间为 [1，7]，得分越高，表示实施越完善
6	航空基础设施	该国的航空运输效率	GCR	得分区间为 [1，7]，得分越高，表示越高效
7	透明度	政府政策的透明度	GCR	得分区间为 [1，7]，得分越高，表示越透明
8	环境法规明确与稳定	该国的环境法规	GCR	得分区间为 [1，7]，得分越高，表示越清晰稳定
9	严格的管制标准	以及除环境管制之外的企业管制	GCR	得分区间为 [1，7]，得分越高，表示越严格
10	知识产权保护	该国知识产权的保护程度	GCR	得分区间为 [1，7]，得分越高，表示保护力度越大
11	贸易壁垒	该国包括关税壁垒和废关税壁垒	GCR	得分区间为 [1，7]，得分越高，表示壁垒越小

续表 5-10

序号	指标	衡量内容	来源	单位
12	海关效率	衡量一国海关的效率水平	GCR	得分区间为 [1,7]，得分越高，表示越高效
13	权力下放的力度	评价将权力下放的意愿	GCR	得分区间为 [1,7]，得分越高，表示下放力度越大
14	电子商务使用率	一国电子商务环境	GCR	得分区间为 [1,7]，得分越高，表示商务越便利
15	互联网基础设施	能否提供合适的互联网访问数	WCY	得分区间 [1,10]，得分越高，表示设施越完善
16	新信息技术的可获得性	新信息技术可获得能力	GCR	得分区间为 [1,7]，得分越高，表示可获得性越大
17	ICT 相关的法律	信息技术相关法律的完善程度	GCR	得分区间为 [1,7]，得分越高，表示越完善

资料来源：根据 2011—2012《全球竞争力报告》（GCR）、2011《世界竞争力报告》（WCR）和 "2010 年全球清廉指数"整理而得。

（二）数据来源

1. WCY

瑞士洛桑国际管理学院（IMD），World Competitiveness Yearbook 2010（WCY），网址：www.imd.ch/。该年鉴自 1989 年开始出版发行，根据 331 项指标对 55 个经济体的竞争力进行比较，是全球最负盛名的研究报告之一。

2. GCR

世界经济论坛（World Economic Forum），The Global Competitiveness Report 2011—2012（GCR），网址：www.weforum.org/en/index.htm。该报告主要是基于全球竞争力指数（global competitiveness index，GCI）衡量一国在中长期取得经济持续增长的能力。每年公布一次，其指标不但包括经济数据，还包括卫生统计和互联网用户数量等有关数据，在世界范围内享有盛誉。

3. TI

透明国际（transparency international，TI），Corruption Perceptions Index 2010（CPI），网址：www.transparency.org/policy_research/surveys_indices。

该报告反映的是世界各国商人、学者和风险分析人员对各国腐败状况的观察及感受。每年发布一期,其"腐败排行榜"在世界范围内产生了较大影响。

(三)贸易便利化水平测算

1. 原始数据的标准化处理

各个组织发布的指数的取值范围不同,比如 GCR 数据取值范围在 1～7,而 WCY 数据的取值范围是 1～10。例如,港口效率中的海关职权,该指标显示海关职权是否推动了商品的有效转口(1 表示未推动,10 表示大力推动);港口基础设施质量在 GCR 中表示为,本国的港口基础设施和海岛交通(1 表示不发达,7 表示最发达)。珠三角与香港的贸易便利化各指标的原始数据如表 5-11 所示。

表 5-11 贸易便利化指标原始数据

序 号	指 标	珠 三 角	香 港
1	进出口中不合法开支	5.1	6.2
2	清廉指数	3.6	8.4
3	征税中的行贿	4.1	6.2
4	海关职权	4.4	6.2
5	港口基础设施	4.5	6.6
6	航空基础设施	4.6	6.6
7	透明度	4.7	5.9
8	环境法规明确与稳定	5.0	6.1
9	严格的管制标准	4.7	6.2
10	知识产权保护	4	6.1
11	贸易壁垒	4.5	6.0
12	海关效率	4.6	6.3
13	权力下放的力度	3.9	5.9
14	电子商务使用率	4.4	6.4
15	互联网基础设施	7.2	8.2
16	新信息技术的可获得性	4.3	6.2
17	ICT 相关的法律	4.2	5.8

为了便于比较，有必要将原始数据标准化，将其变为可比数据。标准化的方法为，分别对珠三角与香港的各个次级指标进行简单平均，再用两地的数据除以简单平均数，这样便得到了珠三角与香港的各个次级指数指标。

其计算公式为：

$$U = U_j / (\sum_{j=1}^{2} U_j / 2) \qquad (5-8)$$

式 5-8 中，U 表示地区，而 j 取值范围（$j=1，2$）。如果该国的次级指数指标等于 1，说明其处于平均水平；而如果该国的次级指数指标大于 1，则说明该指标在处于领先水平；如果该国的次级指数指标小于 1，则说明其处于落后水平。这样，就能得到两地区的 17 个次级指数指标。如表 5-12 所示。

表 5-12 标准化次级指数指标

序 号	指 标	珠 三 角	香 港
1	进出口中不合法开支	0.90	1.10
2	清廉指数	0.60	1.40
3	征税中的行贿	0.80	1.20
4	海关职权	0.83	1.17
5	港口基础设施	0.81	1.19
6	航空基础设施	0.82	1.18
7	透明度	0.89	1.11
8	环境法规明确与稳定	0.90	1.10
9	严格的管制标准	0.86	1.14
10	知识产权保护	0.79	1.21
11	贸易壁垒	0.86	1.14
12	海关效率	0.84	1.16
13	权力下放的力度	0.80	1.20
14	电子商务使用率	0.81	1.19
15	互联网基础设施	0.94	1.06
16	新信息技术的可获得性	0.82	1.18
17	ICT 相关的法律	0.84	1.16

2. 测评结果

关于各二级指标间的权重，本研究采取对其赋予相同的权重的做法，即采取简单平均法来确认各个一级指标，计算后的各一级指标数据如表5-13所示。

表5-13 标准化一级指数指标

地 区	海关环境	港口效率	制度环境	电子商务
珠三角	0.77	0.82	0.85	0.84
香港	1.23	1.18	1.15	1.16

对于各一级指标权重，本研究参照 Tsunehiro Otsuki, John S. Wilson & Catherine L. Mann (2003), Wilson, Mann & Otsuki (2003) 及国内其他学者的研究结果，海关环境、港口效率、制度环境和电子商务的权重分别为7.2%、58.3%、18.4%和16.1%。

根据上述比重，最终得到贸易加权的珠三角与港澳地区的贸易便利化指标（trade-weighted facilitation indicator），如表5-14所示。

表5-14 贸易便利化指数指标

地 区	珠 三 角	香 港
贸易便利化指标	0.83	1.17

由此可见，珠三角的贸易便利化指标为0.83，与香港相比还存在很大的差距。相关指标差距由小到大为制度环境、电子商务、港口效率及海关环境。因此，珠三角与港澳建立共同市场，迫切需要在这些方面有所提高，改善珠三角贸易便利化水平。倘若珠三角贸易化水平得不到根本改善，必将会严重阻碍三地区共同市场的建立与发展。

第三节 制度整合的必要性

香港、澳门特区回归以后，香港、澳门与珠三角之间横向的地方政府间关系的全新转换，表明粤港澳两地之间的关系，不再仅仅是一种区域经济关系，更多地表现为一种区域行政关系。本研究引入博弈论的基本思路，专门从理论上回答了港澳与珠三角政府之间的"为什么要合作"这个关键性问题。

一、合作原因

地方政府之间的竞争也称横向竞争,主要围绕技术、制度、公共品供给展开,其直接目的是吸引更多的可流动生产要素流入,通过生产要素的合理配置,促进经济发展。在区域经济一体化中,由于各地方政府具有强烈的地方利益取向,其行为又不受法律的约束,各地方政府必然采取谋求自身利益最大化的不合作的竞争策略。由于信息不对称,即使有的地方政府愿意合作,如果其他地方政府的不合作行为能够被观察到,必然会导致双方不合作的结果,从而模糊区域经济合作的目标,损害区域整体利益。

(一) 经典模型分析

独立的经济主权使地方政府具备了独立博弈主体的地位。现在建立一个基本的模型来分析区域内地方政府间的竞争博弈。假设条件:第一,地方政府之间的信息是接近于完全的,能够通过各种途径得到其他地方政府的战略空间和支付函数的集合;第二,地方政府的目标中有提高本地区的经济发展速度、增加地方财政收入、完善投资环境等因素在内,但其主要出发点是在同其他地方政府之间的竞争中取得优势,使自己有较好的政绩声誉。假设区域内有两个独立的地方政府:地方政府1、地方政府2(地方政府的多寡并不影响讨论的结果),对区域内企业补贴进行竞争。如果两个地方政府之间合作,各可以得到 a_1 的收益;如果一个合作,一个不合作,合作的一方得到 a_2 的收益,不合作的一方得到 a_3 的收益;如果两个政府相互竞争,各得 a_4 的收益,且 $a_3 > a_1 > a_4 > a_2$,如表 5–15 所示。

表 5–15　阶段博弈的支付矩阵

政府2 \ 政府1	合　作	竞　争
合　作	(a_1, a_1)	(a_2, a_3)
竞　争	(a_3, a_2)	(a_4, a_4)

在一次博弈中,竞争是各政府的严格优势策略;在一次博弈中,双方的机会主义行为使双方陷入囚徒困境。通过上面的分析,我们可以看出,双方都选择合作是对区域整体最有利的解,此时的收益总和最大。但这个解并不稳定,因为如果双方处于这种均衡,无论是地方政府甲还是地方政府乙都存在选择不合作的经济动因,任何一方选择合作,另一方都有选择

不合作的动机。因此，当各地方政府都只从本地区利益出发，又缺少有效的外部约束的情况下，这种地区间的非合作恶性竞争只会继续进行下去。

（二）模型的拓展——不完全信息博弈分析

经典博弈论采用的是完全理性的假设，与实际情况相距甚远。对此，学术界基于经典博弈理论进行了研究，并得出了一些具有积极意义的观点。但一般研究中忽视了以下三个问题：①地区之间资源禀赋、经济实力存在一定差异，双方政府在竞争中拥有不同的谈判地位和能力，虽然区域的边界是确定的，但是影响竞争对手的边界无法确定。②地方政府之间往往处于信息不充分状态，地区之间的信息不充分是经济中的常态，地方政府之间的攀比行为和经常性的学习取经是信息不对称的一方获得对方信息的常见手段。往往某项政策先由某个地方出台，先行者获得先动优势或利益，模仿者纷起效之，获得后动优势与学习效应。③地方政府的竞争博弈是长期反复的。因此，在下文的分析中将进一步放宽假设，对经典博弈模型进行拓展，利用不完全信息讨价还价模型对政府间博弈行为进行进一步解释和完善。补充条件为：第一，地方政府之间的信息是不完全的；第二，由于经济实力等因素，地方政府之间的讨价还价能力存在一定差异。

假设某区域内有两个独立的地方政府：地方政府1、地方政府2分别为博弈方1和博弈方2对区域内企业补贴 S 进行竞争，S 的价值为 v。在博弈伊始，由地方政府1提出一个方案 $(x, 1-x)$，然后由地方政府2选择接受或者拒绝。如果地方政府2接受这个提议，则博弈结束，双方得益分别为 vx 和 $v(1-x)$；如果地方政府2拒绝，那么他会提出一个新的方案 $(y, 1-y)$，地方政府1可以接受或者拒绝。博弈过程按照这种方式持续进行下去，直到他们达成协议。若博弈双方最终没有达成协议，那他们什么也得不到。若在 t 期博弈双方同意 $(x, 1-x)$ 的方案，那么地方政府1的得益为 $\delta_1 vx$，地方政府2的得益为 $\delta_2 v(1-x)$。模型中折扣因子 δ_1 和 δ_2 代表讨价还价的成本，即博弈双方在达不成协议时的受损失程度。

（1）当地方政府1单边信息不完全时，设其有高讨价还价能力类型H（先验概率为 p）和低讨价还价能力类型L（先验概率为 $1-p$）两种类型。H类型地方政府1具有很强的竞争优势，地方政府2相应的折扣因子为 δ_{2L}；L类型地方政府1具有较弱的竞争优势，地方政府2相应的折扣因子为 δ_{2H}（$\delta_{2H} > \delta_{2L}$）。地方政府2的信息是完全的，地方政府1相应的折扣因子为 δ_1。

地方政府1提出的方案有 $(a, 1-a)$ 和 $(b, 1-b)$ 两种，分别表示L类型和H类型的地方政府1与地方政府2进行完全信息讨价还价的唯一完美均衡解。其中：

$$a = \frac{1 - \delta_1}{1 - \delta_1 \delta_{2L}} \quad (5-9)$$

$$b = \frac{1 - \delta_1}{1 - \delta_1 \delta_{2H}} \quad (5-10)$$

显然，$(b, 1-b)$ 是地方政府 1 的首选方案。当地方政府 1 提出方案 $(b, 1-b)$ 时，地方政府 2 接受时则得益为 $v(b, 1-b)$，拒绝时期望得益为：

$$v\delta_{2L}(1-b)p + v\delta_{2H}(1-a)(1-p) \quad (5-11)$$

由于

$$p[\delta_{2L}(1-b) - \delta_{2H}(1-a)] < 1 - b - \delta_{2H}(1-a) \quad (5-12)$$

可知

$$v\delta_{2L}(1-b)p + v\delta_{2H}(1-a)(1-p) < v(1-b) \quad (5-13)$$

根据式 5-13，地方政府 2 接受方案 $(b, 1-b)$ 时的得益大于拒绝时的期望得益，地方政府 2 将接受。此时，冲突不会出现。

（2）当地方政府 2 单边信息不完全时，设其有高讨价还价能力类型 H（先验概率为 q）和低讨价还价能力类型 L（先验概率为 $1-q$）两种类型。H 类型地方政府 2 具有很强的竞争优势，地方政府 1 相应的折扣因子为 δ_{1L}；L 类型的地方政府 2 具有较弱的竞争优势，地方政府 1 相应的折扣因子为 δ_{1H}（$\delta_{1H} > 1L$）。地方政府 1 的信息是完全的，地方政府 2 相应的折扣因子为 δ_2。

地方政府 1 提出的方案有 $(c, 1-c)$ 和 $(d, 1-d)$ 两种，分别表示地方政府 1 与 L 类型和 H 类型的地方政府 2 进行完全信息讨价还价的唯一完美均衡解。其中：

$$c = \frac{1 - \delta_2}{1 - \delta_2 \delta_{1H}} \quad (5-14)$$

$$d = \frac{1 - \delta_2}{1 - \delta_2 \delta_{1L}} \quad (5-15)$$

显然，$(c, 1-c)$ 是地方政府 1 的首选方案。

如果地方政府 1 提出方案 $(c, 1-c)$，L 类型地方政府 2 接受时得益为 $v(1-c)$，拒绝时得益为 $v\delta_2(1-c)$，那么它将接受。对于 H 类型地方政府 2，其接受时得益为 $v(1-c)$，拒绝时得益为 $v\delta_2(1-d)$，令

$$v\delta_2(1-d) = v(1-d_s) \quad (5-16)$$

$$d_2 = 1 - \delta_2(1-d) \quad (5-17)$$

当 $d \leq d_s$ 时，地方政府 1 提出方案 $(c, 1-c)$，两种类型地方政府 2 都将接受；当 $d > d_s$ 时，对于方案 $(c, 1-c)$，L 类型地方政府 2 接受，而 H 类型地方政府 2 拒绝，地方政府 1 的期望得益是 $v\delta_{1L}dq + vc(1-q)$。

由

$$q(\delta_{1L}d - c) < d - c \qquad (5-18)$$

可知

$$v\delta_{1L}dq + vc(1-q) < vd \qquad (5-19)$$

根据式 5-19，地方政府 1 提出方案 $(c, 1-c)$ 的期望值得益小于提出方案 $(d, 1-d)$ 时的得益。因此，地方政府 1 将会提出方案 $(d, 1-d)$，而两种类型地方政府 2 都将接受，冲突将不会出现。

（三）结论

博弈理论的核心思想就是博弈的理性结局应该是这样一种策略组合，其中每一个局中人均不能因为单方面改变自己的策略而获利，即在单边不完全信息时地方政府 1 或地方政府 2 都可以提出博弈双方都可接受的方案，恶性竞争的冲突不会出现。区域经济中地方政府选择的策略当然还是以自身为重，但不完全信息拓展模型告诉我们利己不一定损人，地方政府 1 提出 $(b, 1-b)$ 或 $(d, 1-d)$ 方案时，地方政府 2 将会在一定的选择下接受，同样地方政府强调本区域的繁荣发展不但不会对其他区域造成负面影响，反而是其他区域进一步发展的一个助推器，区域经济就会在不断博弈的过程中逐渐融合。在区域经济发展中，地方政府只要树立共赢博弈和长期合作的观念，考虑政策制定的外部性，尽量避免各自为政及盲目追求自身利益的行为，避免陷入囚徒困境，就完全有可能实现长期合作的动态均衡。需要强调的是，解决地方政府竞争异化问题，关键不是否定地方政府竞争的积极作用，更不是要消除地方政府竞争，而是解决地方政府产生异化的制度条件，引导地方政府行为在一个合理的、法制化的框架内充分、积极地发挥作用。因此，最终可以看出，在粤港双方的博弈关系中，一种基于长远的、宏观的合作解的出现是至关重要的。

二、合作目的

（一）应对市场失灵

在港澳与珠三角区域合作向共同市场不断发展的过程中，市场力量起了非常关键的作用，但这只"看不见的手"也存在"失灵"的方面。共同市场建设中的"市场失灵",是指市场机制在促进区域合作发展过程的一些领域不能或不完全能有效发挥作用,未能实现"帕累托最优",达不到非常有效地推进区域一体化发展的目的。

就区域合作与发展的实践看来,"市场失灵"有各种各样的表现,主要是:①区域市场被分割,形成"诸侯经济"格局,导致地方垄断或不完全竞争,市场不能有效地配置资源,要素不能自由流动,形成不了规模经济效应。②域内市场壁垒重重,市场机制难以有效发挥作用,不能保证公共物品和服务的供给;市场信息相互封锁、不透明或不对称性造成区域经济发展的不确定性。③市场规则不规范统一,产生恶性竞争,缺乏区域市场发展规划,导致重复建设,造成严重浪费。④区域内地方政府均未能建立区域统一的市场分配与调控体系,导致收益分配不均,利益不能共享,缺乏公平与公正,给区域经济社会的发展增加了不稳定性。粤港澳共同市场作为一个在世界范围内发达的市场经济体,在建设过程中肯定也会面临这方面的问题。

"市场失灵"是由市场本身的缺陷造成的,再通过市场是不可能解决的,必须充分发挥政府这只"看得见的手"的作用。一是共同市场内各地方政府进行密切协作,消除壁垒,打击或限制地方垄断,维护公平竞争的市场秩序;二是提供整个区域共享的市场信息、公共产品和服务,以补充和代替市场竞争主体不愿意或无法做出的供给;三是建立健全区域法律规范,利用法律手段和宏观政策来调整域内各地方的收入分配,缩小贫富差距,创建和谐一体化发展环境。因此,在区域一体化中,为了弥补市场推力的不足,政府可作为区域内的一个政治性权威组织,通过公共政策与制度设计等路径,借助行政力量对区域经济社会活动施加重要影响,即在市场上发挥"看得见的手"的作用。

(二) 促进产业整合

产业整合的目的是产业的协调发展与高级化。通过前文的问题,现阶段珠三角与港澳的产业结构合理化欠缺:珠三角的产业结构高度化不够,香港产业空心化,澳门产业过于单一,等等,港澳与珠三角都面临产业结构调整的问题。造成这种状况的原因很多,本研究认为技术因素、市场体系因素、体制政策因素是该地区进行产业整合的主要阻碍因素。

第一,技术因素。技术进步是推动产业结构优化升级的直接动力,它通过影响社会供求来引发产业结构的变化。产业结构高度化的关键是技术进步,利用技术进步来改造传统产业,提高传统产业的信息化、技术化和知识化程度，促进传统产业向规模化、集约化方向发展。珠三角地区的工业化是低层次的，制造业以劳动密集型为主，并未发展起资本技术密集型产业。因此，珠三角与港澳地区产业转型升级受阻，重要原因在于技术进步缓慢。

第二，市场体系因素。企业是市场的主体，而从企业本身的角度看，港澳与珠三角地区产业升级缺乏动力。产业升级实质是一种经济规律，或者说是一种企业行为，政府应该加以引导。珠三角的企业主要是利用廉价的土地和劳动力获取利润，珠三角的产业升级、环境问题等对于这些企业的老板来说显然是身外事，而且许多老板小富即安的思想严重，并没有追求扩大再生产或向更高端的产业发展的强烈愿望，靠这些企业升级不现实。此外，珠三角的知识产权保护和交易市场、信息市场发育还比较滞后，也影响国际产业向珠三角的转移。

第三，体制政策。行政区划是阻碍经济区域产业结构调整及优化升级的重要原因。建立跨区域的协调组织，有利于政策和措施的实施，有利于要素在各产业之间合理流动，形成最优化的要素比例。而政策和措施对产业的倾斜，是产业迅速发展的巨大推力。在珠三角，政府高层希望将本地区培育发展成为具有国际竞争力的区域，进行产业重构和升级，而基层政府往往更关注现实，短期行为较多。同时，对于政府的考核很大程度上还是看经济总量的增长，因此，经济发展仍大量依赖量的扩张来实现。由于香港、澳门和珠三角是三个独立关税区，在生产要素流动方面还存在许多障碍，这些都在一定程度上影响了该地区的产业协调发展。

（三）保护生态环境

以自然区域的角度来看，流域是一种整体性极强的区域，其内部的各自然要素和社会经济往来极为密切。流域的这种内在特性，决定了流域的整体可持续发展与"行政区经济"发展之间始终存在不可调和的矛盾。特别是随着流域的上游、中游、下游间经济发展差距的不断扩大，流域内各种区域性公共问题变得更加纷繁复杂起来，诸如水资源分配，环境与生态保护，贫富差距与经济援助，限制开发与生态补偿，等等。港澳与珠三角范围内，所有这些自然生态保护问题如果依靠传统的单边"行政区行政"思路，已经无法得到有效治理。在这种情况下，区域内社会、经济、环境等各种棘手公共问题的合作治理诉求，要求各行政区政府打破行政区划的刚性界限，实现区域一体化治理。

（四）提供公共服务

国家要为社会经济发展提供一些基本服务，如建设与维持基础设施，提供卫生保健、教育以及各种社会福利等。

第四节　制度整合机制的三大层面

新制度经济学的代表道格拉斯·诺斯曾有这样的名言：有效的经济组织是经济成长的关键，一个有效率的经济组织在西欧的发展正是西方兴起的原因所在。芒福德也指出，如果区域发展想做得更好，就必须设立有法定资格的、有规划和投资权利的区域性权威机构，一定形式的管理组织是区域发展调控的基础与实施主体。从欧盟的一体化进程可知，区域内完善的制度是保证其功能一体化实现的重要保障，同时完善的制度需要有一个高效的区域合作协调机制。为此，我们需要将已有的港澳与珠三角区域一体化发展的一些对话平台打造成完善的制度整合机制，保证共同市场所需的制度供给。

一、宏观层面：建立有权威的组织保障体系

（一）近期安排

1. 深化港澳与珠三角行政首长联席会议制度

将现行的粤港、粤澳分别双方联席会议年会发展为港澳与珠三角三方每年定期举行一次，粤港、粤澳分别双方联席会议年会每年定期举行两次，使联席会议定期化和制度化。联席会议可根据首长们的请求召开特别会议。联席会议的职能主要是，为港澳与珠三角区域确定指导方针和合作的发展方向，为各成员普遍关心的事务进行磋商并做出决定，对有关港澳与珠三角集体利益的重大事务进行协调并做出决定。

2. 建立包括港澳与珠三角相应人员参加的政府秘书长协调制度

协调推进港澳与珠三角区域合作事项的进展，组织有关部门联合编制推进合作发展的专题计划，并向年度最高行政首长联席会议提交区域合作进展情况报告和建议。

3. 建立港澳与珠三角区域合作委员会及其常设机构

合作委员会下设各个专业部门，如经济和金融、农业、工业合作部门等。合作委员会的主要任务是推进港澳与珠三角区域的合作与区域一体化，

为保证港澳与珠三角区域合作的运作和发展，合作委员会具有以下主要职能：监督合作框架协议的执行，确保各成员遵守协议和条约所规定的义务；向联席会议提出建议和草案；在合作协议规定的条件下，拥有其决定权力，并参与首长席会议相关文件的起草，管理港澳与珠三角区域合作的日常事务，是港澳与珠三角区域唯一的执行机构；执行联席会议赋予完成其所制定协议的权限。委员会成员应为了本区域的共同利益，完全独立地执行职务。委员会成员在完成其独立职责时，不应受各成员自身利益的影响。委员应避免一切与其职务相抵触的行为。区域内各成员保证尊重委员会的成员履行其独立职能。

4. 建立专业部门衔接落实制度

合作委员会各专业部门应加强相互间的协商与衔接落实，对具体合作项目及相关事宜提出工作措施，制订详细的合作协议、计划，落实合作协议提出的合作事项。其主要功能是检查并清除阻碍港澳与珠三角区域合作发展的各种障碍。

（二）中期安排

1. 进一步完善联席会议制度

建立由参加联席会议的地方首脑组成的理事会，使理事会逐步成为港澳与珠三角区域合作的具有权威性的最高决策机构。理事会由各成员委派一名厅级（司长级）代表组成，一般根据所讨论问题的性质委派相关的官员。理事会的主席由各成员轮流担任。理事会在保障港澳与珠三角区域共同利益的基础上制定一体化的发展规划，订立具有一定约束力的统一公约、规章、协议并提出相关建议和意见，共同构筑一体化的共同市场。协议具有一般性质，其一切部分均具有强制力，并直接适用于所有成员。公约在应达到的结果方面对于任何被指示的成员都具有拘束力，但在形式和方法方面则由各区域机构管辖。规章在其一切部分的范围内，对它指定的各收件人具有强制力。建议和意见没有拘束力。

2. 形成区域内制定行政协调规章的法定程序

委员会提出草案交理事会审议，并由理事会进行决议，决议通过后便成为在港澳与珠三角区域内具有约束力的行政规章。理事会对所审议的草案，根据草案的性质和重要程度，有多数通过和一致通过两种表决方式。

3. 进一步完善港澳与珠三角区域合作委员会及其各专业部门的机构设置和职能设置

委员会各专业部门负责清除各自领域共同市场运行的障碍（比如工商、

税务、质检、投资、知识产权保护等），建立共同市场公平、透明、规范、有序的市场环境，区内贸易力求达到"一区域进入，三区域通行"。

4. 建立区域合作发展的咨询机构

比如建立港澳与珠三角区域的经济和社会委员会，代表经济和社会活动的各个阶层的意见，并且向理事会的常设代表委员会和合作委员会的各专业部门提供咨询。

（三）远期安排

1. 建立港澳与珠三角区域合作的共同机构及其组织体系（共同机构理事会、共同机构委员会、各地方常设委员会）

建立一套完善的运作有序的港澳与珠三角区域合作共同机构的组织体系，共同机构主要由三部分组成：决策机构理事会、执行机构合作委员会、监督和咨询机构（仲裁院、审计院、经济和社会委员会等）。共同机构的运行遵循公开、公正、独立、权力分散、相互制约和保持平衡的原则。理事会是港澳与珠三角的决策和行政规章的制定机构，负责制定港澳与珠三角区域统一的规则和规章，其制定的规则对整个港澳与珠三角区域具有普遍的约束力。合作委员会是只对港澳与珠三角区域共同体负责的机构，为了本区域的共同利益，完全独立地执行其职务。合作委员会不允许接受地方政府的指令，其成员也不能同时担任地方公职，而应成为港澳与珠三角区域的专职官员。共同机构在各个省区设立地方常设合作委员会机构。

2. 建立起一套完整的港澳与珠三角区域共同的行政规章体系，体系包括共同准则、共同的地方经济政策和共同的地方社会政策

共同准则是指共同市场运行的基本准则，包括适用于企业行为和政府行为的竞争准则和关于产品的地方税收政策。共同准则对保证港澳与珠三角区域共同市场顺利运行起着基础性的作用，对于规范政府和企业的行为有着重要的作用。统一的地方经济政策是港澳与珠三角区域合作向高级阶段发展所必需的，包括共同的地方财政协调政策、共同的地方金融协调政策、共同的地方产业协调政策、共同的地方海关协调政策等。统一的地方社会政策的主要作用是：促进对人民生活和工作条件的改善，加大对发展较慢地区的支持力度，使区域内各省区人民生活水平能得到共同提高并逐步缩小发展差距。社会政策包括社会领域合作的条款和建立港澳与珠三角区域的社会发展基金。社会合作条款是为了促进港澳与珠三角区域在就业、劳动权利和劳动条件、职业培训、社会保险和劳动卫生等方面的合作与发展。社会发展基金是港澳与珠三角区域共同社会条款顺利执行的重要保证。

3. 设立港澳与珠三角区域的合作基金

设立的合作基金的使命是借助资本市场及其自有财源，根据港澳与珠三角区域的共同利益为共同市场的平衡而无冲突地发展做出贡献。合作基金包括共同机构的结构基金、共同机构的聚合基金和共同机构的地区发展基金。

二、中观层面：建立跨行政区的行业协会等中介组织

（一）建立港澳与珠三角区域非官方（包括中介机构、民间组织等）的协调机制

港澳与珠三角区域协调应充分利用中介机构和民间组织的协调网络和优势，充分发挥行业协会等非官方组织在协调港澳与珠三角区域各成员企业、政府间的作用。协会组织是近二十年来引起广泛关注的一个制度领域，在制度化较强的场合，它甚至被称为私欲政府。（Streeck & Schmitter, 1985）行业协会是具有同一、相似或相近市场地位的特殊部门的经济行为人组织起来的，界定和促进本部门公共利益的集体性组织。其行为方式主要有以下四种：组织和（强制）实施成员间的合作行为，与其他协会组织订立集体性合约，为了成员的利益变通或影响政府政策，提供交易的各类信息。行业协会作为一种治理机制，不仅在欧洲和日本甚至在美国的经济部门的治理中都发挥着重要作用。

区域经济一体化的实质是市场一体化，市场一体化要求政府转变计划经济时期政府的部分职能，建立社会主义市场经济体制，即政府将退出微观领域的经济管理，而在宏观管理层从事宏观经济调控和社会管理。从理论上讲，企业是市场的主体，应适应市场的要求，按利益最大化原则做出自己的决策，处于国民经济的微观活动层。但是，市场是复杂多变的，企业要做出正确的决策，就必须及时、准确、全面地掌握与处理信息。这靠单个企业的力量是难以做好的。因此，从宏观经济到微观经济之间还有一个中观经济的层面，即各种行业经济，而行业协会属于这一中观实体，可由行业协会来帮助企业收集信息、协调关系、规范行为。因此，政府退出微观经济管理之后，可以将一些诸如行业发展规划、质量标准、业务统计、职称评定、产品展销、政策建议等任务授权行业协会来完成。同时，行业协会还可以广泛收集和整理企业信息、市场动态和经济参数，以及来自各方面的愿望和建议，及时反映给有关政府部门，加强信息的集聚和反馈，为政府制定产业政策、行业发展规划提供可靠的依据。因此，行业协会具

有双向传递信号的作用,可减少损耗、缩短反馈时间,提高反应灵敏度和信息准确度。服务企业、服务政府,行业协会这种双重服务的职能赋予了其沟通政府和企业的桥梁作用。因此,要建立和健全行业协会,充分发挥行业协会的作用,促进区域产业一体化发展。

(二) 建立争端解决机制

建立调解企业在不同省区贸易与投资的争端解决机制,并逐步形成统一的投诉、调解、仲裁机制。企业在区域内受到的不公平待遇,可以向争端解决机制进行投诉和申请仲裁。

三、微观层面:加快不同地区企业制度的整合

经济一体化的过程就是市场化程度不断提高的过程,是逐渐增强企业为主体的市场经济过程,因此区域经济一体化必然要求企业制度的一体化,以满足跨地区区域经济活动的需要。如果不同地区企业制度不规范,企业与企业间的经济交流成本就会增加,为此要积极推进不同地区企业制度的整合。

(一) 加快珠三角国有企业的现代企业制度建设

建立现代企业制度是适应社会主义市场经济的必然要求,而产权清晰既是建立现代企业制度的主要内容,又是建立现代企业制度的基础环节。国有企业产权改革的思路是实行产权多元化,逐步减持国有股份。对规模较大的国有企业,可以先将独资企业改造成由国家控股的混合所有制企业,然后逐步转让股份,变国家控股企业为国家不控股企业;与国外公司合资合作,即鼓励港澳商到内部投资,进一步扩大对外商开放的投资领域,允许港澳商以收购、兼并、参股、控股等多种形式参与国有企业资产重组;与国内非国有企业合资合作,即鼓励合资企业、民营企业、私营企业以多种形式参与国有企业改组改造。

(二) 加快珠三角非公有制企业的制度建设

政府要积极地、适时地引导有条件的个体私营企业改造成以自然人持股为主的有限责任公司或股份有限公司,健全企业法人治理结构。因此,政府要积极地以较低的费用向这些企业提供优质的法律、产权、企业发展战略等咨询服务,加快非公有制企业的制度变迁。

第五节　制度整合机制政策建议

一、市场开放的政策措施

（一）消除制度障碍

这方面的政策主要是全面清理实行地方保护和市场封锁的地方性法规和政策，创造公平竞争的市场环境。

（二）开放商品市场

这方面的政策主要是清理各成员制定的属于排斥和限制外地商品和服务、对本地商品和服务予以特殊保护的各种分割市场的文件，并制定共同商品市场自由流动的规则。

（三）完善要素市场

这方面的政策主要是清理各成员限制要素流动的各种政策和措施，并建立港澳与珠三角区域共同的要素市场，形成规范一致的企业准入标准、劳动力身份非歧视性的认定标准。

（四）投资与贸易便利化措施

这方面的政策主要是在区域内形成投资与贸易的公正、公开、公平与透明的运营体系。

二、基础设施的政策措施

（一）跨区域立体交通网络

这方面的政策主要是确立国家及区内各成员在交通网络方面进行公共投资的协调政策，并形成鼓励民间资本投入公共交通网络的激励政策。

（二）区域信息网络平台

这方面的政策主要是在电子商务规则、标准、法规等方面的规范标准，制定各方都遵循的在港澳与珠三角范围内的电子商务数字证书的交叉认证、电子签名、电子交易服务提供商等方面的政策。

（三）能源基础设施

这方面的政策主要是形成优化港澳与珠三角区域内能源配置的公共协调政策，通过政府行为有效调节区内能源的余缺，形成能源供求的良性均衡。

三、产业分工的政策措施

（一）区域内产业转移

这方面的政策主要是遵循产业分工与市场配置资源的规则，围绕着先发优势、资源优势、技术优势、资本优势及劳动力优势建立起一个合理的梯次产业结构的产业导向政策。

（二）区域内产业协调

这方面的政策主要是形成产业配套的激励政策与防止产业重复建设的约束政策。

（三）区域内产业合作

这方面的政策主要是在港澳与珠三角区域内形成产业的纵向一体化和横向一体化的合作政策。

四、科技创新的政策措施

（一）知识产权保护措施

这方面的政策主要是打破地方保护，加强区域内知识产权执法部门间的沟通与协调，形成统一、有效、规范的知识产权保护秩序，整体提高区域知识产权保护水平。建立起区域专利技术转移促进机制，推动专利技术产业化及区域间的合作与转移的保护性政策。

（二）科技资源共享措施

这方面的政策主要是突破行政区域界线，结成紧密的合作联盟，加强沟通协调，促进区域间跨省区的科技合作与交流，实现资源的有效利用和共享，建立起科技创新推动区域经济和社会发展互补互利、协调发展的科技资源共享网络。

(三) 重大科技项目合作

这方面的政策主要是鼓励和支持区域内高校、科研院所、企业联合承担国家重大科技项目。围绕港澳与珠三角的特色资源和共性技术开展联合攻关。在重大科技项目招标中，按照公平、公开、公正的竞争原则，保证区域内的企业、科研机构等法人均具有招标资格。

(四) 人才交流与培训平台

这方面的政策主要是建立起互派专家和科技管理人员到各方所属区域的相关部门学习、培训、挂职锻炼的交流机制，并建立起联合开展科技合作、考察，合作实施人才培训、培养计划的合作平台。

五、环境保护的政策措施

(一) 环境监测网络

这方面的政策主要是建立港澳与珠三角区域环境监测网络，加强区域内各省区环境监测工作的合作，及时、准确、完整地掌握区域环境质量及其动态变化趋势，形成港澳与珠三角区域环境污染防治的科学决策体系。

(二) 环境整治措施

这方面的政策主要是建立起环境污染区域的防治途径，采取措施削减污染物的排放量，逐步降低区域内污染物的密度。

(三) 区内流域水污染防治措施

这方面的政策主要是加强区域内各省区水环境功能区划协调，建立流域上下游和海域环境联防联治的水环境管理机制，包括：建立跨行政区交界断面水质达标管理、水环境安全保障和预警机制，以及跨行政区污染事故应急协调处理机制；协调解决跨地区、跨流域重大环境问题；共同编制流域水环境保护规划。

六、公共服务的政策措施

(一) 公共卫生防疫系统

这方面的政策主要是加强疾病预防、预报方面的信息交流，逐步建立以省会城市为中心，覆盖整个区域的卫生防疫系统，建立重大疾病防方面的联合攻关和长期合作制度。加快医疗卫生信息平台的建设，促进卫生医疗信息资源共享，逐步建立远程诊断治疗系统，建立医疗卫生人才的培训与交流制度。

（二）区域间劳务合作与社会保障制度的衔接

这方面的政策主要是加强劳动力市场信息网建设并尽快联网，逐步实现劳动力市场信息共享。积极推进远程见工信息系统建设，建立起区域内各成员的劳务合作与社会保障相衔接的政策体系。

（三）区域间民事、经济等纠纷的司法解决机制

这方面的政策主要是建立起能够有效解决区域内纠纷的公共诉讼及仲裁机制。

第六章 港澳与珠三角建立共同市场的重点产业——以服务贸易为例

粤港经济一体化融合加快。广东和香港、澳门之间交通便利、语言相通,三者之间具有天然的贸易优势。历年来,香港都是广东的外资主要来源地,也是对外贸易的主要对象,香港占广东对外贸易包括转口贸易的一半以上。2003年,中国内地相继和香港、澳门签订的《关于建立更紧密经贸关系的安排》(CEPA协议)及后续的补充协议。根据协议,内地将逐步对香港和澳门的产品进入内地实施零关税。CEPA签署后,尤其是其补充协议"四"和"五"的签订,使香港的优势产业能够先期进入内地,优先开展业务。香港的服务业本身就具有相当大的竞争力,又享有先发优势,因此将极大地促进内地和香港之间的服务贸易。

第一节 香港的经济发展及服务贸易发展

香港位于国土南端,背靠广东省深圳湾,面朝南海,拥有诸多天然优良海港。由于特殊历史原因,香港由一个小渔村发展为新中国通向世界的一个窗口,并发展成为与纽约、伦敦等并驾齐驱的金融中心。

香港回归祖国之前,一直是英国的殖民地。香港在1840—1997年除了"二战"被日本占领一小段时间外,其余时间都是在大英帝国的统治下,政治相对稳定。由于当时中国内地连年战乱,"二战"初期中国内地资本撤退到香港,为香港带去经济发展所需的资本、劳动力,更重要的是中国内地的企业家精英,这些都极大地促进了香港的发展。"二战"后香港经济开始腾飞,成为有名的"亚洲四小龙"之一。

香港的经济政策和经济发展轨迹受中国内地的政策影响非常大。全球,尤其是中国内地的政治、经济环境变迁都极大地影响了香港经济的发展轨迹。香港经济大致分为三个阶段。

(一)"二战"后至内地改革开放初

"二战"后,由于中国内地很多实业家迁入和中国内地因内战和朝鲜战争原因受到西方的禁运,香港开始工业化进程,经济高速发展,并在20世纪70年代末达到高峰,这也是中国台湾地区、新加坡及韩国经济发展的同一时期,因此获得"亚洲四小龙"的称号。这个时期的香港经济主要是外向型的工业,尤其是纺织、电子等轻工业,服务业也不是经济的主导产业。服务贸易也由工业化之前(60年代以前)的转口贸易为主转为以劳动密集型的旅游和运输为主,资本和技术密集型的金融等现代服务才刚刚起步。

(二) 内地改革开放到2003年年底

这个时期有两个大环境,一是香港经济的发展受到了资源的制约,尤其是土地资源的制约;二是中国内地改革开放,在紧邻香港的深圳成立经济特区。香港特区政府的经济政策是沿着轻工业、重工业,最后实现现代化。但是,香港是自由经济体,具有很大的灵活性,民间资本逐渐投向与香港一水之隔的深圳,而在香港保留管理和出口贸易,形成"前店后厂"的局面,香港经济由此变软。服务业成为国民经济的支柱产业,原因除前面之外还有:①当地政府在20世纪70年代提出的产业多元化,以金融为龙头,大力发展保险、房地产业、通讯及贸易等资本和人力资本密集的服务业政策。②1980年起,开始实行低税率自由贸易和"最大支持,最小干预"积极不干预政策,大力发展转口贸易,带动运输、仓储大发展,以及融资、会计、审计、咨询等专业服务大发展。

表6-1 香港服务贸易(1980—2003年)

单位:亿港元

项　　目	1980年	1985年	1990年	1995年	2003年
出口	292	626	1425	2536	3624
进口	200	435	1008	1806	2034
总额	483	1061	2433	4343	5658
出口净额	92	190	417	730	1590

服务贸易随着服务业的发展,尤其是作为中国内地的"桥头堡",带动与转口贸易相关的服务贸易快速发展,形成部门齐全的服务贸易体系,香港逐渐发展为全球闻名的自由港和物流中心。如表6-1所示,服务贸易总额由1980年的492.86亿港元增长到2003年的5658.20亿港元,增长了10倍,服务贸易总额居世界前十位,服务贸易具备非常强的国际竞争力。贸易结构没有发生太大的变化,还是以运输和旅游为主,但是比重逐渐下降,

其他商贸服务及与贸易相关的服务大幅提升。其间,金融成为服务贸易领域的一颗新星,比重由 1980 年的 4.4% 大幅提升到 8.1%,高峰出现在 1994 年,达到 12.4%;这也体现了香港全球金融中心的地位。

(三) CEPA 正式实施的 2004 年至今

CEPA 的实施,标志着香港的经济和内地的经济将加快融合为一体。香港经济这个时期的服务业比重已达 80% 以上,甚至 90% 多,制造业在香港经济中的比重只有几个百分点。目前,香港形成四大主要支柱行业全部是服务业,分别是金融、旅游、贸易与物流以及专业服务与工商支持服务,四项合计占香港 GDP 的 55% 以上;并在 2009—2010 年的施政报告中确认六大具有竞争优势的产业,即文化及创意产业、医疗产业、教育产业、创新科技产业、检测认证产业及环保产业,认为香港在这些产业具有竞争优势,并有极大的潜力进一步发展,能够为香港经济多元化的可持续发展起引领作用,目前这六大产业占本地国民生产总值的 7% 左右。如表 6-2、表 6-3 所示。

表 6-2 香港四大服务业产业和 GDP 比重

产　业	2004 年		2007 年		2010 年	
金融	154600	12.2%	304800	19.3%	262000	15.4%
旅游	38700	3.0%	54000	3.4%	74600	4.4%
贸易、物流	350000	22.3%	404000	21.0%	434500	20.7%
专业服务等	140700	11.1%	182600	11.6%	217200	12.8%
四项合计	683900	53.9%	945400	59.8%	988400	58.0%

表 6-3 香港六大竞争优势产业

单位:%

产　业	2008 年	2009 年	2010 年
(1) 文化及创意产业	4.0	4.1	4.6
(2) 医疗产业	1.4	1.6	1.5
(3) 教育产业	1.0	1.1	1.0
(4) 创新科技产业	0.6	0.7	0.7
(5) 检测及认证产业	0.3	0.3	0.3

续表 6-3

产　　业	2008 年	2009 年	2010 年
（6）环保产业	0.3	0.3	0.3
六项优势产业＝(1)+(2)+(3)+(4)+(5)+(6)	7.5	8.0	8.4

CEPA 早期协议主要涉及香港原产的产品，对港产品免关税，意味着关税的壁垒消除，而制造业在香港经济中占的比重很小。CEPA 的后续多个补充协议的签订，才更多地涉及占香港经济 90% 的服务业，除为极具国际竞争力的香港服务业进军内地提供了比 WTO 更加优惠的政策外，还有几年的时间上的优势。目前，香港的服务输出主要是运输、旅游、金融、商贸和与贸易有关的服务。这个时期香港的服务贸易继续高速发展，在前面基数很大的情况下，服务贸易总额仍然翻了一番，增加到 2011 年的 13761 亿港元，在世界上服务贸易的地位提升到第 10 位。2004 年至今的服务贸易数据如表 6-4 所示。

表 6-4　香港服务贸易（2004 年至今）

项　　目	2004 年	2005 年	2006 年	2007 年	2008 年	2009 年	2010 年	2011 年
出口	4296	4954	5651	6608	7186	6698	8248	9413
进口	2425	2642	2879	3322	3665	3406	3963	4349
输出净额	1871	2321	2772	3286	3521	3292	4285	5064
总额	6721	7596	8530	9931	10851	10104	12210	13761

第二节　广东的经济发展及服务贸易发展

一、广东省经济的发展

改革开放以来，广东省一直是走在经济改革和经济发展的前沿，改革促进了经济发展，经济发展不断对经济体制改革提出新的要求，两者相互促进。广东诸多经济指标都位列全国第一，如地区国民生产总值、财政收入、社会零售商品总额和对外贸易方面的进出口总额及吸引外资等；很多经济体制改革也是在广东省取得成功后向全国推广的。广东从 20 世纪 80 年代拥有深圳、珠海和汕头三个经济特区,到目前国家新批准横琴国家级开发区、南沙经济开发区和深圳前海新区等。不同时间段,国家在广东省开辟了诸多试验田,为国家经济发展探索道路,充当经济体制改革的"急先锋"。

广东省经济发展自1980年开始大致可以分为三个阶段,如图6-1所示。

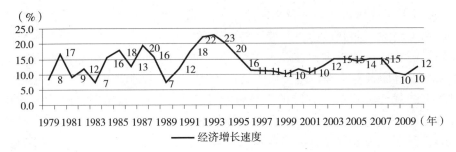

图6-1 广东省经济增长速度

第一,改革开放到1995年的宏观经济调控。这个时期是广东省经济高速发展时期。其经济发展有两个特点,即速度快和波动起伏比较大。这个16年里,广东省经济平均增长速度为15.2%。其间有两个小高潮:20世纪80年代中后期,GDP平均速度为16.3%;90年代前半期,GDP平均速度为18.3%。其中,中间以1989年和1990年作为分割线。正是这个时期的高速发展使广东的国民经济在全国占据了重要地位,国民经济从1987年开始位居全国第一,对外贸易自1985年开始居全国第一。经济起伏大是指1983年和1989年,GDP的增长速度分别只有7.3%和7.2%,而在1991—1995年,经济发展速度高达20%以上,1985年和1987年经济发展速度也在18%以上。经济发展的波动给生产和人民的生活带来很多困扰和难题,尤其是高速增长带动固定资产投资而引发的通货膨胀问题。

第二,1996年到中国加入世界贸易组织的2001年。这是宏观调控的六年,经济相对平稳增长,平均经济增速10.9%,最高11.3%,最低10.1%。前五年经济高速增长引起通货通胀,尤其是1993—1994年居民消费价格指数高达21.6%,引发中国第一次的宏观经济调控,为促进经济软着陆,国家采取紧缩的经济政策。在亚洲金融危机、人民币相对升值、拉动经济增长的对外出口受到打击时,国内采取扩张的财政政策,稳定经济。经济增长相对第一阶段增速放缓,但是增长相对平稳,波动不大。

第三,中国加入WTO至今。中国自2002年1月1日正式加入世界贸易组织，标志着中国经济正式融入世界经济圈，参与全球的经济竞争。作为中国经济前沿地区的广东省，经济在对外出口的带动下再次加速，2002—2007年五年的经济平均增速达到14.3%，2008—2010年由于全球性的金融危机，经济增速下降，但是也稳定在10%左右。新一阶段的经济任务重点转向经济结构的调整，同时维持经济增长。

二、广东省服务业的发展

伴随着工业经济的发展，服务业逐渐发展，并且随着工业化的逐渐加深和工业分工导致的产业链的延伸（迂回生产），生产性服务业的飞速发展，这不仅表现在服务业的产值增长，也表现为新的服务业门类不断地出现。目前，广东服务业发展表现出以下特点。

第一，服务业总产值快速增长，在国民经济中的比重逐渐上升。从图6-2可以看出，服务业产值随着国内总产值的快速增长而增长，而且速度比GDP增长更快，就绝对产值而言，由1980年的64亿元增长到2010年的20712亿元。由此导致的一个结果是服务业的比重逐渐上升，由20世纪80年代初期的25%左右上升到2015年的45%左右，峰值出现在中国加入WTO的2001年和2002年，分别是46.05%、46.98%（表6-5）。导致服务业比重在中国加入WTO之后下降，极大的可能是中国经济在国际上的竞争力在不同产业不同，即中国经济在传统的劳动力密集的制造业拥有的竞争力，在加入WTO后市场急剧扩大而导致制造业部门扩大生产，从而增长速度超过服务业。

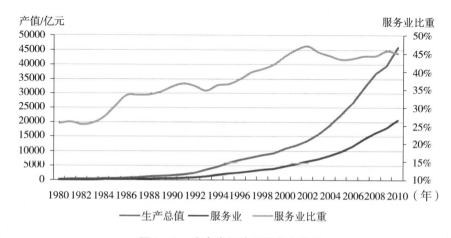

图6-2 广东省经济及服务业发展

表6-5 1980年以来广东服务业产值

年份	1980	1985	1990	1995	2000	2002	2005	2010
产值(亿元)	64	175	559	2168	4755	6344	9773	20712
服务业比重	25%	30%	36%	37%	44%	47%	43%	45%

第二,广东服务业的发展不平衡。同广东经济发展不平衡一样,各地服务业比重差距也很大。2010年,经济发达的珠三角地区生产总值占广东省的79.4%,服务业产值占广东省的83.4%,如果仅计算现代服务业,珠三角地区的比重会更高。广州、深圳两个大城市的服务业比重2010年分别高达61%和53%。

第三,服务业的内部结构逐渐优化,创新能力强。虽然广东的服务业仍然以运输、旅游等传统服务业为主,但是二十年的现代服务业,如金融、信息、物流及专业服务等技术和资本密集的新兴服务门类快速发展。深圳的金融业、广州的商业贸易在全国位居前列。深圳目前是位列纽约、伦敦、香港、新加坡之后的未来金融中心。深圳市是国内金融创新的前沿阵地,在这里诞生了国内第一只公开发行股票的深圳发展银行,诞生了第一家企业投资的股份制商业银行招商银行。在深圳蛇口,诞生了现在国内多元化保险的金融巨擘中国平安保险集团,在没有正式批文的情况下成立了第一家现代股票交易所、第一只交易所上市基金等无数个"第一"。在深圳,还有世界级的电子信息业的两大巨头——中兴通讯和华为,2011年它们在全球的专利申请分别排名第一位和第三位。

第四,面对激烈的国际竞争。加入WTO后,随着五年的保护期过去,广东乃至全国的服务业,都需要在自己还没有成长起来和体制不完善的情况下,面对世界服务业的激烈竞争。广东处于对外交流的前沿,在深圳和珠海对面就是世界上两个服务业发达的独立经济体。

三、广东省对外贸易和服务贸易的发展

广东省对外贸易伴随着改革开放和经济快速发展,进出口总额自1985年以来连续26年居全国第一,份额不断提升,目前进出口总额占全国的1/4。对外贸易结构不断优化,从早期的以加工贸易、初级产品为主逐渐向一般贸易、高科技产品和机电产品的进出口转变。广东对外贸易的特点是加工贸易占据很大的比重,外商投资企业占对外贸易的主要地位,未来的主要任务是大力发展一般贸易,鼓励私人经济体发展对外贸易。如表6-6所示。

表6-6 广东2000年以来对外贸易情况

单位：亿美元

项目	2000年		2005年		2010年	
	出口	进口	出口	进口	出口	进口
总计	919	782	2382	1898	4532	3317
一般贸易	174	209	533	485	1492	1193
来料加工	266	179	403	286	514	331
进料加工	452	315	1348	884	2242	1375
保税仓库	24	23	98	142	281	365
国有经济	390	318	446	396	545	471
集体经济	25	26	89	48	164	69
私营经济	6	6	299	209	999	686

广东省服务贸易随着服务业和商品贸易的发展不断地发展，尤其是中国内地和香港签订CEPA协议之后，广东的服务贸易发展非常迅速，增速比商品贸易更加快，2011年广东服务贸易总额大约是十年前的10倍。由于广东省的资源受到制约，制造业领域对外资的吸引力下降以及CEPA协议对港澳开放的服务业的相当一部分是在广东省先行先试，所以最近几年广东服务业吸引的外资增长很快，从而带动服务贸易发展。

广东的对外服务贸易总额居全国第三位，位列北京、上海之后，占全国总额的21.4%。由于服务贸易高度集中在北京、上海和广东（目前合计占全国的70%以上）。全国服务贸易长期处于逆差，而广东大多数年份处于顺差，主要原因有：①许多CEPA的措施是在广东现行先试的。②广东毗邻港澳的地理优势。据悉，广东与香港之间的服务贸易占广东服务贸易的50%左右，在2011年度广东对外884亿美元的服务贸易总额里，有400亿美元是在粤港之间发生的。具体如表6-7、图6-3所示。

表 6-7 全国和广东服务贸易基本情况（2003 年至今）

单位：亿美元

年 份	2003	2004	2005	2006	2007	2008	2009	2010	2011
全国进出口总额	1013	1337	1571	1917	2509	3045	2867	3624	4167
全国净出口	-85	-95	-93	-89	-77	-115	-295	-219	221
广东进出口总额	84	118	153	189	407	427	430	608	884
广东净出口	17	20	41	55	42	77	1	9	-5

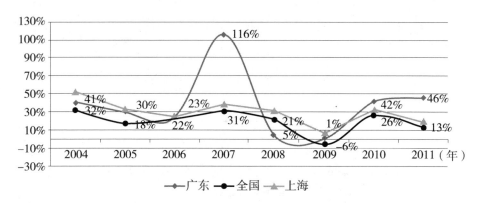

图 6-3 CEPA 签订以来全国和广东、上海服务贸易增长速度

广东服务贸易增长速度明显快于全国，主要原因是：①广东的经济更加外向以及处于工业化后期服务业快速增长的阶段。②CEPA 的影响，尤其是在 2007 年广东服务贸易呈现出爆发性的增长。受金融危机的影响，2008 年和 2009 年是服务贸易的冬天。2009 年全国出现了 6% 的负增长，广东仍出现 1% 的增长，即 2.5 亿美元。上海的服务贸易趋势和全国一样，长期处于逆差状态；但是增长速度快于全国，这导致上海服务贸易的份额不断提升，2011 年上海服务贸易占全国的 30% 以上。

第三节 广东和香港之间的服务贸易发展

始于 20 世纪 70 年代末 80 年代初期的改革开放，以及后来香港回归成为中华人民共和国的一个特别行政区，CEPA 等一系列的政治、经济改革，逐渐将香港和内地的经济融为一体。双方贸易可以大致分为两个阶段。

第一阶段是 2003 年之前，以转口型为主的商品贸易快速发展。这一时期由于香港经济资源约束导致成本上升，资本通过 FDI 大量流入内地，尤其是广东省的珠三角地区，形成"前店后厂"的形态。这个时期的贸易主要形态是香港接单、广东生产，双方贸易形态表现为大进大出的"三来一补"，加工贸易等商品贸易占绝对优势，双方的服务贸易几乎没有，更准确地说，除了旅游和运输之外的高资本、技术密集的服务贸易很少。双方的经济发展也有明显的痕迹，广东加工业即第二产业快速发展，珠江两岸工厂林立，香港的服务业开始膨胀，尤其是与贸易（转口贸易）相关的运输、物流等发展迅速，很快成为支柱性经济，双方分工明确。

第二阶段是 2003 年之后，双方转口贸易稳定发展，服务贸易快速发展。CEPA 实施后，香港与珠三角的经贸联系更加密切，双边货物贸易进出口贸易额由 2004 年的 745.25 亿美元上升到 2010 年的 1587 亿美元，增长约 1 倍；服务贸易由双方不到 100 亿美元增长到 2011 年的超过 400 亿美元，翻了两番，增幅超过商品贸易。这个时期双方的经济稳定发展，香港形成了以服务业为主要产业的经济体系，并且服务业种类齐全，在全球极具竞争力，从而带动就业和经济发展；广东省经济二十多年的改革开放，能源、土地和劳动力等资源瓶颈开始显现，尤其土地资源受到制约，由"鱼米之乡"变为繁忙的"世界工厂"，广东省开始"腾笼换鸟"，将低附加值等工业从珠三角向外围或者外省转移，本地区加快经济结构调整，实现经济发展模式的转型，大力发展服务业。

目前，香港是广东省第一大出口市场和贸易伙伴，双方进出口总额（包括转口贸易）超过 4000 亿美元，服务贸易也超过 400 亿美元。双方的经济合作顺应世界经济的发展，建立市场导向的经济合作关系，不断地推动政治体制和法律方面的改革和进步。经过若干年后，香港和广东将重新完全一体化，打造一个繁荣的珠三角都市圈。

第四节 粤港服务贸易与经济增长的关系实证研究

本节在前面已经对香港、广东省的经济发展和服务贸易的发展方面有了比较详细的介绍之后，希望上述介绍能够获得数据上的支持。因此，本章节对广东省和香港的统计数据进行分析，为正在不断推进两地服务贸易的各级政府的决策人员提供证据。

一、服务贸易对促进经济增长的机制研究

交换是随着劳动分工的发展而发展的，国际贸易是随着工业化大发展

和劳动分工的深化而繁荣的，伴随着世界主要大国逐渐走向工业化后期，服务业成为国民经济的主体，服务贸易的增长速度开始超过货物贸易，服务贸易在世界贸易中的份额也逐渐提升。服务贸易对经济增长的重要性也逐渐提升。下面就服务贸易对经济增长机制作简单的定性研究。

（一）服务贸易"需求—供给"机制拉动经济增长

服务贸易出口属于国际贸易范畴，能够通过发挥各国的比较优势，扩大某种服务的生产，促进经济增长。服务贸易能够像商品贸易一样来赚取外汇，进口其他商品或服务，满足人们的日常需求。从需求—供给角度而言，服务贸易出口对国内服务业产生巨大需求，拉动经济增长。美国和中国香港地区服务业发达，是服务贸易大国或地区，都拥有巨大的商品贸易逆差和服务贸易盈余，它们就是用服务贸易盈余来弥补商品贸易逆差达到维持国际收支平衡的典型。

经济增长的源泉主要是资本、劳动和技术。现代经济一个很重要的指标就是资源的利用率：利率反映资本的利用率，就业反映劳动力资源的利用程度。服务业是一个劳动和技术密集的行业，能够提供大量的就业机会，提高劳动力资源利用率。服务贸易提供就业机会的主要渠道有以下方面。

1. 旅游业

旅游业是目前国际服务贸易的主要行业，旅游业带动大量的相关产业，如酒店、运输、餐饮业、商贸等行业的发展，促进经济增长。广东是国内旅游大省，也是旅游输出最多的省份，每年有大量的港澳同胞、外国人入境旅游。而旅游观光是香港的四大支柱产业之一。

2. 交通运输

商品贸易和人员流动增加对交通运输的需求，促进交通运输行业及其相关行业的就业，带动经济增长。由于广东和香港经济发达，且都是外向型经济，有巨大的外贸流量；另外，珠三角区域制造业发达，人口庞大，人员和物品流动频繁，对交通运输有极大的需求。

3. 服务外包

这个领域主要是发达国家由于人力成本较高，而将部分服务业转移至发展中国家等低廉劳动力地区的手段，这能够极大地提高部分地区的劳动力就业率，促进这个地区的经济增长；同时，自身从事经济价值较高的部分，增加创造的价值而促进经济增长。这不是一个行业，而是很多行业的集合，如软件、各种专业性的服务、低端的设计服务等。

4. 商业存在

这块主要是由于服务业的外商直接投资（FDI）带动当地的服务业就业

和经济发展。这个与大多数行业增加就业和促进经济增长没有太大的区别。

(二) 服务贸易能够加快人力成本积累，促进经济增长

经济增长的三个源泉之一就是技术带来的全要素的生产率的提高，技术的最大来源就是人力资本的积累。人力资本的积累主要有两个途径：一是学校等专门的教育；一是在工作中学习，也就是"干中学"。服务贸易能够极大地加快人力资本的积累，促进经济的发展。服务贸易对人力资本的积累的途径包括国际教育交换输出和外商投资带动高素质的自然人流动实现人力资本的快速累积，从而加快经济增长。技术输出、专利权等附带密集的人力资本的服务产品转让实现当地的技术快速升级、技术溢出以及管理观念更新、制度创新的形式促进经济增长。

二、经济增长对服务贸易的促进机制

经济增长对服务贸易的促进作用，主要机理是需求—供给机制。经济增长对服务产生需求，从而带动服务贸易的发展。需求的传导途径主要有两个：一是经济增长带来的人民消费能力的提高，推动服务贸易的发展；二是经济增长，分工细化、专业化导致越来越长的产业链、迂回的生产方式带到中间产品的需求，其中包括大量的生产性服务的需求，并且引起新服务生产部门的出现。关于需求—供给机制不再详细叙述。

(一) 变量的选择和数据的来源

基于前人的研究，本研究选取地区生产总值（GDP）、服务贸易进口、服务贸易出口作为变量，还将考察服务贸易与货物贸易、服务业产值及服务业从业人员等关系。GDP 是经济增长的替代变量，服务贸易对经济增长的促进作用，不论是通过要素流动还是通过技术进步促进全要素的生产率的提高来实现经济的增长，都会体现到 GDP 的指标上。同时，选择服务贸易的进出口，进出口贸易统计能够较好地反映服务贸易的发展状况。

作为经济增长指标的 GDP 数据容易获得，本研究中广东省 GDP 的数量来源于广东省统计年鉴，最新一年（2011 年）数据来源于广东省官方的新闻稿。香港 GDP 数据来源于香港特区政府统计处。香港服务贸易方面的数据来源于香港特区政府统计处的官方网站，而广东省服务贸易方面的数据比较难以获得。广东服务贸易方面的数据来源有：①其他省市发布的研究报告（2002 年）；②中国商务部间断性对外发布的服务贸易分省数据（2007—2009 年）；③广东省领导人或者经济贸易厅领导的讲话，新闻采访

时所公布的数据（2011年）；④其他研究者的研究。虽然上述来源不同，但是都提到这些数据的最终出处是广东省外汇管理局。广东省外汇管理局采用的IMF以交易者的经济利益中心所在地的BOP（基于国际收支平衡表）统计系统，反映的是国际服务贸易进出口（创汇和用汇）情况。由于这些数据的统计口径一致，因此笔者认为可以系统反映广东省的服务贸易发展状况。

（二）模型与数据的处理过程

本研究采用的数据是时序数据，最终是寻求变量之间的因果关系。寻找变量之间的因果关系在计量中通常采用格兰杰检验模型，在变量之间的长期均衡关系主要是变量之间的协整关系模型，而变量之间的短期波动则是采用ECM模型。

格兰杰因果关系检验（Granger Test）的原理是一个变量（Y）自回归，然后加入另外一个变量（X），如果这个变量的加入（X）能够增加对（Y）的解释力，就认为（X）是（Y）的原因。检验模型设定为：

$$y_t = C + \sum_{t=1}^{p} \alpha_i \Delta y_{t-i} + \sum_{j=1}^{q} \beta_j \Delta x_{t-j} + \varepsilon_{t1} \qquad (6-1)$$

$$H0: \beta1 = \beta2 = \cdots = \beta q = 0$$

原假设 $H0: \beta i = 0$。即变量X的拟和值是零，对变量Y没有解释力，X不是Y的格兰杰原因。

格兰杰检验的前提条件是数据是平稳的，如果数据不平稳，至少两者之间要有协整的关系。格兰杰因果关系检验是本研究的最终目的，为了满足格兰杰检验的前提条件，需要对数据进行如下处理：

（1）取对数处理。这种变换在不改变时序数据之间的协整关系的同时有两个好处：一是数据本身能够消除异方差；二是取对数后，变量之间的关系变为弹性关系，能够更好地对数据进行解释和阐述。

（2）数据平稳性检验。对时序数据进行分析时，通常需要要求时序数据是平稳的，即数据没有随机性或者确定性的趋势；如果数据是非平稳的，对数据做回归分析时就会出现"伪回归"现象。现实中很多经济时序数据是非平稳的，因此需要对数据的稳定性进行检验，也就是通常说的单位根检验。常用的单位根检验有DF检验、ADF检验、PP检验，其中DF检验是ADF检验的一种特殊情况。本研究采用最常见的ADF检验。

ADF检验是通过对下面三个模型检验得出的结论。

$$\text{模型1}: \Delta x_t = \alpha + \beta t + \delta x_{t-1} + \sum_{i=1}^{m} \beta_i \Delta x_{t-i} + \varepsilon_t \qquad (6-2)$$

模型 2：$\Delta x_t = \alpha + \delta x_{t-1} + \sum_{i=1}^{m} \beta_i \Delta x_{t-i} + \varepsilon_t$ （6-3）

模型 3：$\Delta x_t = \delta x_{t-1} + \sum_{i=1}^{m} \beta_i \Delta x_{t-i} + \varepsilon_t$ （6-4）

$H0: \delta = 0$

上述方程中 t 是时间的变量，代表某种时间趋势，原假设 $H0: \delta = 0$，即存在单位根。第一个方程是带有漂移项（也称截距项）和趋势项的检验，第二方程是只带有漂移项的检验，第三个方程没有漂移项和趋势项。一般进行检验时三个方程都需要检验，只要其中一个方程通过检验，就表示该时序数据有单位根。具体步骤是要对数据本身进行 ADF 检验，如果存在单位根（数据不平稳），需要对不稳定的时序数据差分；如果一阶差分还是不稳定，要继续做二阶差分。通常的经济数据如 GDP、消费等变量在进行一阶或者二阶差分后都可以通过稳定性检验。

数据的协整检验。协整检验是检验非稳定的变量之间是否具有长期的均衡关系的检验方法。协整检验有 EG 两步法和 Johanson 检验，EG 两步检验由 Engle & Granger 在 1987 年提出，它是双变量最常用的协整检验方法。EG 检验基于残差检验，如果残差稳定，则认为具有长期的均衡关系。对残差的稳定性检验可以通过 ADF 检验，但此时要注意统计量 T 的临界值不同于普通 ADF 检验，且 ADF 检验时不能含有漂移项和趋势项，关于统计量的临界值麦金龙在 1996 年给出。

根据格兰杰本人的说法，只要具有长期的均衡关系，就至少一个变量是另外一个变量的因，即具有一个因果关系，有时两个变量互为因果。前面所说的因果关系只是"统计上的因果关系"，两个经济变量是否真的具有因果关系，要结合实际的经济原理来加以具体分析，得出合乎常理的解释。

本研究将首先分别对广东省的服务贸易进出口、广东省货物贸易，广东省经济发展之间的关系，香港服务贸易发展与香港经济发展情况经济关系进行实证研究，再寻找广东服务贸易和香港服务贸易是否与对方的经济发展具有因果关系进行实证。

（三）实证结果

1. 香港的服务贸易与经济增长

本节将详细地按照上小节的数据处理步骤来处理香港的服务贸易进口、出口及代表经济增长的 GDP 三个变量。原始数据如表 6-8、图 6-4 所示，样本期 1986—2011 年共 26 年。取对数后三个经济变量分别表示为 *LHKGDP*、*LHKSVXM* 和 *LHKSVIM*。从香港的经济变量的原始数据趋势图可以看出，三者都具有向上的趋势，三者之间可能具有某种长期的均衡关系。为了最终得出三者之间的因果关系。将按步骤对数据进行检验。

表6-8 1986—2011年香港原始数据

年份	GDP（百万港元）	服务输出（百万港元）	服务输入（百万港元）	换算为亿美元后取对数		
				LHKGDP	LHKSVXM	LHKSVIM
1986	609172	128145	84927	2.892478	2.21544	2.036784
1987	690836	150033	99160	2.947392	2.284204	2.104353
1988	749175	162422	114761	2.982155	2.318216	2.167366
1989	765823	165360	121891	2.992034	2.326336	2.193877
1990	795678	171808	135123	3.009256	2.343562	2.239248
1991	840987	179726	149884	3.034312	2.364134	2.285278
1992	892228	195676	166435	3.061679	2.40274	2.332448
1993	946147	209770	175666	3.087442	2.433227	2.356171
1994	1003042	224443	190888	3.113252	2.463039	2.392712
1995	1026044	231398	194778	3.12265	2.475843	2.401023
1996	1069065	256779	204344	3.1406	2.521155	2.421958
1997	1123121	−254695	213725	3.161573	2.517167	2.441002
1998	1055437	244728	219822	3.134411	2.499662	2.45305
1999	1082414	266488	212297	3.144644	2.535928	2.437194
2000	1168481	302170	216969	3.176028	2.588658	2.444804
2001	1174292	321485	221415	3.177737	2.615122	2.453168
2002	1195910	357044	230144	3.18566	2.660683	2.469961
2003	1231859	384111	225040	3.199191	2.693087	2.46089
2004	1336156	453068	257860	3.234431	2.764737	2.519958
2005	1430785	505631	278087	3.264762	2.813022	2.553369
2006	1531222	556601	300581	3.294729	2.855235	2.587652
2007	1629058	634995	336945	3.319786	2.91062	2.635409

续表 6-8

年 份	GDP（百万港元）	服务输出（百万港元）	服务输入（百万港元）	换算为亿美元后取对数		
				LHKGDP	LHKSVXM	LHKSVIM
2008	1666629	668133	358020	3.330469	2.933493	2.662537
2009	1622516	669829	340601	3.320775	2.93655	2.642832
2010	1736773	767728	377021	3.349378	2.994842	2.686
2011	1823129	815968	388770	3.369615	3.02047	2.69849

注：①取对数处理。取对数后数据参见表香港原始数据右栏。

②取对数后的数据进行平稳性检验。

③LHKGDP：数据本身没有通过平稳性检验，LHKGDP 进行一阶差分后，在 5% 的显著水平下通过平稳性检验。

④LHKSVXM：同香港的经济增长数据一样，一阶差分后数据在 5% 的显著水平上平稳。

⑤LHKSVIM：香港的服务贸易进口时间序列一阶差分后数据在 5% 的显著水平上平稳。

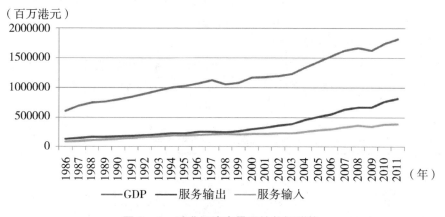

图 6-4 香港经济变量原始数据趋势

由于三个经济变量都是一阶单整，所以可以任选取其中两个做协整分析。由于要考察服务贸易与经济增长的关系，下面我们将分别用服务贸易进出口与代表经济增长的 GDP 数据，以及服务贸易进出口数据之间做协整分析。如表 6-9 所示。

表6-9　香港服务贸易进出口及 GDP 的数据处理结果

变量名称	取对数	一阶差分	协整
LHKGDP	不平稳	平稳	EG 两步法，残差平稳，即变量两两之间是一阶协整的
LHKSVXM	不平稳	平稳	
LHKSVIM	不平稳	平稳	

香港服务贸易进口与经济增长回归后基于残差做 ADF 检验，选择无漂移项及趋势项的选项结果如下：P 值是 Mackinnon（1996）的单边 P 值，通过表6-10可以看出残差是平稳的。这就意味着，可以做格兰杰因果检验。

对香港服务贸易出口与经济增长回归后基于残差做 ADF 检验，结果是在5%的显著水平下，回归的残差也是平稳的，即服务贸易的进口和出口数据是协整的，能够做 Granger 因果检验。

对香港服务贸易出口和进口数据做协整分析的结果是在5%的显著水平下，回归残差是平稳的，即服务贸易的进口和出口数据是协整的，可以继续进行 Granger 因果分析。

再通过上述检验分析得出：香港的三个经济变量两两之间是一阶协整的，可以进行 Granger 因果检验，下面将分别列出三个 Granger Test 的结果。如表6-10所示。

表6-10　香港服务贸易进口与经济增长 Granger Test 结果

Pairwise Granger Causality Tests			
Null Hypothesis：	Obs	F - Statistic	Prob.
LHKGDP does not Granger Cause LHKSVIM	25	11.9808	0.0022
LHKSVIM does not Granger Cause LHKGDP		1.89247	0.1828
LHKGDP does not Granger Cause LHKSVXM	25	3.73886	0.0661
LHKSVXM does not Granger Cause LHKGDP		10.3607	0.0040
LHKSVXM does not Granger Cause LHKSVIM	25	11.8147	0.0024
LHKSVIM does not Granger Cause LHKSVXM		2.97791	0.0984

由上面三个 Granger Test 的结果可知，在5%的显著性水平下香港的经济增长是香港服务贸易进口的格兰杰原因，而香港服务贸易进口却不是香

港经济增长的原因，长期均衡关系式为：

$$LHKSVIM = 1.34166868627 * LHKGDP - 1.80775396264 \quad (6-5)$$
$$(R2 = 0.98)$$

香港的服务贸易出口是经济增长的格兰杰原因，而香港经济增长却不是香港服务贸易出口的格兰杰原因，长期均衡关系式为：

$$LHKGDP = 0.535505375887 * LHKSVXM + 1.76564209917 \quad (6-6)$$
$$(R2 = 0.96)$$

香港服务贸易出口是服务贸易进口的格兰杰原因，而服务贸易进口不是服务贸易出口的格兰杰原因，长期均衡关系式为：

$$LHKSVIM = 0.705343814792 * LHKSVXM + 0.595225934453 \quad (6-7)$$
$$(R2 = 0.91)$$

2. 广东服务贸易与经济增长

广东的三个变量取对数处理后分别表示为 LGDSVIM、LGDSVXM 和 LGDGDP。广东的数据由于服务贸易数据的难以获得性，以及 CEPA 是在 2003 年下半年签署 2004 年开始实施的，广东的相关数据采用 2002—2011 年的年度数据，样本跨度 10 年，覆盖 CEPA 整个期间。受限于数据来源，样本较小，可能导致结论不准确。如图 6-5 所示。

三者之间的趋势如下：初步判断三者之间的关系不是很稳定，但是都有向上的趋势，预期 GDP 和服务贸易出口具有长期的均衡关系，而服务贸易的进口将很有可能与其他两个变量不具有协整关系。

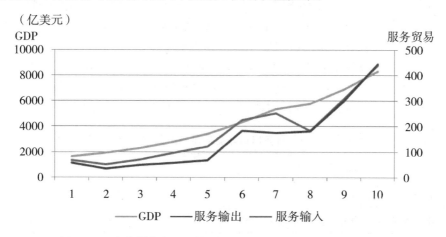

图 6-5 广东服务贸易进出口 GDP 的趋势（2002—2011 年）

对数据进行平稳性检验和 EG 二步法协整检验后，得出广东省的经济增长和服务贸易出口数据是协整的，而广东服务贸易进口虽是一阶单整，却不与其他两个变量具有协整关系,因此也就没有办法进行 Granger 检验。如表 6 – 11 所示。

表 6 – 11　广东服务贸易出口与广东 GDP 的 Granger 检验

Pairwise Granger Causality Tests			
Null Hypothesis：	Obs	F – Statistic	Prob.
LGDSVXM does not Granger Cause LGDGDP	9	0.14671	0.7149
LGDGDP does not Granger Cause LGDSVXM		6.71739	0.0411

对广东服务贸易出口和广东 GDP 进行 Granger 检验,结果是在 5% 的显著水平下,广东的经济增长是服务贸易出口的格兰杰原因,而服务贸易出口却不是经济增长的格兰杰原因。长期均衡关系式为:

$$LGDSVXM = 1.2623362759 * LGDGDP - 2.35075723853$$
$$(R2 = 0.92)$$

3. 广东省经济变量与香港的经济变量之间的关系

广东省和香港经济经过多年的融合,两地经济一荣俱荣、一损俱损,如 2003 年的 SARS,给广东和香港的经济,尤其是以服务业为主的香港经济体很大的影响。由此预期广东的服务贸易和香港的服务贸易具有长期的均衡关系。前面研究香港的经济变量之间的关系时,样本相对较多,广东的数据限于来源较少,本节研究样本大小将取决于广东数据的可获得性。本处将选择广东服务贸易出口与香港服务贸易出口、香港 GDP、香港服务贸易进口、香港服务贸易出口与广东服务贸易进口、广东 GDP 五组两两变量来研究,试图寻找出它们之间的某种长期均衡关系。同研究广东省的经济变量一样,由于样本较小,最后的结果可能不准确。如表 6 – 12 所示。

数据的处理过程参见本章第四节内容,此处将只列出相关结果。

表 6 – 12　广东服务出口与香港服务出口 Granger 检验

Pairwise Granger Causality Tests			
Null Hypothesis：	Obs	F – Statistic	Prob.
LHKSVXM does not Granger Cause LGDSVXM	9	13.5980	0.0102
LGDSVXM does not Granger Cause LHKSVXM		6.40775	0.0446
LGDSVXM does not Granger Cause LHKGDP	8	32.3896	0.0093

续表 6-12

Pairwise Granger Causality Tests			
LHKGDP does not Granger Cause LGDSVXM	69.6944	0.0031	
LHKSVIM does not Granger Cause LGDSVXM	9	5.33007	0.0604
LGDSVXM does not Granger Cause LHKSVIM	1.88809	0.2185	
LGDSVIM does not Granger Cause LHKSVXM	9	0.79190	0.4078
LHKSVXM does not Granger Cause LGDSVIM	9.37904	0.0222	

广东服务出口与香港服务出口在 5% 的显著性水平下，互为格兰杰原因。其长期均衡关系式为：

$$LGDSVXM = 2.17002249577 * LHKSVXM - 4.05519764216 \quad (6-8)$$
$$(R2 = 0.96)$$

广东服务出口与香港 GDP 在 5% 的显著性水平下，互为格兰杰原因。其长期均衡关系式为：

$$LGDSVXM = 4.96686959739 * LHKGDP - 14.1637934659 \quad (6-9)$$
$$(R2 = 0.99)$$

广东服务出口与香港进口在 10% 的显著性水平下，香港服务进口是广东服务输出的原因。其长期均衡关系式为：

$$LGDSVXM = 2.74114623169 * LHKSVIM - 4.90911171449 \quad (6-10)$$
$$(R2 = 0.95)$$

香港服务出口与广东服务进口在 5% 的显著性水平下，香港服务输出是广东服务进口的原因。其长期均衡关系式为：

$$LGDSVIM = 2.48861181261 * LHKSVXM - 5.08279293989 \quad (6-11)$$
$$(R2 = 0.88)$$

香港服务出口与广东 GDP 不协整，不具有长期的均衡关系，因此没有所谓的格兰杰原因。

三、结论解释与政策建议

本节将在总结前面实证得出的结论的同时，给出产生这种现象的可能原因；根据这些总结提出能够加快粤港经济一体化，快速实现香港经济的稳定繁荣和广东经济结构转型的些许可行建议。

(一) 结论解释

(1) 广东服务出口与香港服务出口在5%的显著性水平下，互为格兰杰原因。

这个结果是预料之中的，也是两地经济逐渐融为一体的有力证据。这个结果的主要原因是CEPA结果及香港和广东经济逐渐融为一体，广东和香港互为对方的服务输出目的地，而且香港的服务贸易很大一部分是转口。两地的服务主要项目旅游和运输都是对对方有需求，从而产生共同促进的作用。

(2) 广东服务出口与香港GDP在5%的显著性水平下，互为格兰杰原因。香港经济增长1个百分点，广东的服务贸易出口将增加4.9个百分点。这个结果的主要原因是广东的服务贸易的出口地有一半的目的地是香港，香港经济对广东的服务有很大的需求，香港的经济增长拉动对广东的服务需求。关于拟合值比较大，可能是由于最近几年CEPA的效应，以及广东服务业的发展带动广东服务贸易输出增加。

(3) 香港服务出口与香港的经济增长的格兰杰原因，但是香港经济增长不是服务贸易出口的格兰杰原因。这个结论与其他研究者的结论基本一致，就是服务贸易出口拉动经济增长，也就是说香港以服务业为主的经济是因香港服务贸易出口而繁荣，服务贸易增长一个百分点将带动0.54个百分点的香港GDP增长。

(4) 香港服务出口是香港服务贸易进口的原因，反之则不然。因为香港经济的主要支柱产业是与贸易相关的商务活动，而香港的贸易主要是以转口贸易、以出口带动进口。1个单位的出口带动0.7个单位的进口。

(5) 香港的经济增长是香港服务贸易进口的格兰杰原因，反之则不然。香港的经济增长增加对服务输入的需求，但是香港服务输入却对经济的增长贡献甚微，这个与众多研究者的研究结果一致。

(6) 广东经济增长是广东服务贸易出口的格兰杰原因，服务贸易出口不是经济增长的原因，而且拟合值为1.26，显著不为零。

(7) 对于经济增长是服务贸易出口的原因比较好理解，经济发展能够带来社会、经济条件的改善，从而带动广东的服务输出大项如入境旅游、运输等行业发展。广东的服务输出却不是缘于经济增长，有悖于贸易输出有利于经济增长的经济常识，令人费解，造成这种想象的可能原因是近来广东的经济增长很大一部分是第二产业及非贸易服务部门的贡献，但是广东的服务输出大项旅游和运输对经济增长贡献有限。

(8) 广东经济增长与广东服务贸易进口没有长期的均衡关系。可能原因是样本期间太短，而且广东服务业在过去十年经历多种因素的干扰，本身就不是很平稳，例如 2003 年的"非典"，2004 年之后 CEPA 中的服务业开放，2008 年下半年的金融危机。

（二）政策建议

根据笔者搜集数据的过程遇到的困难、查看资料和撰写本研究所得的个人理解，谨慎地提出如下建议，以供服务贸易工作者参考。

（1）加强两地政府之间的合作，推动两地经济的融合，大力发展两地服务业出口贸易。因为香港服务出口和广东服务贸易出口的格兰杰原因，所以两者之间是相互合作、相互促进的，由此两地政府大力支持香港服务贸易的发展，并通过香港具有高度竞争力的服务业的出口来带动广东服务贸易的出口。广东的服务贸易和香港的经济增长也是相互促进的，两者协调发展。

（2）广东需要加快经济结构的调整，大力发展服务业，尤其是服务业的出口。本研究的结果反映出广东服务贸易出口对经济增长的促进作用不明显，在广东的第二产业尤其是制造业对经济的带动作用减弱且遇上瓶颈的时候，要下狠心发展服务业和外向型的服务贸易。

（3）政府要加强服务贸易的统计，目前国内的服务贸易统计主要是基于国际收支平衡表中的 BOP 统计体系，而基于商业存在而产生的服务贸易很少被包含在 BOP 统计体系中，省级以下层面的统计就更加缺乏。另外，需要将国内的统计和分类标准尽量、尽快与国际接轨。服务业的发展，尤其是服务贸易的发展都需要翔实的资料，因此在服务贸易的统计方面有必要加强。

（4）加强服务贸易方面的法制建设和建立统一的协调机制。服务贸易的主要流通障碍与货物贸易不一样，很多贸易不能沿用货物法律，因此需要建立和完善服务贸易的相关法律，让企业在进行贸易或者投资时能够从法律方面得到指引，做到合法合规。

（5）加强对弱势行业的保护及对服务贸易中出现的纠纷进行贸易救济，利用世界贸易组织的合理规定规避风险并保护服务贸易行业。

第七章　港澳与珠三角建立共同市场的区域对比——前海、横琴、南沙

前海、横琴、南沙属于"十二五"期间粤港澳区域合作发展的三大示范区，三个地区已成为国家建设的重大战略之一，承载与香港、澳门合作的使命，兼具政治意义与经济意义。近日，广州南沙新区、深圳前海合作区、珠海横琴新区在南沙签署《南沙、前海、横琴三地友好合作协议》，这标志着珠三角三地区区域合作和经济发展步入新的水平。但三者同属珠三角区域，如何错位发展，如何避免竞争都值得重点研究。本研究首先回顾了前海、横琴与南沙的开发历程，运用SWOT分析及比较分析法对前海、横琴、南沙三地区进行了详细分析，然后在此基础上分析了前海、横琴、南沙的功能定位，并针对其不同的定位提出若干重点发展的产业，提出若干制度方面的政策建议。

香港、澳门先后回归祖国逾十年以来，内地与港澳的关系，尤其是粤港澳关系得到空前发展。深圳前海、广州南沙、珠海横琴作为粤港澳合作的重点项目被列入国家"十二五"规划中，成为未来粤港澳合作的三个示范性区域。规划中提出，深圳前海将打造成粤港现代服务业创新合作示范区，准确定位在现代服务业；珠海横琴逐步建设成探索粤港澳合作新模式的示范区，定位于高新技术、旅游和适当发展服务业；广州南沙打造服务内地，连接港澳的商业服务中心、科技创新中心和教育培训基地，定位于CEPA"先行先试"试验区。2012年5月8日，广州南沙新区、深圳前海合作区、珠海横琴新区在南沙签署《南沙、前海、横琴三地友好合作协议》，这标志着粤港澳合作示范区的三地区区域合作和经济发展步入新的水平。三地区将建立联席会议制度，在产业定位、产业布局、规划建设、土地利用、政策措施、社会管理等方面加强沟通，资源共享，错位发展。

然而，南沙、前海和横琴同为粤港澳合作的重点区域，三者又近在咫尺，是否会形成竞争？如何保证错位发展？南沙、前海、横琴这三大合作区在促进粤港澳合作发展方面存在哪些优势与不足，如何进一步创新粤港澳合作机制，这些问题都值得进一步分析和探讨。本研究将运用SWOT分

析法与比较分析法等对南沙、横琴、前海在地理位置、产业定位、产业布局、政策支持等方面进行详细的分析与论述。

第一节　前海、横琴、南沙的开发历程

一、前海

地处深圳市南山区的前海，早在1986年的深圳城市总体规划中，就有将其建设成为滨海城区的远景规划，但是直到新世纪以前都一直将其作为深圳发展的备用地，并没有给其明确的定位。一方面，深圳已经过三十多年的发展，其特区优势已越来越不明显，内部面临土地资源紧张、城市营商成本上升的约束，外部受到国内部分一线城市的严峻挑战，使深圳目前的发展进入瓶颈状态。另一方面，香港不但内部面临土地空间狭窄、资源匮乏的约束，还缺乏技术密集型产业支持，而且外部由于制度的限制，其很多产业也无法全面进入深圳，实现和内地市场的紧密结合，因此当前经济增长出现放缓的趋势。

共同开发前海正是香港与深圳需要寻求新的合作渠道，带动彼此经济增长的一大突破点。对于香港来说，可以通过前海拓展经济发展空间，实现香港的服务业与内地产业的合理衔接，扩大服务半径和市场范围，从而继续保持竞争力；对深圳而言，能够推动产业结构优化升级、加速转变经济发展方式，进而把发展经验推广到整个珠三角地区乃至全国。前海地区真正引起注意是2006年深圳市人大批准通过的《深圳2030城市发展策略》，其中提出重点建设前海地区、构造城市中心服务体系的设想，此后相应出台了一系列文件，深港合作开发前海开始备受重视。如表7－1所示。

表7－1　前海开发历史沿革

时　间	规划或文件	进　展
2007年	《深圳市城市总体规划（2008—2020年）》	把前海地区作为未来城市中心之一，强调了它的区域性生产服务功能
2008年9月	《前海计划》	以前海为载体，推动深港在现代服务业领域的全面合作
2008年10月	国务院批准在前海地区设立前海保税港区	2009年7月顺利封关运行，标志着前海地区发展从概念性规划转为实施行动

续表 7-1

时　　间	规划或文件	进　　展
2008 年年底	国务院批准《珠三角地区改革发展规划纲要（2008—2020 年）》	提出把前海规划建设成深港现代服务业合作的重要空间载体
2009 年 8 月	深圳明确提出建设"前海深港合作共建现代服务业的示范区"规划	把前海示范区定位为深港合作先导区、体制机制创新区、现代服务集聚区、结构调整引领区
2009 年 11 月	深港两地政府成立前海合作联合专责小组	标志着前海深港合作工作从操作层面进入实质启动阶段
2010 年 4 月	广东省与香港特区政府签署了《粤港合作框架协议》	前海合作区的发展与规划从深港合作的层面提升到国家层面
2010 年 8 月	国务院正式批复《前海深港现代服务业合作区总体发展规划》	明确提出"前海中心"的概念，指出要把前海建设成粤港现代服务业创新合作示范区，引领带动全国现代服务业发展升级，探索促进现代服务业发展的体制机制，为全国现代服务业提供新经验
2010 年 10 月	国家发改委下发《关于印发前海深港现代服务业合作区总体发展规划的通知》	广东省要协调推进前海现代服务业合作区建设，赋予前海在管理结构方面享有相当于计划单列市的管理权限
2011 年 3 月	国家正式将深圳前海开发纳入"十二五"规划纲要	加快城市轨道交通、铁路网、城市道路、水上交通和口岸建设，到 2020 年建成亚太地区重要的生产性服务业中心，把前海打造成粤港现代服务业创新合作示范区
2011 年 6 月	深圳市人大通过《深圳经济特区前海深港现代服务业合作条例》	前海合作区应当以生产性服务业为重点，创新发展金融、现代物流、信息服务、科技服务及其他专业服务业

目前在前海合作区，前海综合规划和各专项规划基本完成，土地整备和工程建设全面展开，系列重大项目正式启动；招商引资成效明显，储备179个项目，明确意向投资金额的项目累计25个，意向投资金额近800亿元，落实15家企业入区。

二、横琴

横琴岛长期处于海陆分隔的封闭状态，使得横琴无法发挥自身优势，各项经济指标持续徘徊不前。1992年邓小平南方谈话后，广东地区掀起了特区建设的新高潮，横琴岛凭借毗连澳门的独特优势被中共广东省委、省政府确定为20世纪90年代四大重点开发区之一。1993年进一步被落实为珠海市五大经济功能区之一，其后珠海市建议将横琴定位为旅游开发协作区，但建议却迟迟未落实。

21世纪以来，有澳门舆论热衷讨论将横琴列入澳门管辖范围。2004年提出的"9+2"泛珠三角经济合作区的构想，试图将横琴建设成为国际性、综合性、开放性的旅游度假区，办成澳门优势产业延伸的腹地。该构想将最先开始的珠澳合作上升到粤澳合作，提升了泛珠三角合作的层面，为横琴岛开发提升了更为开阔的视野。2005年粤澳合作联席会议确定，以"泛珠合作，粤澳为主力"方针开发横琴。当时还完成了《泛珠三角横琴经济合作区的项目建议书》。2006年11月，广东省通过了《横琴岛开发建设总体规划纲要》，美国拉斯维加斯金沙集团欲投资130亿美元建国际度假村项目。后因高层决策，开发搁浅。而2008年《珠三角纲要》中将横琴称为"横琴新区"，提出要将横琴规划建设成为推进粤港澳更加紧密合作新平台和新载体，横琴新区规划建设正式启动。横琴开发历史沿革如表7-2所示。

表7-2 横琴开发历史沿革

时间	规划或文件	进展
2009年6月	国务院常务会议讨论并原则通过《横琴总体发展规划》	要逐步将横琴建设成为"一国两制"下探索粤港澳合作新模式的示范区、深化改革开放和科技创新的先行区、促进珠江口西岸地区产业升级的新平台，标志着横琴新区的开发建设上升为国家战略

续表 7-2

时　间	规划或文件	进　展
2009 年 8 月	国务院对《横琴总体发展规划》做出批复	要求"把《规划》实施同提高开放水平结合起来，推进与港澳紧密合作、共同发展，逐步把横琴建设成为'一国两制'下探索粤港澳合作新模式的示范区，深化改革开放和科技创新的先行区、促进珠江口西岸地区产业升级的新平台"
2009 年 12 月	横琴新区挂牌成立	它是继上海浦东新区、天津滨海新区之后的第三个国家级新区
2011 年 7 月	国务院做出关于横琴开发有关政策的批复，同意横琴实行比经济特区更加特殊的优惠政策	以"加快横琴开发，构建粤港澳紧密合作新载体，重塑珠海发展新优势，促进澳门经济适度多元发展和维护港澳地区长期繁荣稳定"
2012 年 3 月	广东省政府发布《关于加快横琴开发建设的若干意见》	"十二五"期间，省财政每年安排 1 亿元专项资金用于扶持横琴重大基础设施的建设

截至 2012 年 3 月底，横琴在建和在谈港澳重大项目 6 个，投资总额超过 460 亿元。横琴岛澳门大学新校区 2013 年 1 月正式启动负责园区的建设、经管、运作及管理。

三、南沙

1993 年 5 月 12 日，国务院就批准设立广州南沙经济开发区，辖区内现有 15 个管理村（农村）、200 多家三资企业，人口 7 万多人。1997 年 9 月 22 日，《广州南沙经济技术开发区总体规划》正式颁布实施，南沙的开发建设确立了"以港口码头为中心，交通运输、工业加工和旅游服务齐发展，功能齐全、布局合理、环境优美、文明发达、面向世界的综合性的现代化海滨新城"的目标。自 2002 年南沙大开发以来，南沙已拥有国家经济技术开发区、高新技术产业开发区、保税港区等国家级特殊经济功能区，也是广东省唯一实施 CEPA 先行先试综合示范区，行使广州市一级经济管理权限。目前，南沙已成为广州经济发展的重要增长极。2010 年，南沙实现地区生产总值 485.68 亿元，是 2002 年的 7.9 倍，年均增长 30%。南沙开发历史沿革如表 7-3 所示。

表 7-3 南沙开发历史沿革

时间	规划或文件	进展
2004 年	《南沙地区发展规划》发布	文件明确规定，南沙地区的总体定位是广州城市空间南拓与产业南拓的核心
2005 年	国务院正式批准设立广州市南沙区	南沙变身为独立行政区
2008 年	《南沙岛分区控制性详细规划（修编）》	针对存在的问题和出现的新情况进行规划调整。将南沙重新定位为中部产业——生活综合服务区
2010 年	《广州南沙龙穴岛分区（港区）控制性详细规划》发布	确定龙穴岛分区（港区）的功能定位以外贸集装箱运输为主，相应发展保税、物流、商贸功能，并结合临港工业开发承担大宗散货的运输
2011 年	南沙新区发展被写入国家"十二五"规划	提出要把南沙新区打造成"内地连接港澳的商业服务中心、科技创新中心、教育培训基地、临港产业配套服务合作区"，中共广东省委书记汪洋重提"开发南沙，再造一个新广州"

《南沙新区发展规划（初稿）》已于 2012 年 3 月底由中共广东省政府上报国家发改委，国家发改委已发文征求国家 43 个部委办的意见。广东省有关部门已初步同意赋予南沙新区 46 项省级管理事项，包括外商投资项目核准和企业设立审批、地方政府投资项目审批、人才引进等南沙新区开发建设所亟须的升级管理权限。

第二节 前海、横琴、南沙发展的 SWOT 分析

回顾前海、横琴和南沙的开发历程后，本研究首先从整体区域发展的角度运用 SWOT 方法对前海、横琴和南沙在粤港澳合作发展中存在的优势、劣势及面临的机遇与挑战进行总体分析与阐述。在每一具体因素分析中，再利用比较分析法研究三者的异同并做出相应的总结。总体的 SWOT 分析

如表 7-4 所示。

表 7-4 前海、横琴、南沙粤港澳合作示范区发展 SWOT 分析

优 势	劣 势
优越的地理位置 全面的产业基础 与港澳的合作基础 良好的创新环境	粤港澳大环境的差距 吸引人才面临困难
机 遇	挑 战
国家层面给予政策支持 粤港澳特区政府给予高度重视 有利的国际环境	香港、澳门能否真正参与粤港澳开发 制度创新面临挑战

一、优势分析

(一) 地理位置

1. 前海

前海合作区位于深圳西部蛇口半岛的西侧、珠江口的东岸,地处珠三角区域发展主轴和沿海功能拓展带的"十"字交汇处,由双界河、月亮湾大道、妈湾大道和前海湾海堤岸线合围而成,占地面积约 15 平方千米,包括 3.71 平方千米前海湾保税港区,均为填海造地而成。

前海紧临香港国际机场和深圳机场两大空港,深圳—中山跨江通道、深圳西部港区和深圳北站、广深沿江高速公路贯通其中,未来可在 10 分钟内抵达深港两地机场,半小时内抵达香港中环。厦深铁路和机荷高速将在前海附近延伸至珠江东岸,广深沿江高速公路、南坪快速路、海滨大道等高快速公路穿过该区域,穗莞深城际线、深港机场连接线、深圳地铁 1 号线、5 号线,前海枢纽站等铁路、地铁交通设施将在这里与整个珠三角紧密地联系在一起。前海具有良好的海陆空交通条件和突出的综合交通优势,在粤港澳区域内具有重要战略地位。如图 7-1 所示。

2. 横琴

横琴新区位于广东省珠海市横琴岛,面积达 106.46 平方千米,未建设的土地面积占总面积的 90% 以上,是珠海目前 146 个海岛中最大的一个,位于珠海市南部、珠江口西侧,毗邻港澳。南濒南海,距国际航线——大

第七章 港澳与珠三角建立共同市场的区域对比——前海、横琴、南沙

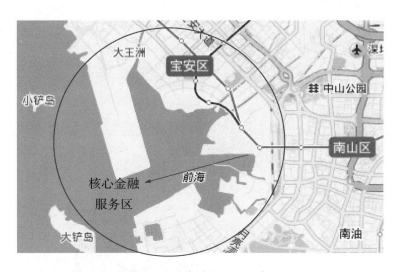

图7-1 前海地理位置示意图

西水道4海里；北距珠海保税区不到1千米；西接磨刀门水道，与珠海西区一衣带水；东与澳门一桥相通，最近处相距不足200米，距香港41海里，处于"一国两制"的交汇点和"内外辐射"的结合部。横琴周边有香港、澳门、广州、深圳四大国际机场和珠海、佛山两个国内机场，地理位置极为优越。如图7-2所示。

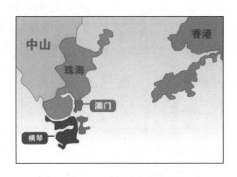

图7-2 横琴地理位置示意图

3. 南沙

广州市南沙区，总面积544.12平方千米，其中陆域面积338平方千米。总人口14.14万人（2005年），南沙区是区域性水、陆交通枢纽，水上运输通过珠江水系和珠江口通往国内外各大港口，海上距香港38海里，距澳门41海里，地处珠三角核心地带。航空方面，周围有广州、香港、澳门等国际机场。为拓展南沙新区的发展空间和承载能力，应支持南沙新区总体概念

规划综合方案提出的将广州沙湾水道以南原属于番禺区的大岗、榄核、东涌三个镇归南沙新区管辖。区划调整后，南沙新区规划总面积为 803 平方千米，其中陆域面积 570 平方千米，水域面积 233 平方千米。如图 7-3 所示。

图 7-3 南沙地理位置示意

从以上分析可以看出，前海、横琴濒临香港、澳门，南沙虽不直接与港澳不直接毗邻，但作为珠三角地理几何中心的广州南沙面积达到 700 平方千米，比 106 平方千米的横琴和 15 平方千米的前海大得多，所以三者在地理位置上各具优势。总体来说，南沙在位置上虽不靠近港澳，但它的中心性比较突出。另外，南沙的产业种类丰富性也比前海、横琴强。

（二）产业基础

1. 前海

（1）香港的产业基础。香港是国际金融、贸易、航运中心，全球服务业最发达的地区之一，服务业占 GDP 的比重达 92.3%，贸易出口总值位列全球城市前 10 名，金融业约占当地生产总值的 16%。根据世界经济论坛 2010 年的报告，香港在全球 57 个主要金融市场的排名由去年的第 5 位连升两级至第 3 位，香港银行体系被认为是世界最发达的银行体系之一。此外，香港具有雄厚的金融软实力，有非常多的获得世界级资格认证的金融专业人才，有完善的金融法律法规和监管机制。因此，香港自身在服务业方面优良的条件为其与前海合作奠定了良好的基础。

（2）深圳的产业基础。2011 年，深圳全市生产总值 11502.06 亿元，比上年增长 10.0%。其中，第三次产业增加值 6153.03 亿元，增长 8.5%；金融业增加值 1562.43 亿元，增长 8.6%；房地产业增加值 1032.49 亿元，增长 6.2%；物流产业增加值 1122.36 亿元，增长 14.9%；文化产业增加值 771.00 亿元，增长 21.0%；高新技术产业增加值 3738.00 亿元，增长 22.2%。目前，金融业已成为深圳三大支柱产业之一，深圳已经初步建成包括深圳证券交易所主板、中小板、创业板、股份代办转让市场（三板）、区域性深柜市场在内的多层次资本市场体系，货币市场、外汇市场、保险市场等金融市场协调发展，形成了以银行间市场为主体的场外市场和以交易市场为主体的场内市场相互补充、共同发展的多层次市场交易体系，成为内地市场化和国际化程度最高的运营平台。根据 2010 年"新华–道琼斯金融中心发展指数"的分析结果，香港属于"成熟性金融中心"（居世界第 4 位），深圳属于"综合型金融中心"（居世界第 22 位）。

2. 横琴

（1）澳门的产业基础。澳门经济属于微型经济体系，市场规模有限，经济门类极其不完整。第一产业占 GDP 的比重几乎为零；第二产业占 GDP 的比重随着制造业的外移呈现不断下降的趋势；而以博彩业为主的第三产业生产总值比重达到 85%，占据澳门经济的绝对主导地位。特区政府十分重视旅游业的发展，提出将逐渐形成"以旅游博彩业为龙头，以服务业为主体，其他行业协调发展的产业结构"的经济调整目标，向产业多元化发展方向转型。但由于澳门面积狭小，未来发展受到一定限制，横琴新区的成立，对于促进珠澳的优势互补、共同发展创设了一个难得的机会，为澳门经济适度多元化的发展路向提供了客观空间和条件。

（2）珠海的产业基础。2011 年，珠海市实现地区生产总值（GDP）1403.24 亿元，比上年增长 11.3%。其中，三次产业的比例由 2.7∶54.8∶42.5 调整为 2.7∶56.0∶41.3。现代服务业增加值为 321.96 亿元，增长 8.5%，占 GDP 的 22.9%。珠海在两方面有发展潜力：一是先进制造业。中山、江门都在搞光电产业，珠海如果能够利用经济特区的政策优势，通过横琴岛开发后的研发优势，帮助中山、江门升级产业层次，将产业承接过来。二是现代服务业，珠海可以成为珠三角企业走向国际的重要窗口。珠海可以借助澳门优势，大力发展会展业。

3. 南沙

2010 年，南沙新区全年实现地区生产总值 485.68 亿元，增长 17.08%，并且着力打造现代产业体系，临港经济持续快速发展。依托区位优势和资源优势，开辟新的发展领域，拓展新的发展空间，不断推动先进制造业、现代服务业和高新技术产业融合互动发展。

首先，形成了以先进制造业为核心的临港产业集群。以打造珠三角地区先进装备制造业基地为目标，依托港口优势和重点园区，大力推动汽车、造船、精品钢、环保家电、核电装备等先进制造业集聚加快发展。2010年，装备制造业实现工业产值860.87亿元，占规模以上工业产值比重的61.17%，是2005年的27.7倍。其次，发展了以现代物流为主体的港航产业。南沙港区成为国家一类对外开放口岸，10个5万～10万吨级码头已建成投产，开通了欧洲、北美等外贸班轮航线21条、内贸航线8条，世界二十大班轮公司已有17家进驻。再次，促进了以旅游商贸为重点的第三产业发展。高标准完成金洲商业圈的改造。建成滨海公园、滨海泳场、黄山鲁森林公园、蕉门公园、十九涌渔人码头、鸦片战争英烈墓等一批新的旅游景点和历史文化设施并对外开放。最后，推动了产学研紧密结合的高新技术产业发展。规划了22.9平方千米的慧谷高新技术产业园区，加强与中山大学、华南理工大学、广东外语外贸大学和香港科技大学等高校的合作，先后引进香港科技大学霍英东研究院、广州中国科学院工业技术研究院、广州现代产业技术研究院等一批科技研发平台和产学研基地。

4. 小结

经以上分析可以看出，前海、横琴、南沙都具有较强的产业基础，为未来产业发展提供了强有力的支撑。不同之处在于，前海、横琴几乎还属于未经开发的地区，因此在这里进行创新要比在一块已经规划过的地区进行创新容易得多，使得二者与港澳的合作开发可以不受固有思维的限制，从而容易出现新的合作模式；南沙作为已开发的较成熟的发展区域，要想突破现有的产业发展结构，必须利用其特殊的地理位置及产业优势，在发展模式、发展动力、社会管理、公共服务创新及城市功能提升等诸方面率先发展。

（三）合作基础

1. 前海

香港在现代服务业运作方面虽然水平很高，但是其在经济发展上可以说是一个独立的国际经济体系，仅依靠香港为国内现代服务行业提供经验是不太现实的。但是深圳不同，它作为内地的一部分，中央可以在此进行现代服务业创新，而后推广到全国。改革开放后深圳发展成功的一个重要原因就是同香港合作，深港在合作中也已经积累了很多现实合作经验。另外，深港在金融合作方面已经开辟了很多渠道，两地在银行资金结算、保险、风险投资等领域合作的物质基础已经具备。

2. 横琴

改革开放三十年来，粤澳充分发挥人缘、地缘和特区各项政策的优势，两地已基本形成相互依存、优势互补、共谋发展的合作关系，经贸交流日益密切。澳门是世界上最具活力的微型经济体之一，但由于澳门资源有限，特别是土地资源和劳动力资源相对紧缺，澳门发展始终在"夹缝中求生存"；而珠三角西岸地区目前产业集聚水平不高，缺乏发展龙头带动。珠海和澳门的经济总量和辐射能力与带动西岸地区发展的要求尚有一定差距。珠澳通过区域合作来拓展发展空间、共同打造区域龙头是其发展的必由之路。横琴岛地处珠江口西岸，与澳门隔河相望，为下一步发展奠定了良好的基础。

3. 南沙

南沙新区与香港的合作也具有良好的产业基础。霍英东先生自20世纪80年代就已在南沙新区开始建设投资，并在基础设施、教育培训、旅游服务、科技研发等方面取得较大进展。按照《粤港合作框架协议》，未来南沙与香港的产业合作将在教育培训、商业服务、战略新兴产业等方面进一步深化。

4. 小结

结合独特的地理优势，前海与香港、横琴与澳门都有着较深厚的粤港澳合作基础。首先，前海可以借鉴香港发展现代服务业的优势，加上深圳具有经济特区的窗口、试验田和示范区优势，发展成为粤港现代服务业合作的核心区和改革创新试验地；其次，横琴则可以利用澳门产业多元化的契机，承接澳门优势产业发展，促进珠江口西岸的产业升级；最后，南沙同样与香港、澳门等有着密不可分的联系，并可借助广州市在科技、教育、商业服务方面的优势，打造成服务内地、连接港澳的商业服务中心、科技创新中心和教育培训基地，建设临港产业配套服务合作区。

（四）创新环境

1. 前海

深圳是一座充满活力的移民城市，吸纳了大量国内外人才，形成具有改革、创新优势的多元、包容的城市文化，容易倡导和接受新观念、新精神。深圳人的市场观念、开放观念、创新观念、竞争观念，以及鼓励创新、宽容失败、脚踏实地、追求卓越的城市精神等形成了深圳特有的文化氛围。此外，深圳是我国产业创新最活跃的地区之一，建立了有利于改革创新的体制机制，形成了鼓励创新的文化环境，培育聚集了一批勇于创新、善于创新的人才。这些都为前海现代服务业的创新发展奠定了基础。

2. 横琴

横琴开发的核心和亮点就在于"制度创新,先行先试"。未来横琴将在推进粤港澳合作中充当积极角色,通过建设商贸服务基地和区域创新平台,吸引更多的国际高端资源聚集,补充港澳不足的土地资源和劳动力,逐步改变澳门目前较为单一的产业结构,促进粤港澳发挥各自优势,形成珠江口西岸地区新的增长极。横琴要在政策创新上突破,创造一个开放度最高、体制宽松度最大、创新空间最广的政策环境。正在探索和推进的创新模式包括:澳门大学在横琴建设新校区;粤澳合作共建中医药科技产业园;改革创新澳门横琴之间的口岸管理,实行简便通关模式。

3. 南沙

在粤港澳合作的三大平台中,南沙的区位优势明显,面积最大。南沙首先要利用国家实施 CEPA 先行先试综合示范区的机遇,深入开展专业服务、科技创新与研发设计、教育培训、文化创意及影视制作等领域的全面合作。积极争取国家和省市的政策支持,使南沙在港澳科技教育文化资源开放中先行先试,将南沙打造成为科技教育文化国际合作特区。其次,深化合作领域,从产业领域拓展到文化和社会领域,在经贸科技文化交流、社会管理、公共服务等领域创新合作模式,率先试验,先行先试。最后,深化制度接轨,将南沙建设成为粤港澳共享、经济一体、文化交融、制度对接的共同家园。

4. 小结

总体来看,前海所具备的创新优势更多体现在人才、文化优势上,横琴体现在已具备的制度优势上,南沙则体现在合作模式的创新上。三地区一般优势及独特优势分析如表 7-5 所示。

表 7-5 前海、横琴、南沙一般优势及独特优势分析

区域及优势		地理位置	产业基础	合作基础	创新环境
前海	一般优势	地处珠三角区域发展主轴和沿海功能拓展带的"十"字交汇处	香港是国际金融、贸易、航运中心,全球服务业最发达的地区之一;深圳第三产业发展迅猛	深港已有多年合作经验	吸引人才环境优越、产业创新活跃
	独特优势	紧邻香港	几乎未开发,产业基础良好	借鉴香港发展现代服务业的优势	人才、文化优势

续表 7-5

区域及优势		地理位置	产业基础	合作基础	创新环境
横琴	一般优势	与澳门一桥相通，处于"一国两制"的交汇点和"内外辐射"的结合部	澳门第三产业占主导，珠海先进制造业、现代服务业具有良好基础	粤澳合作日益密切	政策支持
	独特优势	紧邻澳门	几乎未开发，产业基础良好	承接澳门多元化发展	"制度创新，先行先试"
南沙	一般优势	南沙区是区域性水、陆交通枢纽，地处珠三角核心	先进制造业、现代服务业和高新技术产业等已开始发展	与香港、澳门多年合作	国家实施CEPA先行先试综合示范区的机遇
	独特优势	面积大中心性突出	南沙的产业种类丰富性也比前海、横琴强	借助香港、澳门、广州市在科技、教育商业服务方面的优势	合作模式的创新

二、劣势分析

（一）粤港澳大环境的差距

香港、澳门大都奉行的是"积极不干预"的经济政策，而内地体制的一个明显特征就是政府主导社会经济运行，粤港澳经济体制的差异会使得三地区政府在合作过程中面临很多具体的问题。特别是深港在前海的合作，澳珠在横琴的合作，在政策措施的制定上几乎没有先例可参考，这给相关法律法规的制定带来了很大难度。再加上目前国内的法制建设还存在有法不依、执法不严、违法不究的现象，对知识产权的保护也不够充分，各类盗版的商品，特别是软件产品和高科技信息产品在市场上层出不穷。粤港澳在法制环境方面的差距对合作开发前海、横琴、南沙造成了一定的负面影响。

（二）吸引人才面临困难

发展高端产业、战略新兴产业最主要的是吸引和留住高素质人才，在目前全国长三角、环渤海、西部大开发等区域经济全面启动的背景下，人才竞争更趋激烈。首先，对于前海，最近几年高房价问题成了深圳稳定中级人才的主要障碍，急速上升的房价严重削弱了深圳的人才吸引力。根据2010年的相关调查显示，深圳每万人中高层次专业人才只有0.59人，而苏州是1.01人，重庆是2.66人，上海是7.49人。因此，前海的开发必须制定有力的吸引人才的政策，并在人才制度方面实现突破。其次，对于横琴，目前开发还处于初步阶段，吸引高端人才更是重中之重。根据国务院最新批复政策，珠海横琴岛新开放的自由贸易区，在贸易区工作的香港和澳门居民也将享有个人所得税减免政策，对港澳高端人才将有一定的吸引力。最后，南沙新区的人口只有40万左右，由于其地理位置相对市区偏僻，缺少较完善的教育、娱乐等基础设施，难以吸引较高层次的人才，因此，也必须在基础设施、激励政策等方面做出努力，才能留住人才。

三、机遇分析

（一）国家层面给予的政策支持

1. 前海

前海是国家目前批复的第十五个区域发展规划，深港合作开发前海成为"十二五"时期国家区域发展战略的重点和亮点。为了保证粤港在前海的合作能够积极有效，国家在很多方面给予了积极的政策支持，加强了深港司法合作。在政府服务方面，要构建高效廉洁的服务性管理机构，减少和规范行行政审批流程；在财税支持方面，在国家税制改革框架下，发挥前海在探索现代服务业税制体制改革中的先行先试作用；在土地支持方面，可以在不突破土地利用总体规划确定的建设用地规模、不影响河口泄洪纳潮安全、不破坏海洋生态环境的前提下，依法适当围填海，用于发展建设；在口岸服务方面，要探索建立口岸监管信息深港共享机制。在先行先试方面，《前海深港现代服务业合作区总体发展规划》提出四点：一是前海在积极落实CEPA有关安排方面先行先试，不断探索香港服务业与内地合作的新模式；二是前海在金融改革创新、保险改革创新方面先行先试，推动以跨境人民币业务为重点的金融领域创新合作；三是在"三网融合"上先行先试；四是在国家税制改革框架下，充分发挥前海在探索现代服务业税制改革中的先行先试的作用。

2. 横琴

横琴经国务院批复为第三个国家级新区，2009年6月24日，国务院常务会议原则通过《横琴总体发展规划》（以下简称《总规》），明确提出把横琴建设成为带动珠三角、服务港澳、率先发展的粤港澳紧密合作示范区。2009年8月14日，国务院批准通过《总规》。此后，国务院又于2011年8月7日正式批复同意在珠海市横琴新区实行比经济特区更加特殊的优惠政策，以构建粤港澳紧密合作新载体，重塑珠海发展新优势，促进澳门经济适度多元发展和维护港澳地区长期繁荣稳定。

根据国务院批复，珠海市横琴新区将创新通关制度，其主要措施是将横琴与澳门之间的口岸设定为"一线"管理，横琴与内地之间设定为"二线"管理，按照"一线"放宽、"二线"管住、人货分离、分类管理的原则实施分线管理；允许横琴建设商业性生活消费设施和开展商业零售等业务，发展旅游休闲、商务服务、金融服务、文化创意、中医保健、科教研发和高技术等产业。一系列被称作"比经济特区更加特殊的优惠政策"为横琴未来的产业发展打下良好的基础。

3. 南沙

南沙新区建设已列入《珠三角地区改革发展规划纲要》《粤港合作框架协议》。2011年，南沙新区发展被写入国家"十二五"规划，提出要把南沙新区打造成"内地连接港澳的商业服务中心、科技创新中心、教育培训基地、临港产业配套服务合作区"。

（二）粤港澳地方政府给予高度重视

粤港澳地方政府相继研究颁布了一系列规章制度，为前海、横琴、南沙的开发奠定基础。从政策环境上看，国务院此前陆续批准的《珠三角地区改革发展规划纲要》均明确要求加强与香港、澳门的更紧密合作，加快推进粤港澳规划建设和体制创新。而《粤港合作框架协议》《粤澳合作框架协议》进一步确定前海、横琴、南沙作为粤港澳合作的重点合作区。

（三）有利的国际环境

国际产业转移目前进入新时期，服务业成为我国承接国际产业转移的重要新领域。按照WTO、CEPA等相关规定，我国服务业贸易领域将进一步开放，在自身发展和外部环境双重规律的驱使下，大力促进粤港澳合作，促进三地区产业转移和优化，寻找粤港澳合作的新载体是必然选择。通过前海、横琴、南沙的合作开发，有利于香港现代服务业的空间拓展与产业延伸，有利于澳门实现产业多元化发展，有利于珠三角进一步实现产业转型升级。

四、挑战分析

（一）香港、澳门能否真正参与粤港澳开发

目前，在前海、横琴及南沙的开发规划中，虽有港澳特区政府和国际专家的参与，但香港与澳门很多本地居民对这三地区的发展并不是很了解。前海、横琴与南沙开发一旦制定了比香港、澳门各方面都宽松的政策，把两地的金融业、物流业、信息服务业、科技服务业、旅游业和其他专业服务业都吸引过去，香港、澳门是否面临产业空洞化的危机，香港人与澳门人对前海、横琴的开发有多大的心理接受力度等，都会是粤港澳合作面临的现实问题。因此，必须理顺前海、横琴、南沙和香港、澳门的分工合作，使得香港与澳门积极参与前海的粤港澳合作建设中。

（二）制度创新面临挑战

制度创新的核心是要对体制、机制、政策、法规等进行革新，在这个过程中最重要的是要有创新型政府，因此前海、横琴、南沙要实现制度创新，在很大程度上依赖中央和地方政府在政策上和实际行动中给予的支持。

第三节 发展定位及重点发展产业分析

经上文分析，前海、横琴、南沙作为三大粤港澳合作示范区，都具有特定的显著优势，在未来粤港澳合作中，应根据其自身地理位置、产业基础、合作基础等，明确各自发展定位及重点发展的产业。

一、前海

根据国务院《前海深港现代服务业合作区总体发展规划》，要求充分发挥香港国际经济中心的优势和作用，利用前海粤港合作平台，推进与香港的紧密合作和融合发展，逐步把前海建设成为粤港现代服务业创新合作示范区，在全面推进香港与内地服务业合作中发挥先导作用。

（一）发展定位

前海首先应利用其地理位置及香港的现代服务业产业优势定位为粤港

现代服务业创新合作示范区,主要承担现代服务业体制机制创新区、现代服务业发展集聚区、香港与内地紧密合作先导区、珠三角地区产业升级引领区四个方面的功能。利用粤港两地比较优势,进一步深化粤港紧密合作,以现代服务业的发展促进产业结构优化升级,为我国构建对外开放新格局、建立更加开放的经济体系做出有益的探索,为全国转变发展方式、实现科学发展发挥示范带头作用。

(二)重点产业

前海将坚持深港合作、高端引领、服务广东、面向全球的战略取向,重点发展四大产业:

一是金融业。主要包括推动以跨境人民币业务为重点的金融领域创新合作,稳定推进深港资本市场创新合作,大力推进保险创新发展试验区建设,在国家金融监管机构的指导下,根据国家金融对外开放的总体部署,将前海建设成为国家金融创新和对外开放的试验示范窗口。

二是现代物流。按照深港共建全球物流中心的目标,前海将打造区域生产组织中枢和国际供应链管理中心,积极发展航运衍生服务,促进深港两地现代物流业的深度合作,形成高端物流业的集聚区,强化对珠三角制造业的生产组织服务能力。

三是信息服务。前海将统筹规划建设信息基础设施,全面提升信息传输服务能力,高水平发展信息传输服务业,大力发展软件信息技术服务业,全力打造南方物流信息交流中枢和国际电子商务中心,大力发展信息内容服务业,加快推进网络经济与实体经济的融合发展,运用信息技术渗透引领制造业的发展升级。

四是科技及专业服务。前海将汇聚科技服务和专业服务资源,优先发展科技创新服务,大力发展创意设计服务和高端咨询与会展服务等专业服务,适度发展会计、法律服务,构建区域性科技创新服务中心和生产性专业服务基地,为珠三角产业升级和自主创新提供有力支撑,实现珠三角高端产业整合。

二、横琴

《横琴总体发展规划》中明确指出,要把横琴建设为以合作、创新和服务为主题,充分发挥横琴地处粤港澳结合部的优势,推进与港澳紧密合作、融合发展,逐步把横琴建设成为带动珠三角、服务港澳、率先发展的粤港澳紧密合作示范区。

（一）发展定位

横琴发展首要目标，即承接澳门产业发展多元化目标，创新通关模式，以横琴为载体大力推进粤港澳融合发展，把横琴建设成为珠江口西岸地区的区域性创新平台，服务港澳的商务服务和休闲旅游基地。

（二）重点产业

第一，建设粤港澳地区的区域性商务服务基地。横琴正处于"一国两制"的交汇点和"内外辐射"的结合部。毗邻港澳，使横琴天然地具备了承接港澳商务服务的区位优势。作为粤港澳紧密合作示范区，横琴在区域经济合作、通关制度管理、产业发展模式等方面享有更多的优惠和更大的自主权，因而对港澳高端资源具有更大的吸引力，尤其是商务服务行业资源。横琴发展商务服务业可以首选全球离岸中心、信息服务业和标准检测服务业等产业。

第二，建设与港澳配套的国际知名旅游度假基地。首先根据目前珠海经济发展的现状和未来横琴岛旅游业发展潜力的分析，横琴岛完全可以利用香港、澳门对国际高端游客的吸引力，再结合横琴海岛型生态景观的资源优势，建设与港澳配套的"高端休闲旅游岛"。其次，构建区域会展平台会展业，能够有力拉动与旅游业密切相关的酒店业、饮食业、娱乐业、交通运输业、商贸服务业以及金融保险业等各行业的发展。

第三，建设珠江口西岸的区域性科教研发平台，依托港澳科技教育资源优势和内地人才资源，加强粤港澳的科技合作与交流，重点发展研发设计、教育培训、文化创意等产业，将横琴建设成为服务港澳、服务全国的区域创新平台，促进澳门传统产业的转型升级，提升珠江口西岸地区的自主创新能力。

第四，建设融合港澳优势的国家级高新技术产业基地。横琴发展高新技术产业，打造融合港澳优势的国家级高新技术产业基地具有必要性和紧迫性，这对于横琴实现跨越式发展，促进珠三角的产业升级、澳门经济的适度多元化以及粤港澳共建世界级都市圈都有着重大的战略意义。

第五，建设粤港澳金融改革创新试验区。充分利用香港国际金融中心、国际贸易中心的战略地位，拓展澳门作为国际性商贸平台的带动效应，发挥横琴新区作为"一国两制"交汇点和"内外辐射"结合部的区位优势和政策优势，重点围绕金融业务、金融机构准入、金融市场、金融产品等方面进行改革创新，以粤港澳合作为基点推动三地区金融资源的整合与优势互补，大力促进货币兑换结算与离岸金融、产业投资基金与融资创新以及金融后台服务三大产业平台的发展，力争在 5～10 年内把横琴新区打造成中国金融改革创新的示范区。

三、南沙

南沙新区建设已列入《珠三角地区改革发展规划纲要》《粤港合作框架协议》和国家"十二五"规划纲要，但《南沙新区发展规划》还没有正式获批。据 2011 年中国社会科学院与中共广州市委、市政府在北京联合举行"广州南沙新区定位与发展战略研究"课题成果发布会上，指出广州南沙新区的总体战略是，用 40 年左右的时间，将广州南沙建设成国际智慧海滨城市、粤港澳全面合作的国家级新区、珠三角世界级城市群的新枢纽。

（一）发展定位

南沙这十年来定位不断被刷新，从汽车制造业基地、钢铁和石化重工业基地，到以服务业为主导的宜居宜业的滨海新城，再到现在的"国际智慧滨海新城、岭南生态水乡之都"。然而，南沙定位应该是由它本身的地理资源条件决定的。珠三角几何中心、良好的港口区位优势、广阔的珠三角经济腹地，这些都是南沙的优势，它决定了南沙最容易发展贸易物流产业，以贸易物流为基础，结算、保险、金融、现代服务等衍生产业才能逐渐兴起，并借此辐射广佛肇甚至整个珠三角。因此，南沙应首先定位为中国南方对外开放的重要海上门户。首先要在开放型经济、商贸旅游、航运物流、会展等诸领域，将南沙打造成为广州国际交往的新平台，成为中国南方对外开放的重要海上门户，成为推动新时期对外开放的重要窗口。其次，南沙要成为粤港澳全面合作的综合试验区。在粤港澳合作的三大平台中，南沙的区位优势明显，面积最大。南沙要充分发挥自身优势，多领域、全方位拓展粤港澳合作领域。第一，利用国家实施 CEPA 先行先试综合示范区的机遇，深入开展专业服务、科技创新与研发设计、教育培训、文化创意及影视制作等领域的全面合作。积极争取国家和省市的政策支持，使南沙在港澳科技教育文化资源开放中先行先试，将南沙打造成为科技教育文化国际合作特区。第二，南沙要充分利用优美的生态环境和独特的岭南水乡文化，以营造一流的人居环境为指引，加快共建粤港澳优质生活圈步伐，将南沙打造成为环珠江口宜居湾区优质生活圈示范区，将南沙打造成为区域性国际健康休闲旅游中心。

(二) 重点产业

主导产业方面,南沙首先应发挥自身已有的港口优势,促进贸易物流产业发展,逐渐以贸易物流为基础,带动结算、保险、金融、现代服务等衍生产业,主打高端服务业、科技智慧产业、临港先进制造业、海洋产业、旅游休闲健康产业五大主导产业群。

四、小结

前海准确定位在现代服务业,尤其是生产性服务业,以香港为依托;横琴定位主要在休闲旅游、离岸服务和高新技术等产业,以澳门为依托;而南沙则应相对定位较高,以贸易物流为基础,逐步发展。广州南沙打造服务内地、连接港澳的商业服务中心、科技创新中心和教育培训基地,建设临港产业配套服务合作区。

第四节 制度创新及发展策略

限制港澳与珠三角乃至内地经济融合的根本原因在于制度的差异。单纯的产业设置解决不了粤港澳合作新区前海、横琴、南沙开发的根本问题。

第一,区域协调发展方面。前海、横琴、南沙必须错位发展,但前海、横琴、南沙分属三个不同行政区划、有着不同主管部门,在区域合作方面会存在一定制度差异。只有合作能够避免无谓的内耗和恶性竞争,同时,这三个地区在吸引资源、产业发展方向、政策法规制定上也可以互相借鉴和对照。因此,这三个地区携手共同签订友好合作协议也是大势所趋,借助结盟之力,有利于探索机制体制创新,深化粤港澳合作。合作就要涉及不同的行政区域,合作成功的关键要看这三个地区能否真正打破各自区域的利益格局。南沙、前海、横琴这三个地区需要更加清晰地界定彼此互补错位发展的空间,并且从更高层面对产业、规划等统筹安排,而不是各自独自发展。

第二,法治创新方面。建立适宜营商活动的司法环境,多向香港、澳门学习,引进香港成功的司法经验。这三个地区的产业发展政策必须法律化、法规化,包括综合性和专项性立法,可以根据国家相关法律规定和实际需要,设定相应的法制机构,引进民间商事调节机构。借鉴香港在社会事务管理、商业运行规则等方面的管理理念和实践经验,按照国际经贸活动的通行规则和国际惯例管理运作。

第三,行政管理体制创新方面。建立高效、廉洁的公共服务型政府,主要在宏观发展规划、公共基础设施建设、管理、税收、公共治安与维护市场秩序、提供公共服务产品等方面体现机构设置科学、队伍配置精干、人员薪酬丰厚、财政预算透明的特色,达到决策科学、执行畅通、监督有力的目的。构建高效廉洁的服务性管理机构,减少和规范行政审批,在企业设立、经营许可、人才引进、产权登记等方面提供便捷规范的一站式服务。

第四,社会管理创新方面。探索科学的城市社会管理模式,发挥政府、社会组织和居民个人的积极性,政府发挥主导作用,社会组织发挥骨干作用,居民人尽其责。加强粤港澳在公共管理服务领域的合作,更加注重借鉴港澳办事规则和运行机制,引进香港公共服务机构在前海设立服务平台,营造规范高效的公共管理服务环境。开展教育、医疗、社会保障等方面的合作,为境外人员到内地工作和生活提供便利。制定各类吸引高层次、高技能服务业人才的配套措施,探索三地区从业人员的资格互认,营造良好、便利的工作、生活环境。

第八章 广东自贸区促进粤港澳融合发展的制度创新研究

自贸区实际上就是一种制度安排,其核心是制度创新,通过制度创新提供相对稳定、透明、开放、公平的规则体系,为经济主体的贸易和投资活动提供便利条件,降低其参与经济活动的交易成本,从而优化资源配置,提升经济效率。当然,制度运行本身也是有成本的,这就涉及制度效率问题,要通过适当的体制机制和规则设计,将自贸区各项举措落到实处,降低制度运行成本,实现制度创新的最大效率。

制度创新无非有三条路,一是纯引进,二是混合设计,三是完全原创。在自贸区这个实验平台上,重点引进并借鉴香港等作为成熟自由贸易港的成功经验,充分利用港澳的行政人才和专家全方位参与自贸区的体制机制设计和试验,是一条最适合、最容易达到效果的捷径。如图8-1所示。

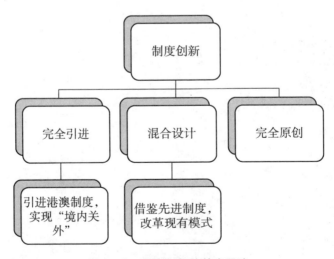

图8-1 制度创新的基本思路

广东自贸区的首要任务就是要建立国际高标准投资贸易规则体系,培育国际化、市场化、法治化营商环境,深入推进粤港澳服务贸易自由化。

其目标是建设粤港澳深度合作示范区、21 世纪海上丝绸之路重要枢纽和全国新一轮改革开放先行地。因此,学习和借鉴港澳比较成熟的市场经济组织法规、营运法规、管理法规,尽快建立和完善相关政策体系,破除制约服务贸易发展的体制机制障碍,探索更加有效的负面清单管理,推动港澳良好的营商环境、健全的法制制度和与国际高度接轨的政策法律体系逐步向内地延伸,促进广东建立与国际接轨的市场经济体制和法治制度。

因此,本章从投资贸易的视角,比较广东自贸区与港澳在投资贸易规则等方面的相关差异,得出目前广东自贸区发展的制度约束,并提出广东自贸区在促进粤港澳深度融合方面的制度创新途径,实现培育国际化、市场化、法治化营商环境并深入推进粤港澳服务贸易自由化的目标。

第一节 广东自贸区与港澳投资贸易的制度差异

香港始终坚持自由贸易政策,大力倡导国际贸易自由化,反对贸易保护主义,使其成为迄今最自由、最开放的自由贸易港之一。而澳门也连续七年被评为"较自由"经济体①。要想使广东自贸区与港澳深度融合,就必须探讨广东自贸区与港澳贸易投资的环境差异。本章从外商投资、货物贸易、服务贸易三方面来展开讨论。

一、外商投资

投资环境是外商资本进入一个地区发展首要考虑的因素。目前,我国对自贸区在外资管理模式上的改革和创新,准确地说需要从"准入前正面清单审批为主、准入后监督为辅"的旧模式过渡到"准入后监督为主、准入前国民待遇负面清单为辅"的新模式。因此,以下对外商投资的分析分别从事前限制、事中管理、事后监督的角度来探讨广东自贸区与港澳投资环境的差别。

(一) 事前限制

1. 行业准入

广东自由贸易试验片区对外商投资的行业准入制度创新的主要体现是实行"负面清单管理模式"。所谓"负面清单"是指列出禁止投资或者限制投资的领域和项目,而在清单之外的所有项目都向外商开放投资。在最新

---

① 资料来源:《澳门连续七年被评为"较自由"经济体》,新华网,2015 - 01 - 27.

的 2015 版负面清单中,在国民经济行业 1069 个小类中,仅有 17.8% 的不予外商投资或有限制的领域,而其余超过八成的行业都对外商开放投资,增强了企业经营的自主权和机动性。目前,国务院发布的自贸区负面清单内容共有 122 项,而横琴自贸片区将在此基础上,针对港澳发布更简短的清单,清单内容约有 90 项。相对于长期采用的正面清单管理方式,负面清单的形式大大增加了试验区经济的市场化。

香港没有所谓的"负面清单"的限制,同时香港特区政府也没有制定投资产业政策及相关目录,但投资受香港特区政府监管的行业除外(金融、电讯、公共运输、公用设施及部分大众媒体等在香港均属于受监管的行业)。

澳门对于行业经营同样基本上没有限制,除了少数几个行业需要特批,比如金融业、博彩业;另有一些特殊的行业需有行政准照,如职业介绍所、培训中心等。

2. 注册准入

广东自贸区公司的注册准入主要适用中国内地的公司法,与香港公司法在营业范围、注册资本、注册人数等方面的主要区别如表 8-1 所示。

表 8-1 中国内地与香港、澳门公司法注册方面的主要区别

中国内地	香港	澳门
一、总则部分		
营业范围	可不用写营业范围,所有合法的商业行为都可以经营	几乎无限制
公司停业 6 个月会被取消登记	12 个月	12 个月
二、有限责任公司		
注册资本采用认缴制,无最低实缴金额限制,股东仅需在章程约定的时间内完成注册资本缴纳即可	港币 2 元,不用实缴	2.5 万元澳门币,声明即可,不需实质到位
三、股份有限公司		
发起人 2~200 人	最少 2 名,无上限	最少为 3 人
股本(注册资本)要求同有限责任公司	港币 2 元	注册资本最少为澳门币 100 万元
董事会 5~19 人	2 个至无限	—

由此可见，香港、澳门公司对于注册资本、注册人数限制很小，且注册资本不需实缴。同时，没有营业范围、营业地点的限制，甚至允许空壳公司的存在，公司准入环境非常简单、宽松。

3. 管理主体

广东自贸区的主要工作目前由各个片区的自由贸易试验区管理委员会来担当，负责推进落实自贸试验区各项改革试点任务，其管理理念强调政府职能由重管理向重服务的转变。自贸区内部的行政管理已经开始从某些领域退出，例如外商投资项目核准制和企业合同章程审批制已经改变为以备案制为主的管理方式——对境外投资一般项目实行备案制，备案信息多部门共享、备案结果网上公示、备案机构定期核查等配套制度已建立完善。

香港只对金融公共运输公用设施电讯等行业进行监督，绝大部分行业实现了自我管理宽松的外汇制度，外汇可以自由出入香港、自由兑换；实行开放的人员出入境政策，170个国家和地区的居民到香港旅游享受免签待遇等。

4. 国民待遇

投资领域的国民待遇是指东道国给予外国投资者及其投资不低于给予本国投资者及其投资的民事权利待遇。准入前阶段包括企业的设立、取得、扩大等，具体体现在一国在外资进入前，对相关行业、相关企业以及相关审批程序设置的特定门槛。因此，给予外资准入前国民待遇是指将国民待遇延伸至投资发生和建立前阶段，意味着对外资完全开放，国内市场在市场准入方面赋予其与国内投资企业等同的投资权利与自由度，而不设定任何过度的限制和禁止。可以说，准入前国民待遇是一国投资自由化的重要标志之一。

广东自贸区各片区目前对于外商投资实行"准入前国民待遇"。所谓"准入前国民待遇"，是指在试验区投资的外商享有同中国国内投资者相同的国民待遇，中外合资以及外商独资企业作为一种特殊企业类别将被取消，今后内资和外资将平等对待。

香港的外来投资企业同样不享有任何特殊优惠，也不存在任何歧视，所有投资政策与本地企业相同，对本地公司及外商一视同仁，实行少干预、无补贴政策，为所有有意在香港营商的公司提供公平的经营环境。不论本地公司还是外国公司都按公司法注册登记，开业经营，自由竞争，优胜劣汰。澳门也同样如此，外地与本地投资者成立企业的程序相同，并可通过"一站式"服务协助处理各项行政手续。

5. 税制优惠

广东自贸区各片区目前境内采取的主要是税收优惠政策。以横琴为例，税收优惠主要包括：①对符合条件的企业，减按15%的税率征收企业所得税；②对从境外进入横琴与生产有关的货物实行备案管理，给予免税或保税；③内地与生产有关的货物销往横琴视同出口，按规定实行退税；④横琴新区内企业之间货物交易免征增值税和消费税；⑤在横琴工作的港澳居民享受与港澳同等的个人所得税，对个税差额给予全额补贴。

而香港税制简单，采用地域来源原则征税，只有源自香港的收入才须按个别情况在香港纳税，即居港人士源自海外的利润无须在香港纳税，而非居港人士取得的源自香港的利润则须纳税。香港税局对在内地生产、在香港进行销售的企业，给予50%免征所得税优惠。香港的税率较低，如企业的利得税税率为17.5‰，不盈利不用交税。

澳门实行低税制，税种简单，主要税项为：所得补充税、营业税、职业税、房屋税、消费税、机动车辆税、旅游税和印花税等。其中，所得补充税税率为3%~12%；所得税在澳门币30万元以上者，税率为12%。收益在澳门币32000元以下者可获豁免。营业税税率按经营业务而定，一般行业税款为澳门币150~1500元不等，而银行业的税款则为澳门币20000~80000元不等。

6. 自贸区制度不足之处

通过以上对比，我们可以发现香港、澳门能够成为世界上最自由、最开放、最活跃的自由贸易港，其根本原因在于香港、澳门建立了完善的自由市场经济体制，准入政策非常宽松，经济运行主要靠市场自由调节，以市场作为社会资源的主要配置者，政府奉行所谓的"不干预主义"，这是市场机制得以顺畅运行的基础。因此，广东自贸区目前的投资环境与港澳相比还存在以下不足：

（1）行业准入限制依然存在。

第一，行业限制依然存在。当前，自贸区公布的负面清单中的限制性条款相当一部分内容集中在制造业，开放空间比较有限。

第二，负面清单中部分条款措辞模糊。以电信业为例，负面清单中提出要限制外方投资电信行业，但如何限制并未说明。

第三，负面清单对未来新兴行业的预留空间不足，像物联网、云计算、电子支付等新兴行业未能在《国民经济行业分类及代码》中找到对应类别，因此也未能出现在负面清单之中。

总体来看，尽管负面清单的公布在外资管理方面取得了实质性的突破，但投资壁垒仍然存在,新版负面清单仍然具有鲜明的过渡性质。

(2)国民待遇标准存在隐性壁垒。准入前国民待遇要求打破对企业类型的限制,不论是中资公司还是外资公司都采用国民待遇公平对待。然而,在国内市场上国民待遇的界定就一直备受争议,其主要原因在于国有企业和民营企业的经济主体地位存在极大差异。一方面,国家重点行业、高利润行业基本被国有企业占据,民营企业难以进入;另一方面,主体地位差异决定了民营企业在资源配置、资金支持方面都存在相当大的阻碍和限制,尤其是民营企业"融资贵、融资难"问题已经成为导致实体经济下行的主要原因之一。而外资企业位于两者之间应该享受什么样的国民待遇却无法确定。假设外资企业与国有企业享受同等待遇,那么关键性行业的垄断将被完全打破,存在威胁行业和国家安全的隐患。假设外资企业与民营企业享受同等待遇,那么这种开放反而置外资企业于更加不利的地位。因此,自贸区应该尽快梳理国民待遇的真正含义,对于区域差异较大的政策,应尽快调整以保证国民待遇的概念得以真正实施。

(3)外商投资准入的质量标准没有界定。目前自贸区对外资准入领域进行了明确的规定,但缺乏对外来投资质量的界定。只有高质量并且良好运行实施的外来投资才会对经济发展有促进作用。同时,由于国内公司法修改,注册公司已没有注册资本及实缴情况的限制,因此,外资的准入资格在一定程度上仍然取决于经济管理部门的自主判断。缺乏对外资准入标准的清晰规定,将会带来投资主体认定标准不一、市场监管难度加大等难题。因此,如何保证外商投资进入的企业真正发挥促进实体经济的作用,也非常值得关注。

(4)体制改革与政府职能转变的固有障碍问题。香港自由港的管理模式是以服务为主,以行政干预为辅,完全依靠市场调节以及行业自我管理。除极少数本地法律明确限制的领域及行为外,香港的经济活动基本不受干预。而目前广东自贸区管理模式依然存在行政性质,随着负面清单管理模式的推进,政府部门也要简政放权,转变职能,回归其服务本质。政府部门要彻底打破实行了数十年的行政审批制、实现制度的创新不是一蹴而就的,名目繁多的规章制度、冗杂紊乱的政府机构、僵化的监管体系等都是制度变革和政府职能转变的固有障碍,用经济管理体制创新来倒逼行政体制变革需要付出更多的努力。

(5)配套服务欠缺引起监管难度加大。目前,负面清单、准入前国民待遇等投资政策还属于试验阶段,对外资准入的限制少了,投资金融活动更加自由了,监管难度无疑将大大增加。如果与负面清单管理模式相匹配的配套改革没有同步推进，无疑会带来纷繁复杂的国际经济争端。

（6）税制优惠力度不足。自贸区目前的税制优惠已取得重大进展，但与香港、澳门简单、明确的税制仍有差别，因此，在税制设计上还需进一步设计。

（二）事中管理

外商企业的工商注册制度的改革不仅能够提高政府审批和商事登记的效率，还能降低公司注册的登记门槛，为投资者提供优越便利的投资环境。与传统企业登记制度相比，广东自贸区之横琴片区的商事登记制度是一项颠覆性改革，但与香港相比仍存在一定不足。下面以横琴的商事登记制度为例，探讨事中管理的差异程度。

1. 审批流程

横琴目前对负面清单之外的外商投资的企业设立和变更实行备案制（国务院规定对国内投资项目保留核准的除外），对负面清单之内的外商投资企业设立和变更实行审批制；对负面清单之外的领域，实行备案制。政府将外资准入由审批制转向备案制，体现了外商监管重点由事前监管转向事中事后，事前的准入门槛将逐步降低，复杂的审批流程将会被精简的备案材料要求代替。

首先，外商投资只要通过网络在线申请，由商务局行促科办理注册地址登记，工商局办理企业名称预核准；其次，网上一口受理平台办理商事登记（含商务局、工商局、质监局、国地税）；四个部门预审核网上资料后，通知企业提供纸质材料，同时缴交刻章费用；纸质资料通过审核后，企业到综合窗口领取外商投资企业备案证明、营业执照（一证一码，工商、质监及国地税三个部门共一个码）、企业公章。整个流程仅需3～7日，大大简化了投资的手续，避免了以往需要经过不同级别政府部门批准才可投资的步骤。

香港并无特别针对外商的投资审批程序，所有公司仅须遵从《公司条例》的注册规定，对所有的企业投资程序都完全相同。在备齐所有资料的前提下，通过电子方式提交的，最快1小时可在网络平台完成注册手续（公司注册处一般24小时内完成）；以纸张方式提交的，一般在4个工作日内完成。但非香港公司注册及商业登记则需14个工作日。同时，香港公司注册（商业登记）流程明显简捷，经过公司注册处和商业登记署两个部门即可。

2. 备案监管

自2015年4月20日横琴自贸片区正式挂牌以来，为进一步扩大对外开放,推进外商投资管理制度改革,营造国际化、法治化、市场化的营商环境,对外商投资资金的审批主要实施的是外商投资安全审查制度。为了保证自贸区的对外开放工作,试点实施与负面清单管理模式相适应的外商投资国家安全审查措施,引导外商投资有序发展,维护国家安全。而对备案政策的真实性,则需外国投资者或外商投资企业在提交"设立申报表"或"变更申报表"时承诺申报内容真实、完整、有效,申报的投资事项符合相关法律法规的规定。

香港、澳门对于注册时监管制度要求不高。例如,香港对需要进行商业登记的业务审查也要求不高:①为了图利而从事的任何形式的生意、商务、工艺、专业、职业或其他活动;②所有根据《公司条例》在香港注册成立,或在香港设有营业地点的非香港公司,不论其实际上是否有在香港经营业务;③所有在香港设有代表办事处或联络办事处,或出租其在香港的物业的非香港公司,不论其有否在香港设立营业地点。

3. 自贸区制度不足之处

尽管横琴新区的商事制度改革已经走在了全国的最前列,但仍存在一些问题,需要今后进一步完善。

(1) 商事登记效率还有待提高。在横琴申请公司登记注册,资料齐全的,商事登记机关应当受理,并在受理之日起1个工作日内予以登记。1个工作日内不能完成登记的,经商事登记机关负责人批准,可以延长3个工作日。而在香港最快1个小时就可以在网上完成注册。因此,横琴新区与香港的商事登记效率相比,还有改进的空间。商事制度改革以来,以往公司注册的效率得到了很大的改善,由于目前审批的各部门还处于磨合阶段,虽然除了设立许可外的前置审批全部已经取消,但是后置审批还存在着多机构、多部门的审批问题,影响了审批效率。

(2) 备案管理制度仍需注重监督。在国内复杂的市场经济形势下,由行政审批变为备案管理必然会带来很多问题,如出现企业备案材料的弄虚作假等不符合实际情况等,企业生产专业资质不足等问题。如果备案管理本身没有监督的含义,市场违法操作的各种乱象将会蔓延开来,从而失去了自贸试验区行政体制改革创新的意义。

(三) 事后监督

外资企业的设立获取和扩大等各个阶段,都要求政策具有极高的透明度,因而对政府的监管能力而言是一个非常大的挑战,如何形成外资管理新制度新模式,如何建立和统一新的配套政策和法律法规,如何设计并运用安全审查机制等保护性措施,这些都是广东自贸区实践发展所面临的挑战。

首先,对于外资企业进入后,按照《自由贸易试验区外商投资国家安全审查试行办法》(国办发〔2015〕24号)的规定,要求自贸区配合国家有关部门实施安全和经营者集中反垄断审查,制定相关制度安排和规定,建立反垄断审查协调工作机制。目前,如何进行反垄断审查机制还没有出台具体的规章制度。其次,相比上海自由贸易园区的监管制度,企业社会信用体系、企业年度报告公示和经营异常名录、信息共享和综合执法制度、行业协会和专业服务机构介入等机制都还未完善,相比之下,广东的事后监管机制发展还比较滞后,有待进一步完善。

香港的企业监管制度相对更加简单,权利更加集中,主要由公司注册处依据《公司条例》来完成。对企业的监管采用年检制,每年对公司进行审查。香港《公司条例》中规定,本地私人公司须就每一年(成立为法团当年除外)于成立为法团之周年日后的42日内,交付周年申报表登记。其他本地公司则须于公司的申报表日期后的42日内交付周年申报表登记。申报表日期视公司的类别而定。如果本地有股本的公司、担保有限公司及注册非香港公司逾期交付周年申报表,须缴交较高的登记费用,请参阅逾期交付周年申报表须缴交的登记费用。此外,未有或逾期交付周年申报表的公司及其每名责任人均可被检控,一经定罪,可被处以失责罚款。提供申报表后,由公司注册处管理委员会须就特定的范畴(如诚信、投资策略、部门发展及编制)设立不同的专责委员会来进行审查。

二、货物贸易

国际贸易是一国经济增长的重要引擎,而发展国际贸易的便利化环境则是促进国际贸易增长的必要条件。贸易便利化又可分为货物贸易便利化和服务贸易便利化,其中货物贸易便利化是指围绕货物进出口流程所产生的服务便利性,它涉及国际贸易前期、中期和后期的市场调研、资信调查、外贸融资、货物或服务的准备、单证的获取缮制和提交、报检通关、仓储运输、税费缴纳、跨境支付、外管结汇、出口退税、国际维修和保养、商品展示等多个环节多种服务(姜维,2015)。从贸易便利化的定义可以看出,贸易便利化主要强调贸易程序的简化和协调统一,因此要求我们为国际贸易活动创造一个简化的、协调的、透明的、可预见的环境,同时要求技术规范、符合性评估和证书在不同国家间相互认可,人员可自由流动。本节分别对广东自贸片区和港澳的货物贸易便利化进行对比分析,从中得出我们可借鉴的港澳贸易便利化发展经验。

(一) 法制环境

首先，目前广东自贸区对风险管理、边境保护、口岸管理等海关职能并没有在法律层面做出明确的规定。对于贸易便利化这一全球发展趋势，许多内容在法律层面上还处于空白，没有从立法上给予保障，这样就导致在贸易便利化进程中海关面临着法律制度不匹配的挑战。而香港特区政府为了进一步促进贸易便利化，还相继推行了海易通计划和香港认可经济营运商计划。海易通计划是海关新近推出的一项计划，目的为简化现时的海关清关程序，为海运货运代理提供一个电子渠道，以Excel、CSV档案预先向海关提交副提单数据（海运模式的入境、转运付运货品）。这些转变会为货运代理及海关带来相互的利益。香港认可经济营运商计划则是个别公司在申请成为认可经济营运商的最初阶段所进行的自我评估，认可经济营运商可享有其他便商利贸的安排和好处，如减少海关查验，优先接受清关，成为拥有高度保安的贸易商，提升信誉、加强竞争力及销售能力，减少货物损失及被窃，根据相互认可协议享有特别优惠，计划有助于加强合法贸易的安全和效率。

(二) 通关效率

目前，广东自贸区各片区在海关的实际工作中部门职能划分不清，还存在多重监管现象，使得货物信息无法在部门之间有效传递，使得货物在通关过程中出现监管盲区，增加通关时间，提高通关效率。

而香港采用的是电子货物清关平台，主要包括空运货物清关系统、电子货物舱单系统和道路货物资料系统，三个系统配合为业界提供了提交电子货物数据，提高了清关的效率；同时，香港海关十分重视香港的诚信营商形象，为合法的商贸活动提供保护及最大便利。在货物通关时海关采用风险管理措施，确保将在各出入境管制造成的干扰减至最小。为加快清关，海关采用了多个电子货物清关系统，方便从事航空、陆路及海路货运业的经营商预先递交货物资料。

(三) 检验检疫

目前，在广东自贸区片区内的货物贸易过程中首先需要先报检，通过报检后才可以报关通过关口。这会增加通关时间，降低通过效率。

香港进出口物品检验检疫实行"先放行通关，再检验检疫"的原则，可大大缩短通关时间。同时,香港具有国际认可度很高的产品标准及认证体系,其中有专门的产品标准资料组合来提供本地和海外标准及技术规例的最新资讯,帮助企业在制造、出口和提供服务时符合这些规定的要求,提高产品质量及竞争力。

(四) 税制环境

企业在自贸区可以享受相对于其他地区更加优惠的税收政策,但是企业在实际的投资经营过程中要想享受税收优惠需要符合很多条件,需要很多部门审批,而且税种繁多,因此企业在自贸区实际经营过程中难以享受自贸区的税收优惠。

香港奉行自由贸易政策,取消了贸易壁垒,因此进出香港的货品均无须缴纳关税,而且进出口岸的手续简单。有的需要办理相关证明的物品也只是履行对贸易伙伴的义务或符合公众卫生、安全等内部需要。首先,由于香港秉承的税收原则是属地原则,即香港的税收仅针对来源于香港地区的收入而征收,并积极奉行国际税收双重免税的各种双边协议。其次,香港的税收功能简单,而且香港是全球公司和个人入息税率最低的地区之一。为保持"自由港"的活力,香港的税收一直保持"积极不干预经济"的中性原则。最后,香港的税制简单,低额税率、简单税制是香港税务制度的最大特点。香港没有销售税、增值税、关税、资本收益税、股息税、利息税、资源税及其他附加税费。事实上,香港的直接税项仅有3项,即利得税(公司所得税)、薪俸税和物业税。香港和横琴及国内自贸区关于货物贸易便利化方面的对比如表8-2所示。

表8-2 香港和横琴及国内自贸区关于货物贸易便利化的对比

货物贸易便利化	香港的做法	横琴及国内其他自贸区的做法
法律支持	法律、法规健全完善,很好地支持了贸易便利化	目前还没有专门针对贸易便利化的法律、法规
税制环境	自由港,消除关税壁垒;税制简单,税种单一,税收征收手续简单便利	税收种类繁多,征收手续复杂;真正能够享受自贸区税收优惠的企业较少

续表 8-2

货物贸易便利化		香港的做法	横琴及国内其他自贸区的做法
通关便利化	通关效率	采用的是电子货物清关平台，主要包括空运货物清关系统、电子货物舱单系统和道路货物资料系统。在货物通关时海关采用风险管理措施，确保将在各出入境管制造成的干扰减至最少	海关的实际工作中，由于部门的职能划分不清，还存在多重监管现象，使得货物信息无法在部门之间有效传递，导致货物在通关过程中出现监管盲区，增加通关时间
	进出口检验检疫	"先放行通关，再检验检疫"的原则，可大大缩短通关时间。同时，拥有国际认可度高的检验检疫机构	货物贸易过程中首先需要先报检，通过了报检后才可以报关通过关口。这会增加通关时间，降低通过效率

资料来源：根据香港海关网站（http://www.customs.gov.hk/sc/home/index.html）及相关资料整理而得。

三、服务贸易

服务贸易便利化由于涉及的主题是服务，服务和货物之间的形式和内容有很大区别，因此服务贸易便利化所涉及的问题与货物便利化的不尽相同。服务贸易便利化同样关注信息的公开获取、标准的一致化、融资与支付、保险、税费、基础设施等方面的便利与否。除此之外，服务贸易便利化还包括税收优惠、财政补贴、外汇管制、准入资格、股权比例、经营范围和商务人员流动等方面及促进服务贸易便利开展的政策、措施和手段。

（一）行业开放

目前，广东自贸区内的服务贸易开放有限，外资进入服务业领域限制较多。从自贸区的投资准入负面清单来看，在金融服务、专业服务、医疗服务、计算机与信息服务等领域对外资的进入仍然存在较大限制。特别是电信、金融、教育培训、医疗保健等行业对外开放程度较低，市场垄断现象较为严重。

香港的服务业发展和服务贸易在国际上都是具有很强竞争力的，与其便利化的营商环境密不可分。这得益于香港具有高度开发的经济体系，绝大多数投资领域的进入及经营均由投资者自己决策，并享受一视同仁的

"居民待遇";服务业高度开放和发达,为服务贸易奠定了基础。

(二) 贸易配套

由于目前对服务贸易重视不够,现有的通关管理模式和管理服务制度不适应服务贸易发展形势。由于服务贸易与货物贸易的物品形态不一样,因此需要配套的通关管理模式和服务管理制度也不尽相同。目前,广东及国内其他自贸区还未建立起与服务贸易相配套的通关管理模式及服务体制。

香港具有与服务贸易相配套的通关模式及人员流动方式,可以有效地促进服务贸易的发展。

(三) 自贸区制度建设

首先,服务贸易开放有限,外资进入服务业领域限制较多。从自贸区的投资准入负面清单来看,在金融服务、专业服务、医疗服务、计算机与信息服务等领域对外资的进入仍然存在较大限制。特别是电信、金融、教育培训、医疗保健等行业对外开放程度较低,市场垄断现象较为严重。其次,对服务贸易重视不够,现有的通关管理模式和管理服务制度不适应服务贸易发展形势。目前,横琴及国内的自贸区还未建立起与服务贸易相配套的通关管理模式及服务体制。最后,与服务贸易相关的人才流动问题。人才是支撑服务贸易的一个重要因素,因此要进一步推进人员通关的便利化,促进与服务贸易相关人员的流动。

第二节 广东自贸区促进粤港澳融合的制度约束

通过前文分析,我们可以看到,广东自贸区目前的投资贸易环境与港澳相比还存在很大差距。借鉴国内外相关的特殊区域发展模式及港澳的先进投资贸易制度,我们必须打破以下七个方面的制度约束,才有可能使粤港澳自贸区建设和区域一体化融合顺利进行。

一、难以突破"境内关外"

"境内关外"一直是我国建立自贸区监管的政策理论依据,但在实施过程中却一直没有破解。建立自由贸易区和自由港甚至由于被部分决策管理部门和理论界认为是"丧权辱国"而难以突破(孟广文,2013)。但是,目前改革的深化和经济的转型需要解决这个问题,而且如果该问题不解决,我国自贸区的发展很难与世界自由贸易对接,同时也影响我国自贸区的竞争力。因此，要想使用"境内关外"模式，实现制度创新中的完全制度引进已达到促进粤港澳融合的目标，暂时还难以实现。

二、自贸区规章暂未立法

到目前为止，国家还未制定出统一的关于自贸区发展的政策法规及模式路径。这样将不能够对自贸区市场经济的发展提供有效的法律保障。自由经济的发展需要相应的政策法规作为市场自由竞争的规则，这样才能保证自贸区内市场经济的有序发展。

三、管理体制亟须突破

目前内地自贸区存在的一个主要问题就是区内管理体制的障碍限制了自贸区的便利化和自由化，并影响自贸区的竞争力。粤港澳自贸区的建立同样面临这样的问题，因此一定要对现有的自贸区管理体制进行创新，要创建更加简化、自由度更高并与服务业开放相适应的管理体制。

四、服务业发展相对落后

改革开放以来，中国开放的主要是出口加工业及相关的外贸经济体制。而本身服务业的发展相对于发达国家还不成熟，金融业等服务业的开放还相对落后，竞争力较弱，而现实经济发展的转型升级要求金融业及服务业进一步开放。同时，适应金融业和服务业开放的管理体制也还没有形成，需要借鉴更多的经验进一步探索。

五、优惠政策吸引力下降

所谓超国民待遇，即指赋予外国人超过本国国民的待遇。我国已经结束对外资企业的超国民待遇，很多国家和地区也已经取消对外企的优惠条件，优惠政策的动因正变得日益狭窄，需要出台其他方面的优惠政策，增强吸引力。

六、开放与监管难并重

开放程度要随着监管的发展而逐步发展，监管和开放都要掌握好适度原则，否则会出现开放后无业务可做，或是开放造成市场混乱的局面。投资自由化的发展离不开稳健的监管体系，对出现的创新制度、方法和技术要取其精华，采取积极态度引起和使用适合自贸区管理和发展的部分，制定高标准管理办法维护投资市场的稳定，维护国家经济安全，这是规划自贸区发展时必须自始至终坚持的基本原则。

七、港澳高度成熟的市场经济运行规则与内地法规有所冲突

要跟香港或外商来做负面清单，就要按照成熟的市场经济规则来操作，而现在如果按照这样一种规则来操作，就要处理它与内地法规冲突的关系。例如，港澳资企业进来之后面临的产业知识产权、法治环境、国民待遇、申诉沟通渠道等方面的问题。

自贸区实际上就是一种制度安排，其核心是制度创新，通过制度创新提供相对稳定、透明、开放、公平的规则体系，为经济主体的贸易和投资活动提供便利条件，降低其参与经济活动的交易成本，从而优化资源配置，提升经济效率。当然，制度运行本身也是有成本的，这就涉及制度效率问题，要通过适当的体制机制和规则设计，将自贸区各项举措落到实处，降低制度运行成本，实现制度创新的最大效率。广东自贸区的未来发展不仅要借鉴和复制部分"国际经验"和"上海经验"，更要突出地方特色。充分发挥粤港澳合作优势，以市场经济体制比较健全的港澳，尤其是香港为参照体系，认真学习和借鉴香港比较成熟的市场经济组织法规、营运法规、管理法规，尽快建立和完善相关政策体系，破除制约服务贸易发展的体制机制障碍，探索更加有效的负面清单管理，构建粤港澳合作的全面示范区，为推进我国的改革开放进程做出新贡献。

第三节　广东自贸区促进粤港澳融合的制度创新途径

对比香港、澳门投资贸易环境，广东自贸区营造更加自由、高效、便利的投资贸易环境，促进粤港澳进一步的深度融合，任务主要有两个方面：一方面，对接国际新规则，创新贸易自由化、投资便利化、与港澳接轨的开放制度；另一方面，转变政府职能，创新政府管理服务体制机制。围绕这两个方面，本文提出广东自贸区在促进粤港澳融合所需进行制度创新的目标及途径。

一、自贸区制度创新的目标

参照港澳国际自由港建设的成功经验，广东自贸区之三大片区应建设成为贸易自由化、投资便利化的国际自由贸易片区。主要措施包括：

（一）建立与港澳国际自由港相似的贸易、投资法律体系

在贸易自由化方面，自贸区法规体系应简易、透明。在商品贸易领域，香港的进出口商品，除军火、毒品等违禁商品外，仅对汽车、汽油、烈酒、烟草四种商品征收关税；在商品检验检疫方面也仅仅对少量与健康直接有关的商品进行检查，而澳门在检验检疫方面由海关代检，通常以进口方的检验检疫为准。在服务贸易领域，港澳的服务贸易负面清单为零，换言之，全世界的服务贸易是可以自由进入港澳的。

在投资便利化方面，自贸区法规体系应便捷、高效。港澳便捷、高效与透明的投资便利化法规体系有三方面的特征：一是无罪推定为前提的投资理念。对待投资商的无罪推导理念，意味着政府管理部门一致认为，企业投资是维护港澳繁荣与发展的基石。如果政府部门觉得，企业在运营的过程中可能存在问题，那么主要的举证职能要由政府部门完成。二是监管体系透明、严格。由于政府管理的无罪推定理念，因此，除少数特点行业领域，对投资商的事中、事后监管几乎是没有的。但是，如果有违法现象并得到举证证实，该企业在港澳存活的概率为零。三是一站式的政府服务。港澳特区政府投资推广署、贸易发展局为港澳的投资商提供了便捷、公开、透明与温馨的一站式服务，有些地方的政府一站式服务是停留在口头上的，但港澳特区政府的一站式服务却真正落实在行动中。港澳的投资便利化制度，使香港成为世界投资者的天堂，企业置身其中感到无比的便捷与高效。

（二）争取成为国际自由贸易片区建设的基础支撑条件

首先，获得中央授权建立与港澳国际自由港相一致的法规体系。为进一步深化改革，扩大开放，为我国在未来发展赢得更长的战略机遇期，中央应允许广东乃至全国的自贸区实行国际自由港的法规体系。

其次，引进与港澳国际自由港相匹配的专业人才。在自贸区实行港澳各类专业人才的资格互认制度，为自由贸易片区的建设奠定人才储备基础。

二、近期制度设计

（一）投资便利化方面的制度设计

总体目标：建立基于负面清单管理的外资准入制度和高效规范的投资管理制度，在监管方式、风险防控、境外投资等方面接轨国际惯例，从根

本上终结传统的投资审批制度，实行内外资一视同仁。

为方便境内外投资，相关的制度设计包括三个方面：

1. 专立自贸区法律法规，缩减负面清单内容及推进相关配套改革，打破投资事前限制

首先，专立自贸区法律法规。以国内法的形式建立透明、公正、高效的纠纷解决机制，设立专门的自贸区法院是增强外商投资信心、解决经济争端纠纷的重要手段，也是营造公开透明的市场环境、同国际接轨的重要内容。

其次，缩减负面清单内容。既然横琴自贸区侧重于与港澳的对接，就需要在四大自贸区通用的负面清单上继续缩减对港澳投资者的限制。（例如医药制药业，横琴正与澳门建立"中医药产业园"，可将负面清单中"禁止投资中药饮片的蒸、炒、炙、煅等炮制技术的应用及中成药保密处方产品的生产"一条删除。金融业中相关规定"不得成为证券交易所的普通会员和期货交易所的会员""不得申请开立 A 股证券账户以及期货账户"，随着沪港通的开放，此条也可以考虑放开管制。）

最后，推进相关配套改革。在推进负面清单制度改革的同时，完善外资享受准入前国民待遇的风险防范、外汇登记、海关监管、安全审查等配套措施与机制。

2. 提高商事登记效率，保证企业待遇一致，完善备案管理程序，加强投资事中管理

首先，提高商事登记效率。尽快制定商事主体行政审批事项权责清单，明确审批监管部门的权力边界与责任范围，各审制度批监管部门要对照清单，确保监管责任到位，实现监管效能整体提升。

其次，保证企业待遇一致。按照内外资企业一致原则，探索外商投资项目、企业章程、投资合同等管理方式。

最后，完善备案管理程序。对备案管理的程序予以规范和设计，避免弄虚作假及资格不足等问题。同时，给予备案监管机关即管委会最大的权力，管委会享有对备案申请人的违法行为予以查处的权力。

3. 淡化政府管制地位，设立多层次监督机制并建立各部门的信息共享机制，强化投资事后监管

首先，淡化政府管制地位。学习港澳将企业的生存权交给市场，政府部门回归其服务本质，行政监管重心从准入许可转向产业安全、专业资质认定和外资并购安全审查。

其次，设立多层次监督机制。横琴自贸区的监管方式，本研究认为可以从三个方面建构：第一，建立个人、社会组织参与市场监管运作机制。个人、社会组织在参与对外资备案企业监督的过程中，可以通过举报、投诉等途径向管委会予以反映。第二，建立对备案申请人定期监督检查的制度。管委会在履行职能当中应做到定期检查。第三，建立以管委会为主导并逐步过渡为私人参与监管制度。

最后，建立各部门信息共享机制。通过为市场竞争主体搭建完善的信息共享平台，建立有效的风险防范机制，构建完善的社会信用体系，加强海关、质检、工商、税务、外汇等管理部门的协作。

（二）货物贸易方面的制度设计

总体目标：按照国际通行的"境内关外"要求，实现海关监管模式的全面创新。

1. 实行"一线放开，二线管住，区内自由"的海关监管模式

在一线监管上，实行仓单预申报管理，以替代现行的进境备案管理制度；在二线监管上，对货物出区实施有效监管，试点建立与国内其他特殊监管区之间多式联运和跨关区转关流程机制；在区内流动上，探索建立入区货物分类监管规则，实现区内货物自由流动、口岸货物与保税货物同步运作、保税延展货物入区运作。

2. 实行人员自由出入境管理制度

为相关人员出入境提供办理证照、签证（免签证、落地签证、选择性落地签证等）以及通关的最大便利。

3. 创建良好的税收环境

一方面，要简化税种，降低税负，降低企业的贸易成本；另一方面，税收政策要提高透明度和稳定性，让企业可预估贸易成本。同时，还需要简化征税程序，引进现代信息技术辅助管理系统，降低税收管理的成本，提高税收征管的效率。

4. 实现信息化通关管理

采用的是电子货物清关平台，运用现代科技信息技术进行通关管理。主要包括空运货物清关系统、电子货物舱单系统和道路货物资料系统。在货物通关时海关采用风险管理措施，确保将在各出入境管制造成的干扰减至最小。

（三）服务贸易方面的制度设计

总体目标：立足进一步扩大服务业开放的战略要求，形成符合国际惯

例的服务贸易自由化便利化制度环境。

1. 扩大服务业开放领域

立足进一步扩大服务业开放的战略要求,形成符合国际惯例的服务贸易自由化便利化制度环境。采用"一线放开,二线管住"的开放模式,一线放开就是区内与境外一线一样,服务可以自由进出,二线管住就是要确保将任何危及国家安全、社会稳定、意识形态的领域牢牢把住。因此,服务业进一步扩大开放。除涉及意识形态、国家安全以及敏感领域外,重点推进金融服务、航运服务、商贸服务、专业服务、文化服务以及社会服务领域的扩大开放,营造有利于各类投资者平等准入的市场环境。

2. 建立服务贸易通关管理模式

建立与服务贸易特点相适应的通关管理模式,在保证有效监管的情况下,为以实物载体形式出口的服务提供通关便利,为服务贸易商务签证、进出境审批提供便利。

3. 完善服务贸易管理制度

建立完善的服务贸易管理服务制度。对照 TPP、TTIP、BIT 等相关条款,建立完善服务贸易领域标准体系、知识产权保护体系、服务贸易统计体系等。实行人员自由出入境管理制度。为相关人员出入境提供办理证照、签证(免签证、落地签证、选择性落地签证等)以及通关的最大便利。

三、远期制度安排

前面分析内容都是针对广东自贸区目前正在建设完善的投资贸易政策制度,但为了更好地实现国际化、法治化、自由化的营商环境,促进粤港澳融合还有一些创新性的平台制度可以考虑突破。

(一)实施"离岛免税"政策,打造国际免税岛

总体目标:依托横琴、南沙、前海的地理优势,加快立法,引进国际大型免税购物集团,同建设发展旅游生态岛和国际旅游岛相呼应,争取建成区域性甚至国际性的免税购物、休闲和度假胜地,打造内地全方位免税岛。

一是将实施"离岛免税"政策扩展为打造"免税岛"形象。购物次数限制和数额将免税范围由个别口岸免税店扩大至全岛范围,将购物免税对象的境内外游客扩大至含横琴岛居民等,将进口产品和奢侈品扩大至包括优质国产品,将购买免税商品的额度限制降低,发展市内免税店,等等。

二是扩大离岛免税的适用对象及条件。放宽免税业务准入门槛;对离

岛游客可不设购物次数上限，岛内居民旅客每人每年视具体情况而定；对免税商品进入内地地区进行监管，对离境（或视同离境，航班在国内其他地区经停、转飞，游客不出机场的情况下）的免税商品采取豁免、通关不受限制；对免税目录内的进口日用消费品设置专门的口岸和通关监管制度。

三是加快周边配套协调，集约旅游资源。建成市内免税店与机场免税店有机结合的免税店格局，并在周边建设一定规模的餐饮、娱乐、住宿、休闲等配套设施；加强免税店与仓储、金融、机场等行业的合作，在政策规定范围内简化流程，加快资金与货物流转，为免税店营造一个高效、有序的经营环境；集约旅游资源，将免税店纳入广东自贸区的常规旅游线路中。

（二）创新土地管理政策，创建"土地制度创新试验区"

总体目标：采取"境内关外"模式，将自贸区内土地直接租借给港澳企业，创建"土地制度创新试验区"，减少土地与设施的低效利用，吸引民间资本投资设施建设并获得回报，推动自贸区土地与地上设施的高效利用。

一是通过补缴差价进行土地转型，盘活存量土地。土地流转方面可参考上海自贸区做法，土地所有者在补缴差价后，可选择将工业用地流转为具有工业用地、商业用地与办公用地三种属性的综合用地；暂时无法确定某些用地性质时，可借鉴新加坡"白色用地"理念，将该区域作为预留用地，待时机成熟时再开发。

二是将原有的"修建—营运—移交"开发模式改进为"修建—移交—营运"模式。借鉴韩国自贸区做法，改进后的项目仍由投资方新建设施，但项目建成后，政府无偿取得设施所有权，作为回报投资方获得设施营运权，营运期满将营运权归还政府。

三是建立土地供后监管机制和淘汰机制。对入驻企业一般满一定期限进行一次评估，重点考核其土地容积率、投资、增加值、运营业绩等。建立淘汰机制，如租赁企业不能达到评估要求，将被停止租约，甚至达不到要求的企业将被清退出园。

四是推广澳门大学横琴校区土地租赁成功经验。探索更多可以实行隔离式开发与管理，实施"一国两制"的新区域。租赁区内实施港澳法律制度，不受内地司法、法律管辖。租赁区外则继续适用中国内地法律，允许独特的双轨并行制，破除粤港澳合作的制度和法律障碍。

（三）创新监管模式，向"境内关外"突破

总体目标：通过关税免税政策、人员出入境政策等多项自由政策，实

现货物、人员、车辆在区域内能自由流动，为探索粤港澳合作新模式、营造国际化法制化的营商环境奠定基础。

一是"一线放开"方面，实施全方位的高度自由开放政策。除法律规定的例外情况，境外货物可自由进出自由贸易区，免征关税、进口环节税等常规税种，不实行进出口配额、许可证管理；一般情况下，对进入区内的物品一律免予检验；货物实施自由进出管理，无须申报海关手续，区内可配合国际中转、国际配送、国际转口等业务对货物进行多种形式的储存、展览、组装、制造和加工，不受海关的任何限制。

二是"二线管住"方面，施以更为严格的监管力度。实行入区备案、区内贸易自主以及离区对该货物进行核销等管理体制，加强对区内人员的有序监管，严格控制货物、服务等非法进入区域外的国内市场；对货物进出特殊区域实行严格的记录管理，对不同的货物性质和类别划分不同的监管力度等级；对出入自由贸易区的人员，采用特殊通行证管理制度；等等。

三是创新口岸查验模式。推行以诚信为基础的分类风险管理通关机制，在创新监管方式上要求由管理货物向管理企业转变；根据企业管理水平和出口产品的类型，对工业产品实施分类管理；根据企业的信誉情况，减少抽查率，缩短产品出口所需的通关时间。

四是实行人员自由出入境管理制度。根据出入自贸区的人员类别，采取特殊通行证和特殊居住证的分类管理制度，为相关人员出入境提供办理证照、签证（免签证、落地签证、选择性落地签证等）以及通关的最大便利。

第四节 重点发展产业

上文对广东自贸区如何促进粤港澳融合的投资贸易制度进行了分析，并给出了若干途径分析。本节则就自贸区内应重点发展哪些产业给出相应的分析及建议。

一、金融产业开放创新

（一）开展人民币离岸金融业务，推动人民币国际化

广东是我国内地人民币存贷款余额最多的省份，而港澳是境外离岸人民币业务量最大的地区。相较于上海自贸区，深圳前海在人民币跨境使用和赴港发行人民币债券等相关业务上具有较大的优势，粤港澳区域在人民

币国际化总体布局中有着重要的战略地位。一方面，要发挥香港的国际化平台作用，推动广东丰富的金融资本"走出去"开展绿地投资、并购投资和证券投资等，拓宽人民币走出去渠道；另一方面，要共同创新人民币投资产品，引导离岸人民币资源服务广东经济发展，完善人民币回流机制。开展自贸试验区与港澳地区双向人民币融资业务，自贸试验区企业既可以从港澳地区借款，又可以向港澳地区放款，形成人民币"走出去"和"流回来"更加畅通的循环流动机制，有助于推动在岸与离岸人民币市场借助自贸试验区的管道实现有序连通。

（二）改革外汇管理体制，保障资金自由

取消对资本项目交易的限制和其他外汇管制，实现自贸区内人民币的自由兑换，保障自贸区内资金自由进出。通过制定和完善区域金融业发展规划，吸引有规模实力的中外金融机构到自贸区内发展。通过制定和出台相关条例，鼓励金融企业创新发展，准许符合条件的金融机构办理离岸金融业务。

（三）鼓励港澳及其他国外金融机构设立分支机构，开展综合经营试点

降低香港、澳门金融机构在自贸区内设立分支机构的准入门槛，优先港澳银行进入自贸区。对于其他外资金融机构也可适当放宽条件，以优惠的财政税收政策吸引其入驻。通过鼓励实力雄厚的港澳金融机构与内地金融企业通过重组、购并等方式组建大型金融控股公司。鼓励港澳金融机构与内地金融企业合作设立金融租赁、住房金融、汽车金融、货币经纪、保险代理、保险经纪与公估、咨询、担保、信托、评估公司等专业性金融服务和金融中介企业，充分利用香港发达的金融服务体系，推动证券、期货、基金在业务创新与技术开发等方面与银行、保险业进行全面合作。

（四）开展外币离岸金融业务

外币离岸业务是指银行吸收非居民的外币资金，并服务于非居民的一种金融活动。外币离岸业务的经营币种仅限于可自由兑换货币，非居民资金可以自由汇往离岸账户，离岸账户资金汇往境外账户，离岸账户间的资金可以自由划拨和转移。发展外币离岸业务可以满足境外投资企业跨国经营的融资需求，为企业提供量身定做的融资支持，帮助企业搭建境外业务运作平台，有效降低企业的经营与管理成本，助推境外投资企业发展。通

过财税政策优惠以及适当降低门槛,鼓励在区内设立分部的港澳地区金融机构以及在区内注册和经营的内地金融机构开展离岸外币业务。港澳地区的金融机构已经有比较成熟的经营离岸外币业务的能力,吸引其入驻不仅能为我国企业"走出去"提供优质的服务,而且能让内地金融机构学习其经营管理经验,加快国际化进程。

二、打造离岸服务平台

我国在企业组织形态、企业法律地位的取得和营业执照的申请等方面和国际通用做法还有一定距离,亟须同国际投资规则体系接轨。香港早以因其没有贸易屏障,资金流动自由,规章条文透明度高,法律体制健全,税率低且明确,而成为全球公认的极具吸引力的离岸中心;而澳门早在1999年10月31日就颁布了《离岸法案》,并于2000年中期正式实施。离岸公司作为世界经济贸易自由化的产物得到了国际经营者的广泛认同,离岸公司战略成为越来越多公司的战略选择。有港澳优越的投资环境为前提和经验借鉴,自贸区完全可以借鉴国际离岸公司注册的经验,先试先行。

(一)重点发展离岸产业

自贸区要积极为企业和个人打造各项离岸服务平台,围绕离岸金融、离岸税收等重点突破领域,搭建离岸注册、离岸服务外包等平台。例如,规划离岸服务园区,促进相关产业及其配套产业向同一区域集中,促进各离岸企业之间的互相交流,逐步拓展和拉长产业链并重点支持。发展辐射型离岸产业,可以为离岸公司或机构等提供配套的商务流程服务。

(二)制定离岸法律规范

法律环境宽松、保密性好,是打造离岸注册岛的前提条件。自贸区首先必须专门对离岸注册公司提供一套完整的先进、易操作的法律和程序:提供简单快速的发证程序;减少官方干预,对离岸企业适用低税率甚至零税率;最大限度地保护隐私确保资产安全,转让和合并资产不受限制;保护财产利益、继承遗产和信托利益对股票的发行、董事和股东的任命;等等。其目的是营造一个宽松的法律环境和保证公司业务的高度保密性,使得离岸公司自身的安全得到充分保障,减少各种风险因素。

(三)完善离岸配套服务

离岸中心的特色往往离不开离岸中心的配套。公司或个人之所以愿意离开自己原来的居住国,到一个人生地不熟的地方开展业务,除了考虑避税外,往往还要考虑交通是否便利,通信是否发达,其他社会基础设施是否完善。除了要建立与自贸试验区相适应的外汇管理体制外,还要为离岸金融的开展提供税收优惠。应不断降低企业在开设离岸专用账户时所要求的注册资本门槛,扩大适用企业范围,并逐步赋予离岸专用账户的融资和理财功能,增强企业资金运作效率,降低运营成本。对在岸账户和离岸账户的监管方面,建立一个认证系统,实现对离岸贸易公司、离岸贸易种类、离岸贸易收入及离岸贸易金额的认定等。建立完善的离岸金融交易市场,大力发展外汇市场、期货市场、债券市场等。

三、发展高端航运产业

国际航运业是最能体现香港市场经济制度和法治制度的领域,其管理体制和政策法规体系也与国际高度接轨。因此,以深化粤港澳国际航运合作为突破口,探索建立与国际深度接轨的航运体制与机制,有助于带动广东航运金融业提升服务水平和国际竞争力,推动粤港澳国际航运的一体化发展。

(一)成立港口信息和战略研究部门

了解掌握国内外港口的发展概况、周边港口的竞争能力和格局,以及运输、航运方式的变化趋势,通过对世界港口、航运发展信息的掌握,为广东国际航运中心发展提供新思路、新方法。通过为全球航运相关企业提供金融、保险、法律、咨询等高附加值的航运服务,不仅可以获得高额的经济回报,更可以在无形中引领粤港澳航运业把握全球航运市场的发展方向。

(二)改革现有船舶登记制度

借鉴香港船舶注册的成功经验,在广东开展以完善现有船舶登记制度为重点的改革试点。开展航运金融改革创新试验,支持开展船舶注册与船舶抵押制度改革试验,邮轮、游艇产业政策创新试验,船员劳务注册改革试验,航运税收政策改革试验,航运市场开放及投资审批政策试验等。要重点推动粤港澳在航运融资业务、航运结算业务、航运保险业务、航运衍生品交易方面开展合作。推动包括船舶融资体制、船舶税费、船舶价值登记、技术登记和在建船舶所有权登记等的改革。进一步提高船舶登记的公信力,放宽船舶登记条件、降低注册费、简化注册程序、缩短注册时间、实行税费优惠,营造良好的船舶注册环境。加快研究出台深化粤港澳国际航运合作的相关配套措施，制定符合国际惯例的市场竞争规则，加快制定地方性政策法规体系，全力营造良好的营商环境、创新环境、法制环境。出台促进广东省港航总部经济发展的专项措施，建立港航企业贷款政策性担保机制和财政贴息制度，优先落实港航企业建设用地指标。

（三）降低船舶回归税

香港对国际航运是零税率的，但这仅仅涉及进行货运的船舶公司。在香港注册登记的从事港航服务业的公司如船舶买卖、船舶租赁中介等，是按照香港的一般企业征收税费，这些公司的最高所得税税率大概是16%；如果按照国内企业标准进行征税，则税率约为40%。内地个人所得税税率比香港高很多。企业如果综合考虑各方面因素，就目前的状况可能会更多地考虑香港和新加坡，降低船舶回归税费是最需要破除的一道障碍。

参 考 文 献

[1] [美] 贝拉·巴拉萨. 经济一体化理论 [M]. 伦敦：理查德· D. 欧文公司，1961.

[2] 陈恩，吴健鹏. 香港回归后港商投资内地的区位布局与决策因素分析 [J]. 亚太经济，2008 (1).

[3] 陈广汉，李广众. 论广东与香港的经济合作——有关两地资本流动与贸易关系的实证分析 [J]. 南方经济，2000 (3).

[4] 陈广汉，等. 粤港澳经济关系走向研究 [M]. 广州：广东人民出版社，2006.

[5] 陈广汉. 港澳珠三角区域经济整合与制度创新 [M]. 北京：社会科学文献出版社，2008.

[6] 龚唯平. CEPA 框架下粤港区域经济一体化趋势与对策 [J]. 特区经济，2006 (5).

[7] 侯景新，尹卫红. 区域经济分析方法 [M]. 2 版. 北京：商务印书馆，2007.

[8] 王洪庆，朱荣林. 制度创新与区域经济一体化 [J]. 经济问题探索，2004 (5).

[9] 王兴化. 我国区域经济合作与发展的制度经济学分析 [J]. 现代经济探讨，2006 (11).

[10] 袁持平，吴肯浩. 粤港澳直接投资的演进路径及其扩散效应 [J]. 广东金融学院学报，2006 (3).

[11] 钟昌标. 外资与区域经济增长关系的理论与实证 [J]. 数量经济技术经济研究，2001 (1).

[12] Strceck, Schmitter, Philippe. Communty, market, state and associations? The prospective contribution of interest govergance to social order. Sage Publications Ltd.，1985.

[13] 骆念蓓. CEPA 框架下的服务贸易开放评析 [J]. 国际贸易问题，2006 (10)：68 - 73.

[14] 蔡宏波,杨晗. CEPA 框架下内地与香港服务贸易开放评析:2004—2009 [J]. 中央财经大学学报,2011 (9):81-86.

[15] 林江,郑晓敏. 内地和香港加强贸易合作的利益分析 [J]. 财经研究,2003 (11):41-47.

[16] 陈广汉. 不断推进粤港澳区域经济一体化进程 [J]. 特区经济,2009 (9):12.

[17] 王焱. 国际经济一体化视角下的粤港澳经济合作——以《珠三角地区改革发展规划纲要》下的合作为例 [D]. 广州:暨南大学,2011.

[18] 刘树成. 现代经济词典 [G]. 南京:凤凰出版社,2005.

[19] Hoekman B. Tentative first steps: An assessment of the Uruguay Round Agreement on services [C] // Martin W, Winters A. The Uruguay Round and the Developing Economies. Washington DC: World Bank, 1995.

[20] Peterson J, Barras R. Measuring international competitiveness in services [J]. Service Industries Journal, 1987 (7): 131-142.

[21] Peterson J. Export shares and revealed comparative advantage: A study of international travel [J]. Applied Economics, 1988 (20): 351-365.

[22] 陈广汉. 推进粤港澳经济一体化研究 [J]. 珠江经济,2008 (6).

[23] 仇焕广,杨军,黄季焜. 建立中国—东盟自由贸易区对我国农产品贸易和区域农业发展的影响 [J]. 管理世界,2007 (9).

[24] 龚唯平. CEPA 框架下粤港区域经济一体化趋势及对策 [J]. 特区经济,2006 (5).

[25] 黄朝翰,李江帆. CEPA 对粤港经济影响探讨 [J]. 现代城市研究,2004 (7).

[26] 黄凌云,刘清华. 建立东亚自由贸易区的中国经济效应研究——基于 GTAP 模型的实证分析 [J]. 国际贸易问题,2008 (12).

[27] 李众敏,吴凌燕. 多哈回合对中国农业的影响 [J]. 世界经济,2007 (2).

[28] 李众敏. 中国区域贸易自由化战略研究 [J]. 世界经济,2007 (8).

[29] 林江,郑晓敏. 内地和香港加强贸易合作的利益分析 [J]. 财经研究,2003 (11).

[30] 田贞余. 我国大陆与香港地区贸易的引力模型分析 [J]. 财经科学,2005 (3).

[31] 谢杰,汪连海. CAFTA、ACFTA 自贸区与 WTO 贸易自由化的比较研究 [J]. 统计研究,2008 (7).

[32] 徐现祥,李郇. 市场一体化与区域协调发展 [J]. 经济研究, 2005 (12).

[33] 杨军,张海森,黄季焜. 取消 MFA 后的贸易安排对我国经济福利影响及其政策含义 [J]. 管理世界, 2005 (3).

[34] 于绯. CEPA 实施后粤港服务贸易合作的实证分析——基于巴拉萨模型、引力模型和购物模型 [J]. 经济管理, 2009 (10).

[35] 张光南,邱杰宏,陈坤铭. 中国内地和中国香港的贸易自由化效应研究——基于全球贸易分析模型 GTAP 的分析 [J]. 国际贸易问题, 2011 (9).

[36] 张婕,许振燕. CEPA 贸易创造与贸易转移效益的实证分析 [J]. 亚太经济, 2007 (1).

[37] 周曙东,胡冰川,吴强,等. 中国—东盟自由贸易区的建立对区域农产品贸易的动态影响分析 [J]. 管理世界, 2006 (10).

[38] 周余辉,李郇. CEPA 效应下香港与泛珠三角一体化的实证分析 [J]. 南方经济, 2006 (9).

[39] 李慧中. 比较优势与国际服务贸易动因：一个区分不同贸易模式的新研究 [J]. 经济学前沿, 2008 (9)：80-87.

[40] 梁丹丹,程大中. 我国服务贸易增长率和经济增长率的实证研究 [J]. 经济师, 2005 (10).

[41] 韶泽,婧赟. 国际服务贸易的相关理论 [J]. 财贸经济, 1996 (11)：51-55.

[42] 陈广汉,曾奕. 对内地香港生产者服务贸易影响的理论分析 [J]. 经济学家, 2005 (2).

[43] 陈秀珍. 香港与内地经济一体化经济增长效应的计量研究 [J]. 开放导报, 2005 (10).

[44] 陈秀珍. 香港和内地经济一体化程度的量化评价 CDI 香港与内地一体化的指数研究 [J]. 开放导报, 2005 (5).

[45] 黄少军. 服务业与经济增长 [M]. 北京：经济科学出版社, 2000.

[46] 蒋昭乙. 服务贸易与中国经济增长影响机制实证研究 [J]. 国际贸易问题, 2008 (3)：71.

[47] 杨圣明. 服务贸易：中国与世界 [M]. 北京：民主与建设出版社, 1999.

[48] 曾奕,李军. 生产者服务贸易的贸易模式研究：基于面板数据的分析 [J]. 统计研究, 2006 (12).

[49] Kemp M C, Wan Y H. The gains from Free Trade International Economic Review [J]. Internotional Ecomomic Review, 1972, 13 (3): 509 - 552.

[50] 张杰,[丹麦] 古斯达·克里斯坦森. 引力模型在国际贸易理论中的发展和应用 [J]. 国际贸易问题, 1996 (1).

[51] World Trade Report 2011 [R]. World Trade Organization, 2011.

[52] 林江, 郑晓敏. 内地和香港加强服务贸易合作的利益分析 [J]. 财经研究, 2003 (11).

[53] 张雪松. 三大需求要素对我国 GDP 的贡献 [J]. 宏观经济研究, 2003 (3).

[54] 余妙志. 服务贸易进出口与经济增长关系的实证分析 [J]. 经济问题, 2010 (7).

[55] 韩振国, 王玲利. 我国服务贸易出口对经济增长的影响研究——基于 1985—2006 年时序数据的实证分析 [J]. 国际贸易问题, 2009 (3): 78 - 84.

[56] Hindly B, Smith A. Comparative advantage and trade in services [M]. The World Economy, 1984, pp. 369 - 389.

[57] Tuckerand K, Sundberg M. International Trade in Services [M]. London and New York: Routledge, 1988.

[58] Melvin J R. Trade in producer services: A heckscher-ohlin approach [J]. Journal of Political Economy, 989 (5): 1180 - 1196.

[59] 何传添, 郭好杰. 广东现代服务业发展现状与路径 [J]. 国际贸易, 2010 (10).

[60] 郭克莎. 我国产业结构变动趋势及政策研究 [J]. 管理世界, 1999 (5).

[61] 陈广汉, 曾奕. CEPA 对内地香港生产者服务贸易影响的理论分析 [J]. 经济学家, 2005 (2).

[62] 顾宝炎, 许秋菊. 香港服务贸易的演进 [J]. 国际经贸探索, 2007 (3): 26 - 30.

[63] 郑京淑, 袁飞. 关于广东发展现代服务业的思考 [J]. 产业经济, 2009 (1).

[64] 黎秀莉. CEPA 框架下粤港服务业和服务贸易的发展研究 [D]. 广州: 暨南大学, 2011.

[65] 杨晓辉. 中国对外服务贸易和经济增长的关系研究 [D]. 武汉: 华中科技大学, 2006.

[66] 郑辉. 服务贸易与经济增长研究 [D]. 广州：暨南大学，2009.

[67] 香港服务贸易统计报告 [R]. 香港：香港特区政府统计处，2009.

[68] 中国服务贸易发展报告 [R]. 北京：中国商务部，2008.

[69] 2006年度上海服务贸易报告 [R]. 上海：上海商务委员会，2006.

[70] 李子奈，潘文卿. 计量经济学 [M]. 2版. 北京：高等教育出版社，2003.

[71] 范小新. 服务贸易发展史和自由化的研究 [D]. 北京：中国社会科学院，2002.

[72] 谷克鉴. 国际经济学对引力模型的开发和应用 [J]. 世界经济，2001 (2)：14.

[73] 张光南，等. 中国内地和中国香港的贸易自由化效应研究——给予全球贸易分析模型GTAP的分析 [J]. 国际贸易问题，2011 (9).

[74] 珠三角地区改革发展规划纲要 (2008—2020年) [R]. 广州：广东省政府，2008.

[75] 香港特区政府统计处网站. http [DK]：// www. Censtatd. gov.

[76] 孟广文. 自由经济区烟花模式及对天津滨海新区的启示 [J]. 地理学报，2009 (12)：1058.

[77] 杨英. 基于市场路径的粤港澳区域经济一体化研究 [J]. 华南师范大学学报：社会科学版，2014 (10).

[78] 杨英，林典如. 论粤港澳经济一体化模式的新发展——深圳前海、珠海横琴与广州南沙的创新平台差异化分工合作 [J]. 产经评论，2014 (4).

[79] 商务部国际贸易经济合作研究院课题组. 中国（上海）自由贸易试验区与中国香港、新加坡自由港政策比较及借鉴研究 [J]. 科学发展，2014 (9).

[80] 孟广文. 自由经济区演化模式及对天津滨海新区的启示 [J]. 地理学报，2009 (12).

[81] 陈广汉. 香港经济可持续发展探因 [J]. 瞭望，2007 (35).

[82] 封小云. 香港经济转型：结构演变及发展前景 [J]. 学术研究，2007 (8).

[83] 陈广汉，张应武. 香港经济转型：现状及未来的路向 [J]. 珠江经济，2007 (7).

[84] 林江，范芹. 广东自贸区：建设背景与运行基础 [J]. 广东社会科学，2015 (5).

[85] 陈丽君,郑天祥.港澳自由港与低税率经济制度比较研究[J].中山大学学报:社会科学版,2003(6).

[86] 陈会珠,孟广文,高玉萍,等.香港自由港模式发展演化、动力机制及启示[J].热带地理,2015(1).